विश्वनाथप्रसाद तिवारी

सृजनात्मकता का विस्तार

विश्वनाथप्रसाद तिवारी
सृजनात्मकता का विस्तार

ए. अरविंदाक्षन

वाणी प्रकाशन

वाणी प्रकाशन
4695, 21-ए, दरियागंज, नयी दिल्ली 110 002
फ़ोन : +91 11 23273167 फ़ैक्स : +91 11 23275710
शाखाएँ
अशोक राजपथ, पटना 800 004, बिहार
कॉफ़ी हाउस कैम्पस, महात्मा गांधी मार्ग, इलाहाबाद 211 001, उत्तर प्रदेश
महात्मा गांधी अन्तरराष्ट्रीय हिन्दी विश्वविद्यालय, वर्धा 442 001, महाराष्ट्र
सुल्तानिया रोड, मोतिया पार्क, भोपाल 462 001, मध्य प्रदेश
www.vaniprakashan.in
marketing@vaniprakashan.in
sales@vaniprakashan.in

VISHWANATHPRASAD TIWARI : SRIJNATMAKTA KA VISTAR
by A. Arvindakshan

ISBN : 978-93-89563-06-1
Criticism

प्रथम संस्करण 2019

मूल्य : ₹ 395

सिटी प्रेस, दिल्ली-110 095 में मुद्रित

वाणी प्रकाशन का लोगो मक़बूल फ़िदा हुसेन की कूची से

हिन्दी के मेरे सभी स्नेही मित्रों को

भूमिका

विश्वनाथप्रसाद तिवारी से मेरा परिचय बहुत पुराना है। क़रीब चालीस वर्ष पुराना परिचय है। सर्वप्रथम 'दस्तावेज़' के पाठक और सम्पादक के बीच का औपचारिक सम्बन्ध था। वह धीरे-धीरे भ्रातृ सहज मित्रता में परिवर्तित हो गया। जो मित्रता हमारे बीच बनी वह अब भी सघन है। यह मैं बिना किसी संकोच के साथ कह सकता हूँ उसी मित्रता की सघनता ने मुझे विश्वनाथप्रसाद तिवारी पर लिखने को प्रेरित किया था। सबसे पहले उनकी कविताओं ने मुझे उन पर विचार करने के लिए प्रेरित किया। कवि के साथ मेरी जो मित्रता थी उसे मैं पूरी तरह से भूल जाता था लिखने के पहले। उस समय कविता और सहृदय का सम्बन्ध ही मुख्य होता था। उनकी कई श्रेष्ठ कविताओं पर मैंने लिखा है। उनकी कविताओं को नज़दीक से देखने, समझने तथा आस्वाद के नये धरातल को सुनिश्चित करने का मेरा वह प्रयास था। आस्वाद के लिए उनकी जिन कविताओं का मैंने चयन किया था उनमें हमारे समय की कई विडम्बनाएँ बहुआयामी ध्वनिक्षमता के साथ अभिव्यक्त हो पायी थीं। कविता के आस्वादक के रूप में मैंने उनकी कविताओं को जानने का प्रयास किया था। उसी का प्रतिफल है 'कविता सबसे सुन्दर सपना है' शीर्षक मेरी पुस्तक। इस पुस्तक ने मुझे अवश्य आह्लादित किया था क्योंकि यह कवि और कविता के साथ की मेरी समान्तर यात्रा थी।

कवि के रूप में ही नहीं बल्कि आलोचक, निबन्धकार, संस्मरण लेखक, यात्रा-वृत्तान्तकार के रूप में भी इधर के वर्षों में विश्वनाथप्रसाद तिवारी चर्चा के केन्द्र में रहे। उनकी आत्मकथा भी चर्चित रही। अलावा इसके साहित्य के क्षेत्र में संवादात्मकता को बनाये रखने का सत्प्रयास भी उनकी ओर से हुआ। उनकी डायरियाँ भी खूब पठनीय रहीं। इस तरह विश्वनाथप्रसाद तिवारी की रचनात्मकता के कई आयाम हैं। इन कवितेतर

रचनाओं से गुज़रने के पश्चात् मुझे लगा एक बहुआयामी लेखक की सृजनात्मकता के अनन्त विस्तार का पुनर्मूल्यांकन आवश्यक है। तो मैंने फिर लिखना शुरू किया। यह पुनरन्वेषण के लिए की गयी मेरी यात्रा है।

यह पुस्तक तैयार करने के पीछे एक और कारण है और वह है विश्वनाथप्रसाद तिवारी के व्यक्तित्व की पारदर्शिता। उनके लेखन और चिन्तन में हम एक भारतीय मनीषा की समावेशिता का अनुभव कर पाते हैं। इसका प्रमुख कारण सम्भवतः गाँधी जी के प्रति उनकी सशक्त उन्मुखता है। उनकी कई पुस्तकों में गाँधी जी के उल्लेख मिलते हैं, वे उन्हें भारत के महानायक के रूप में देखते हैं। दृष्टि की पारदर्शिता, जीवन के प्रति समर्पण, प्रकृति और मनुष्य का तादात्म्य तथा भ्रष्टाचार विरोधी दृष्टिकोण इत्यादि में वे महात्मा के अनुयायी हैं। वे शतशः गाँधीवादी हैं। इस एक पक्ष ने मुझे ज़रूर आकर्षित किया है। आज के समय में मैं भी गाँधीजी को सबसे ज़्यादा प्रासंगिक मानता हूँ। बृहत्तर मानवीय सन्दर्भ में कविता की मानवीय संसक्तियों के सन्दर्भ में गाँधीजी के प्रति उनकी उन्मुखता को मैं एक सार्थक दिशाबोध मानता हूँ। सम्भवतः गाँधी दर्शन ने ही उनके व्यक्तित्व को पारदर्शिता प्रदान की है।

प्रेम का एक पारदर्शी पक्ष विश्वनाथप्रसाद तिवारी की रचनात्मकता में सुलभ है। प्रेम के अनेक रूप उनमें मिलते हैं। इसलिए अपनी डायरी में उन्होंने एक जगह यह लिखा कि दारिद्र्य ही सबसे बड़ा दुख है तो सन्त जनों का साथ और सहवास सबसे बड़ा सुख प्रदायक भी है। तुलसी को उद्धृत करके वे इस तथ्य पर विस्तार से लिखते हैं। अच्छे मनुष्यों का सहवास ही सुख प्रदान करता है। तुलसी ने सन्तों के सहवास पर बल दिया था। विश्वनाथप्रसाद तिवारी श्रेष्ठ रचनाकारों के सहवास को प्रमुख मानते हैं। उनके सद्गुणों का विवरण देते समय वे वाचाल भी होते हैं। इसके पीछे उसकी एक सशक्त मूल्य दृष्टि है जिसकी प्रेरक शक्ति प्रेम ही है। उनका प्रेम भाव मात्र रचनाकारों तक सीमित नहीं है। उसको उन्होंने इतना विस्तार दिया है कि वह कभी करुणा में तथा सौहार्दता में परिणत होता है। उनकी कई कविताएँ ऐसी हैं जिनमें मामूली लोगों से लेकर स्त्री समाज के संघर्ष का संसार भी समाविष्ट है। उसमें खेत-खलिहान में काम करनेवाली औरत से लेकर अपनी ममतामयी माँ का भी संसार है। वे साहित्य का लक्ष्य मनुष्य तक सीमित करने के पक्ष में नहीं हैं। मनुष्येतर चराचर उनकी रचनात्मकता के अन्तर्जगत के विस्तार में स्वयमेव शामिल हैं। पारिस्थितिकी बोध के सन्दर्भ में

उनकी रचनाओं का विश्लेषण अनिवार्य प्रतीत होता है। विश्वनाथप्रसाद तिवारी की रचनाओं में गाँव एक जीवन्त अनुभव है। उसके प्रति उनका प्रेम भाव कहीं-कहीं तरंगायित और कहीं निर्मल जल-प्रवाह-सा सौन्दर्यदायक है। पर वे उसके यथार्थ से भी अपरिचित नहीं है। इस तरह प्रेम की बहुवर्णी भंगिमाएँ उनके सर्जक व्यक्तित्व की ऊर्जा प्रदान करती हैं।

विश्वनाथप्रसाद तिवारी का आलोचक व्यक्तित्व मूल्यवादी दृष्टि से समृद्ध दिखाई देता है। वे सदैव रचना को केन्द्र में रखकर विचिन्तन करते हैं। इसलिए अपनी आलोचना में वे एक निष्कवच सहृदय का परिचय देते हैं। विचारों की कट्टरता का उन्होंने खंडन किया है। ऐसी आलोचना की संकुचित दृष्टि का भी उन्होंने विरोध किया है। रचना का सौन्दर्य उनकी आलोचना का मूल मन्त्र है। रचना जो सौन्दर्य प्रतीति देती है उसको व्यापक परिप्रेक्ष्य में लक्षित करना वे अपनी आलोचना का दायित्व समझते हैं। लेकिन उनकी सौन्दर्य चेतना मनुष्य निरपेक्ष नहीं है। इसलिए प्रगतिचेतना को भी वे आसानी से समाविष्ट कर पाते हैं। उसके लिए, उनके अनुसार, वैचारिक घेरेबन्दी की ज़रूरत नहीं है। वैचारिकता मनुष्य केन्द्रित हो, यही वे चाहते हैं। इस कारण से उनकी आलोचना रचनात्मकता की पक्षधरता को व्यक्त करती है। विश्वनाथप्रसाद तिवारी की आलोचना के सन्दर्भ में हम ऐसा भी कह सकते हैं कि आलोचना भी रचना है।

विश्वनाथप्रसाद तिवारी अपने लेखन में भारतीयता के समर्थक हैं। उनके यहाँ भारतीय संस्कृति तमाम संकीर्णताओं से मुक्त विश्व प्रेम से तादात्म्य प्राप्त करती दीखती है। देश और काल की सीमाओं से ऊपर उठकर संस्कृति की मनुष्य सापेक्षता पर उनका ज़ोर रहता है। शाश्वत मूल्यों पर उनकी गहरी आस्था है; लेकिन उनका दृढ़ निश्चय है कि वह किसी भी तरह की रूढ़ियों में आबद्ध न रहें। उनकी रचनात्मकता के तीन आयाम हैं। एक उनका लोक है जिससे वे मुक्त नहीं होना चाहते। दूसरा है उनके देश का बहुलतावादी संस्कृति का संश्लेष। तीसरा है उनका विश्वप्रेम। इन तीनों आयामों में वे पूरी तरह से भारतीय हैं। भारतीय होने का तात्पर्य, उनके अनुसार, श्रेष्ठतम मनुष्य होने को लेकर है। उनकी रचनात्मकता की यह उत्तुंगता सम्भवतः इस कारण से आधिकाधिक प्रीतिकर लगती है।

उनकी कविताओं का मैंने मलयालम में अनुवाद किया है। केरल के कई रचनाकार विश्वनाथप्रसाद तिवारी की मूल रचनाओं से परिचित नहीं

हैं। लेकिन जितने रचनाकारों ने इन अनूदित कविताओं को पढ़ा वे एक बात पर एकमत थे–'ये एक भारतीय कवि की रचनाएँ हैं'।

यह ग्रन्थ एक समर्थ रचनाकार के अन्तर्जगत और उनकी संवेदनात्मक सघनता से होकर मैंने जो यात्रा की, उसी का प्रतिफल है। रचना भी एक यात्रा है और पुनर्रचना भी एक सार्थक यात्रा है। हिन्दी के बृहद् पाठक-समाज के समक्ष मैं यह ग्रन्थ समर्पित कर रहा हूँ।

–ए. अरविंदाक्षन

अनुक्रम

बैसिल फेरनांडो श्रीलंका के अंग्रेज़ी कवि हैं। कवि होने के साथ-साथ वे मानवाधिकार-प्रवर्तक भी हैं। उनकी कविताओं में अचानक लापता होते मनुष्यों, न्याय से वंचित लोगों के बारे में दारुण संकेत मिलते हैं। बैसिल फेरनांडो की कविता के परिदृश्य में श्रीलंका का गृहयुद्ध मुखर है। उस लम्बे युद्ध के दौरान कितने प्रताड़ित हुए, कितने ग़ायब कर दिये गये यह कहना मुश्किल है। इन सब का दुख और दर्द श्रीलंका का यह अंग्रेज़ी कवि व्यक्त कर रहे हैं। विश्वनाथप्रसाद तिवारी की कविता 'लोग ग़ायब हो रहे हैं' का वाचन करते समय बैसिल फेरनांडो की कविताओं में व्यंजित भीषणता का एहसास होता ही है। उनकी यह कविता मनुष्य की चिन्ता से उद्भूत कविता है।

भोगी हुई ज़िन्दगी से लिखी हुई ज़िन्दगी तक की यात्राएँ

"मैंने अपनी मेज़ पर एक ग्लोब रखा है। छोटे से इस ग्लोब पर जब हाथ फेरता हूँ तो इसका घूमना बहुत अच्छा लगता है। जैसे पृथ्वी घूम रही हो अपनी धुरी पर। मगर जब देखता हूँ कि प्रकृति के अलावा मनुष्य ने भी खंडित किया है इसे, तो उदास हो जाता हूँ। हर देश ने अपनी सीमाएँ खींच दी हैं। क्यों उसे लेना पड़ता है प्रकृति की दी हुई इस धरती पर वीज़ा और पासपोर्ट? क्या आदमी की पहचान के लिए ज़रूरी है किसी देश, जाति, धर्म, सम्प्रदाय का बिल्ला? क्या आदमी का आदमी होना पर्याप्त नहीं है? पिछले कुछ वर्षों से यह विचार मेरे मन में उठता है मगर यह क्या कभी साकार हो सकेगा?" ('दिन रैन' : विश्वनाथप्रसाद तिवारी की डायरी, पृष्ठ 16) विश्वनाथप्रसाद तिवारी की एक कविता है 'कविता और दुनिया'। उसकी पंक्तियाँ हैं :

शब्द और अर्थ नहीं है कविता
सबसे सुन्दर सपना है
सबसे अच्छे आदमी का

दरअसल यह कविता मानवीय आस्था को रेखांकित करती है जिसके बिना कविता लिखी ही नहीं जा सकती। कवि की आत्मा का औचित्य ही इससे स्पष्ट होता है। ऐसे एक कवि के मन में यदि देशों की भौगोलिक सीमाएँ और तत्सम्बन्धित नियमावलियाँ अपचनीय-सी बात लगती हैं तो आश्चर्य नहीं। जब एक कवि यह मान रहा है कि सबसे अच्छे आदमी का सुन्दर सपना है कविता तो उसमें अन्तर्ग्रंथित अर्थभंगिमाएँ अनन्त हैं। यह एक सतही कथन नहीं है। कवि की यह गम्भीर मुद्रा है। हर चीज़ को वह गम्भीरतापूर्वक ही देखता है, देख सकता है। 'रघुवंश' में जहाँ कालिदास वाल्मीकि का परामर्श करते हैं वहाँ उनका कथन है 'रुदितानुसारि कवि'। 'चीख सुनकर आने वाला है कवि' वाल्मीकि ऐसे कवि हैं जो चीख सुनते हुए आये हैं। इस कथन के कई अर्थ हैं, कवित्व में चीख सुनना भी अनिवार्य रूप से शामिल है। हमारे आसपास रुदन की लहरें हैं। उसकी तरफ़

कवि बधिर होकर कैसे रह सकता है? कवि की तीव्र इच्छा यह भी है कि मनुष्य भी इसको अनसुना न कर दें। रुदन सिर्फ़ रोना ही नहीं है। उसके कई रूप हैं। जीवन यथार्थ से जब हमारा मन रू-ब-रू होता है तो रुदन के कई अपरिभाषेय रूपों से हमारा सामना होता है। यह भाषा की सलीब पर अटकी हुई ज़िन्दगी है जिसको ढोकर चलना पड़ता है कवि को। यह उसकी नियति है। आसपास के लोगों को उनकी सही शक्ल में देखना कवि धर्म भी और कवि कर्म भी है। आदि कवि से शुरू होने वाली उस परम्परा की एक कड़ी बनते हुए कवि रुदन को सुनता है, अनुभव करता है, आत्मसात् करता है और कालान्तर में उसी को अभिव्यक्त भी करता है। 'मेहरौली के फुटपाथ पर' शीर्षक से विश्वनाथप्रसाद तिवारी की एक कविता है जिसकी अन्तिम पंक्तियाँ इस प्रकार हैं :

अच्छा किया बन्धु तुमने
जो मुझे इस फुटपाथ पर फेंक दिया
कम-से-कम अब मैं
उस ज़मीन पर तो हूँ
जहाँ से आकाश की दूरी नाप सकता हूँ
और आसपास के लोगों को उनकी सही शक्ल में देख सकता हूँ

ज़मीन ही दरअसल कवि की अथ और इति है। इसलिए इस कविता में कवि ने ज़मीन पर फेंक दिये जाने के बावजूद, वह भी कुतुब की पाँचवीं मंज़िल से, चैन की साँस ले रहा है कि चीज़ों को वह नज़दीक से देख सकता है। जीवन से यानी ज़मीनी यथार्थ से यह जो नाभिनाल सम्बन्ध है वह कवि के लिए अनिवार्य है और कवि वहीं अपनी सार्थकता सिद्ध भी कर सकता है। यही रुदन की रंगस्थली है। अवसाद का कुहराच्छादित परिदृश्य है, क्षितिजहीन विस्तार है जहाँ जीवन की वास्तविकताएँ कुलबुला रही हैं। उस ज़मीन के साथ जब एक कवि अपना तादात्म्य बोध ज़ाहिर करता है तो उसके हृदय के पसीजने के दृश्य से भी हमारा सामना होता है। इसलिए इस कवि ने ऐसी पंक्तियाँ भी लिखी हैं :

जो लिखते हैं कविताएँ और करते हैं प्यार
वे धरती को थोड़ा और चौड़ा करते हैं
थोड़ा और गहरा
थोड़ा और नम

यही 'रुदितानुसारि कवि' की अवस्था है। जिस कवि का हृदय करुणा से वलयित है वह रुदन को सुनता है और भौगोलिक सीमाओं को पार कर जाता है। स्वयं कवि ने भी इस ओर संकेत किया है। "भय जहाँ भी दिखता है, जिन

आँखों में भी, मुझे रचनात्मक बनाता है और कुछ कहने के लिए प्रेरित करता है। खासतौर से जो बेजुबान हैं, पराधीन हैं और अपने विरुद्ध किये जा रहे उत्पीड़न का विरोध नहीं कर सकते, उनके ऊपर होने वाले अत्याचार मुझे विचलित करते हैं। इसलिए पशुओं, बच्चों और स्त्रियों से सम्बन्धित बिम्ब मेरी कविता में प्रायः आते हैं। ये पराधीन जीव हैं जो स्वतन्त्रता का स्वाद नहीं जानते। काश इस सृष्टि में हर जीवधारी बिना किसी दूसरे की भावना को आहत किये एक स्वतन्त्र, स्वाधीन जीवन जी सकता। मैं जानता हूँ, यह एक सपना है पर सपना देखना कोई बुरी बात नहीं है। मेरी कविता के मूल में जो करुणा है वह उत्तेजित नहीं करती, ख़ामोश करती है। शायद किसी को भीतर झाँकने के लिए प्रेरित करे। ('कवि ने कहा' : विश्वनाथप्रसाद तिवारी : 'कुछ और' से, पृ. 9) विश्वनाथप्रसाद तिवारी की कविताओं में यह भाव तीव्र है और यह कई रूपों में अभिव्यक्त है।

इस कवि की शुरू की कविताओं में, जो 'चीज़ों को देखकर' शीर्षक संकलन में संगृहीत हैं, युवा मन की बेचैनियाँ ज़्यादा शब्दबद्ध हैं। संघर्ष की चेतना भी इस प्रथम संकलन में भरपूर मात्रा में देखने को मिलती है। लेकिन उन्होंने उस दौर के अकवियों की तरह कोलाहल-भरा रास्ता नहीं अपनाया। यह उनके कवि व्यक्तित्व के अनुकूल भी नहीं था। यह कविता-समय विश्वनाथप्रसाद तिवारी के लिए मुक्ति की आकांक्षा का समय था। 'समय आने दो' शीर्षक कविता मुक्ति को ही चिह्नित करती है :

मत समझना
उसके निशान मिट गये हैं
जितने भी ठोकर मारे हैं तू ने मेरे मस्तक पर
मत समझना
उसके घाव भर गये हैं
मुझे याद है
तुम्हारा हर कोड़ा, हर ठोकर
छाती का हर घाव हरा है
समय आने दो
तुम्हारे हिसाब की पाइ-पाइ चुका दूँगा।

इस कविता में व्यंजित प्रतिशोध की भावना दरअसल मुक्ति की कामना से ही प्रेरित है। लेकिन कविता में जीवन यथार्थ का फलक सही मायने में स्पष्ट नहीं है। इस संकलन की एक अन्य कविता है 'मानव की जययात्रा'। प्रत्येक कवि की आरम्भिक रचनाओं की जय-यात्रा का भाव विन्यसित मिलता है। कारण स्पष्ट

है। अपने तथा अपने सहजीवियों के सकारात्मक क़दमों को पहचानना और उसके लिए शब्द चयन करना कवि अपना धर्म समझता है। मानव की जय-यात्रा वास्तव में कवि के लिए सभ्यता की तलाश की यात्रा है। जहाँ-जहाँ मानवीयता की गाथाएँ बुलन्द हुई थीं, जहाँ मनुष्य ने मनुष्य होने का भाव मुखरित किया, मनुष्य विरोधी कारनामों को चूर-चूर कर दिया है, उन सबके साथ कवि की युवा मानसिकता तादात्म्य प्राप्त करती है। इस तरह वह मानव की दीर्घतपा गाथा का अंग बन जाता है। मनुष्य सम्बन्धी विवेक बुद्धि से ही वह मुक्ति को भी परिभाषित करता है। क्रान्ति की ज़रूरत क्यों है? मनुष्य के लिए सुव्यवस्थित समाज के हेतु उसका स्वरूप पूरी तरह से मानवोचित भी हो। डी.एच. लॉरेंस ने लिखा :

कोई-न-कोई शुरू तो करे
क्रान्ति!
मेहनतकश लोगों को
अधिकार दिलाने के लिए नहीं
फिर, हमेशा के लिए
मेहनतकश वर्ग को ख़त्म करके
इनसान के संसार का सृजन करना है।

मनुष्य को केन्द्र में प्रतिष्ठित करने की इच्छा सभी रचनाकारों ने व्यक्त की है। इस इच्छित आदर्श में क्रान्ति की ज्वाला भी दर्शित हो सकती है। मनुष्य बनकर जीने की इच्छा ही क्रान्ति है। क्रान्ति के अक्षरों का उत्खनन हम मनुष्य की मूर्ति से ही कर सकते हैं। क्रान्ति का एक ही इतिवृत्त है और वह है मनुष्य का इतिहास। 'मानव की जययात्रा' शीर्षक अपनी कविता में विश्वनाथप्रसाद तिवारी मनुष्य के पथ को अवरुद्ध करने वाले अन्धकार को भेदकर बढ़ती यात्रा का उल्लेख ही कर रहे हैं :

लेकिन वह बढ़ता रहा
अवरोधों को रौंदते
शून्य को तीर-सा बेधते हुए
नदियों, घाटियों, जंगलों को बाँधते
पहाड़ों की छाती चीरते हुए
समय देवता
तुम मानव की इस जय यात्रा को रोक नहीं सकते

इतिहास गवाह है कि मानवीय जिजीविषा को सदैव कुचल दिया गया है। स्वतन्त्र चिन्तन को अनदेखा किया गया है, पर इतिहास इसकी भी गवाही देता है

कि मनुष्य की संघर्ष-चेतना की गति कभी रुकी नहीं, बढ़ती ही रही। कविता-रचना के अपने आरम्भ काल में विश्वनाथप्रसाद तिवारी को प्रचोदित करने वाला मुद्दा सदैव मनुष्य की मुक्ति कामना ही रही है। इस मुक्ति के संघर्ष में मनुष्य लहूलुहान होता ही है। मार्टिन लूथर किंग के लिए समर्पित एक कविता है, जिसका शीर्षक है 'लड़ता हुआ आदमी' और शीर्षक से ही स्पष्ट ज़ाहिर होता है कि लड़ता हुआ आदमी कभी पराजित नहीं होता। लड़ते हुए इनसान को विश्वनाथप्रसाद तिवारी ने 'प्रोत्थ्यु' का बिम्ब ही प्रदान किया है। यह बिम्ब संघर्ष का ऐसा एक आद्यबिम्ब है जो सभी भाषाओं में विभिन्न भंगिमाओं से उतर आया है :

लेकिन वह चारों ओर से घिरा हुआ
आहत आदमी
अभी पराजित नहीं हुआ
वह बढ़ रहा है
सभी मोर्चों पर एक साथ
अन्दर विश्वासघातियों से
और बाहर हत्यारों से
और चारों ओर गहरे काले अन्तरिक्ष से

इस कविता को मुक्तिबोध की कविता 'भूल-गलती' के साथ रखकर देखा जा सकता है। 'भूल-गलती' में ईमान भी आहत है और 'लड़ता हुआ आदमी' का आदमी भी आहत है। ईमान का या आदमी का आहत होकर लहूलुहान होना दरअसल इतिहास की वास्तविकता है। लेकिन आहत आदमी अपना विकल्प ढूँढ़ लेता है। यह विकल्प ही कविता का विकल्प है जिसमें इतिहास का एक तेजोमय रूप दिखाई देता है। विश्वनाथप्रसाद तिवारी का शुरुआती संकलन हिन्दी कविता के इतिहास में और उसकी संवेदना के संवर्द्धन में कितना परिवर्तन ला सका यह कहना कठिन है। स्वयं कवि ने भी सन्देह प्रकट किया है। इन सबके बावजूद यह कहने में संकोच नहीं होना चाहिए कि इस कवि ने हिन्दी कविता में अपना एक स्थान अर्जित किया है। कैसे? यह सवाल भी जायज है। इसका मुख्य कारण मानवीयता की प्रतिष्ठा ही है। करुणा और स्नेह के एक अतिगहन संसार को अपनी कविताओं में उन्होंने सृजित किया तथा अयथार्थ का निरन्तर वे निराकरण भी करते रहे। प्रारम्भिक कविताओं को इतिहास में दर्ज होने के लिए इसके अतिरिक्त और क्या चाहिए?

अपने दूसरे संकलन की कविताओं में कवि की मुद्रा आक्रामक है। इस प्रसंग में एक विशेष बात की तरफ़ इशारा करना उचित प्रतीत होता है। कथित

आक्रामकता के बावजूद विश्वनाथप्रसाद तिवारी की कविताओं में भयावहता का आतंक छाया हुआ है जो उन्हें काफ्काई रचनाओं की तरफ़ ले चलता है। वह आतंक जो एकदम अपरिभाषेय है और कवि-मन अपने को गिरफ़्त में महसूस करता है। संवेदनहीनता के आदमखोर रूप को वे इस प्रकार व्यक्त करते हैं :

वे हमेशा बेरहम होते हैं
दूसरों का आकाश अपनी मुट्ठियों में बंद करने वाले
निचोड़ लेते हैं होठों की मुस्कान
धनहर खेतों में सुरंगें बिछा देते हैं।
कोई भी नाम दे दो
उनकी व्यवस्था में कोई संवेदना नहीं होती।

इस कविता के बिम्बों में काफ्का द्वारा सृजित अपरिभाषेय भयावहता भरी पड़ी है। लेकिन वास्तव में उनकी कविता सीधे वियतनाम युद्ध को संदर्भित करती है। इस दौर के दो युद्धों ने कवि-मन पर गहरा प्रभाव डाला है। एक है वियतनाम युद्ध और दूसरा है बांग्लादेश युद्ध। युद्धजन्य बर्बरता को सूचित करने के लिए उन्होंने ऐसी शब्दावली का प्रयोग किया है। इसके बारे में लिखा भी है उन्होंने, "1976 में मेरा दूसरा कविता संकलन छपा 'साथ चलते हुए'। इसमें 1970 से 1976 के बीच की कविताएँ हैं। इस अवधि में बांग्लादेश में होने वाली अमानवीय उत्पीड़न की घटना ने मुझे बहुत विचलित किया और विवश किया था लिखने के लिए। 25 मार्च, 1971 से 16 दिसम्बर 1971 के बीच अख़बारों में रोज़ हत्या, लूट , आगजनी और बलात्कार की दिल दहला देने वाली घटनाएँ छपती रहीं। 'साथ चलते हुए' संग्रह की कविताओं में उनकी छाया दिखाई पड़ेगी ('कवि ने कहा' : विश्वनाथप्रसाद तिवारी, पृ. 7) '1971' शीर्षक कविता की पंक्तियें में यही भाव व्यंजित है :

छितरा गयी लिबर्टी की प्रतिमा खंड-खंड
ढाका
वियतनाम में
सारी जवान लड़कियाँ बन्द
छटपटाती फ़ौजी बैरकों में
कैसे गाऊँ पद्मा किनारे, कौन सा गीत!

युद्ध को केन्द्र में रखकर लिखी इन कविताओं में रात और अन्धकार के बिम्ब भरे पड़े हैं। युद्ध के परिदृश्य के आगे भी ये शब्द विकसित होते नज़र आते हैं। ये शब्द जीवन यथार्थ से जुड़ते हैं। साधनहीन जीवन बिताने वालों के

यथार्थ को भी ये परिभाषित करते हैं। यहाँ पर यह कहना संगत प्रतीत होता है कि विश्वनाथप्रसाद तिवारी की कविता के अन्तरंग विकास के भरपूर संकेत इस संकलन की कविताओं में मिल जाते हैं। कवि के आत्मसंघर्ष और मानवीय संघर्ष को एक विशेष बिन्दु में उन्होंने एकाकार कर दिया है :

अपने अन्धकार के मलबे में ही
चमकदार कणों को टटोलता हूँ
जो भी टूटे अस्त्र हैं मेरे पास
उन्हीं से लड़ता हूँ

सिसिफस की तरह समय को ठेलते हुए, एक सही संसार में, एक सही आदमी को जो करना है वही करने का दायित्व वे महसूस करते हैं। यह एक विशिष्ट दायित्व-बोध है। एक सही मनुष्य बनने की प्रक्रिया ही वस्तुतः कवि को स्वत्व प्रदान करती है। सही मनुष्य बनने के बाद ही उसकी दृष्टिसम्पन्नता भी गति पकड़ती है। विश्वनाथप्रसाद तिवारी के कवि व्यक्तित्व में इसी दृष्टिसम्पन्नता की सघनता व गहराई हमें देखने को मिलती है।

विश्वनाथप्रसाद तिवारी की कविताओं में मुक्ति की चेतना निरन्तर विकसित रहती है। लेकिन वह इच्छापूर्ति की तरह यों ही व्यंजित नहीं है। उनके कविता-परिदृश्य में जीवन लबालब भरा हुआ है। इसलिए मुक्ति की चेतना उक्त जीवन परिदृश्य के साथ जुड़कर व्यापक बन जाती है। 'हंसा' एक ऐसी ही कविता है। एक निरीह आदमी, जो अकेला है। कई प्रकार की ताकतों के तले दबने की स्थिति में है। किसी भी वक़्त वह रौंद दिया जायेगा। उसे उपदेश दिया जाता है कि अकेला ही सही, अकेला हो जाओ। उसे छिपने की भी नसीहत दी जाती है। ख़ामोश रहने को भी कहा जाता है :

तू अकेला
और अकेला हो जा हंसा
अवसरवादी अपराधी
छिपकर आहट ले रहे हैं तुम्हारी
तू ख़ामोश
और ख़ामोश हो जा हंसा
एक दिन बोलेगी
बोलेगी तुम्हारी ख़ामोशी
तू अकेला नहीं जायेगा हंसा।

अकेले में कोई मुक्ति सम्भव नहीं। लेकिन जब परिस्थितियाँ एकदम भीषण

और विपरीत हों तो सही समय का इन्तज़ार किया जाना चाहिए। हंसा की ख़ामोशी अर्थहीन नहीं है। वह कुचल दिये गये निरीह आत्मा की आवाज़ है और वह ज़रूर बोल उठेगी। इसमें कवि को एक सशक्त सामाजिक विकल्प प्राप्त होता है। दबे पड़े समाज की अवस्था बदल ही जायेगी। अधीशत्व शक्ति कीड़े-मकोड़ों के रूप में दबे हुए समाज को देखती है। उसे मालूम हो जायेगा कि ये कीड़े-मकोड़े नहीं हैं। ये सचमुच ख़ामोश नहीं हैं। यही तबका हमारे समाज का निर्माण करता है और लोक की सर्जना करता है। हंसा उसी का प्रतिनिधि है। लाख-लाख बार कुचल दिये जाने के बाद भी लोकमानस जगता है। उसकी ख़ामोशी बुलन्दियों में तब्दील होती ही है। इस एक इच्छित उर्वरता का बोध विश्वनाथप्रसाद तिवारी की कविताओं को, रचनाकाल के लम्बे समय के बाद भी, प्रासंगिक बनाता है।

विश्वनाथप्रसाद तिवारी ने हेरमन हेस को समर्पित एक कविता लिखी है जिसका शीर्षक है 'मैं तुम्हारी परवाह नहीं करता'। हेरमन हेस का एक सौ पच्चीसवाँ जन्मदिन केरल साहित्य अकादमी ने मनाया था तो मलयालम के मूर्द्धन्य आलोचक एम.के. सानुजी ने अपने भाषण में कहा था, मूल्यहीन समाज में एक रचनाकार यही चाहता है कि नये मूल्यों की स्थापना करे। हेरमन हेस के उपन्यासों पर पाबन्दी लगी थी। हेस ने इसे स्वीकार नहीं किया। एक तरह से हेस व्यक्तिवादी रचनाकार थे। उन्होंने संगठनों का विरोध किया चाहे वह धर्म सम्बन्धी हो, फासिस्ट संगठन हो या साम्यवादी। उनका यही विश्वास था कि एक फासिस्ट बनने से बेहतर है फासिस्ट द्वारा मारा जाना। इस भाव को व्यक्त करने वाली उनकी कविता है 'परित्याग'। तानाशाही का विरोध ही वे इस कविता में मुखर कर रहे हैं।

'मैं तुम्हारी परवाह नहीं करता' शीर्षक कविता तानाशाही के विरुद्ध रची गयी है। यह कविता अस्त्र की तरह लगने वाली कविता है। इसमें बार-बार दोहराई गयी पंक्तियाँ आवृत्ति का यान्त्रिक एहसास नहीं दे रही हैं। यह कवि का वह अस्त्र सन्धान है जो बार-बार तानाशाही तन्त्र के विरोध में साधते हैं। प्रश्न उठ सकता है कि वह कौन-सा तानाशाह है जो एक मामूली नागरिक का विरोध सुनता है? अगर सुनता भी हो तो वह कौन तानाशाह है जो उस तरफ़ ध्यान देता है? अगर ध्यान भी देता है तो कौन तानाशाह है जो चुप रह सकता है? कवि की प्रतिक्रिया यही कि वह सुनें या ध्यान न दें।

कवि यह मानता है कि ऐसा घोर विरोध प्रकट करते समय वह सर्व स्वतन्त्र अनुभव करता है। वह एक मूल्य की स्थापना कर रहा है। इस कविता में स्वतन्त्रता के सौन्दर्य को स्पष्ट किया गया है। स्वतन्त्रता अपने आपमें एक सौन्दर्यानुभव है। स्वतन्त्रता की अभिव्यक्ति कविता में इस तरह से हुई है :

तानाशाह
मैं तुम्हारी परवाह नहीं करता
मुझे तुमसे सुविधा नहीं चाहिए
मुझे तुमसे दूसरों का हक नहीं चाहिए

आत्मविश्वास स्वतन्त्र-चेतना से उद्भूत होता है। वह मात्र व्यक्ति का गुण नहीं है बल्कि समाज का भी गुण होता है। जो समाज अपने को हीन समझता है वह विकास नहीं कर सकता। जो समाज हीनता से मुक्त है वह सर्व स्वतन्त्र है, उसमें आत्मदान की प्रवृत्ति बढ़ती है। अन्दर-ही-अन्दर वह सुसमृद्ध और प्रफुल्लित रहता है। वहाँ तानाशाही तन्त्र विकसित नहीं हो सकता। विश्वनाथप्रसाद तिवारी की कविता आत्मनिर्भरता का परिचय देती है :

मैं विचार कर सकता हूँ
मैं भूखा रह सकता हूँ
मैं इन्तज़ार कर सकता हूँ
मैं इनकार कर सकता हूँ
तानाशाह
मैं तुम्हारी परवाह नहीं करता

आत्मविश्वास, आत्मनिर्भरता और आत्मदान व्यक्ति और समाज की विशेषताएँ मात्र नहीं हैं, ये व्यक्ति और समाज के सौन्दर्य के नियामक तत्त्व भी हैं। स्वार्थ से मुक्त, प्रलोभन से दूर मूल्यग्राही दृष्टि ही मनुष्य का आन्तरिक विकास करा सकती है। हमारी संस्कृति में उम्मीद और प्रतिरोध का विकल्प कर्मरत है। परन्तु अक्सर उम्मीद को तानाशाही संस्कृति घेर लेती है। यही नहीं वह प्रतिरोध को गुम भी कर देती है। इतने पर भी ऋचा की तरह जिस किसी व्यक्ति में, जिस किसी समाज में, जिस किसी लघु संस्कृति में उम्मीद और प्रतिरोध का विकल्प सशक्त रहता है वह तानाशाही संस्कृति के तले न दब सकता है और न नष्ट हो सकता है। विश्वनाथप्रसाद तिवारी की यह कविता मनुष्य की प्रतिरोधी सृजनशीलता की अभिव्यक्ति है।

'आरा मशीन' विश्वनाथप्रसाद तिवारी की बहुचर्चित कविता है। उसे गम्भीर पहचान की कविता भी कहा जा सकता है। पहचान की प्रक्रिया उसमें अत्यधिक व्यापक है। वह एक साथ बहुत कुछ को पहचान रही है। कविता के बारे में कवि की राय यों है : " 'आरा मशीन' कविता एक संश्लिष्ट संरचना की कविता है जो कई दिशाओं में अपनी अर्थछाया फैलाती है। उसमें आधुनिक यान्त्रिक सभ्यता का आतंक भी, राजतन्त्र और तानाशाही का दर्प भी, पर्यावरण की चिन्ता भी है,

भावी पीढ़ी की प्रश्नाकुलता भी, सत्ता के समक्ष घुटने टेकने वाले सुविधाजीवियों पर व्यंग्य भी है और सम्पूर्ण दुष्चक्र में जीवन रस के सूखते जाने तथा अन्ततः सृजनात्मक क्षमता के बाँझ होते जाने का दुखद संकेत भी। यह सबकुछ पूरी कविता में इतना मिला-जुला है कि कविता आधुनिक जीवन के विराट संकट को एक लघु कलेवर में दीप्त करने की कोशिश करती है। कितना कर पाती है, यह तो पाठक जानें।" (मेरे साक्षात्कार, पृ. 11)

कविता में आरा मशीन यन्त्र संस्कृति का प्रतीक है। सामान्य अर्थ में यह मशीन काठ को कई तरह से चीरती है। उसका चीरना और उसकी अन्य गतिविधियों को कविता में दृश्यानुभव के रूप में कवि ने परिणत किया है। इसलिए प्रथम पंक्ति है 'चल रही है वह'। लेकिन आगे की पंक्तियाँ मशीन की भीषणता को व्यक्त करने वाली हैं।

इतने दर्प से
कि चिनगारियाँ छिटकती हैं उससे

यह दर्प यान्त्रिकता का है, यन्त्र सभ्यता का है। इसे हाई-टेक संस्कृति तक ले जाया जा सकता है। यन्त्र-संस्कृति में मानवीयता परिगणित नहीं होती। चेक नाटककार कारेल चापेक का नाटक 'आर.यू.आर' रोबोट्स से सम्बन्धित है। यन्त्र संस्कृति की विडम्बनाओं को दूरदर्शी दृष्टि से चापेक ने अपने इस नाटक में प्रस्तुत किया है। कविता की आरा मशीन मात्र एक मशीन नहीं है। वह अधीशत्व शक्ति का प्रतीक है। इसलिए उसका आतंक सर्वव्यापी है। इसलिए उसके चलते ही :

दौड़े आ रहे हैं
अगल-बगल के यूक्लिप्टिस
और हिमाचल के देवदारु
उसके आतंक में खिंचे हुए।

उसके अधीन में यूक्लिप्टिस और देवदारु आ जाते हैं। दोनों में कोई अन्तर नहीं है। अन्तर को समझने की क्षमता भी मशीन में नहीं है। मशीनीकृत संस्कृति में महत्त्व को सबसे पहले अनदेखा किया जाता है। प्रयोजनीयता सबसे अधिक प्रमुख हो जाती है।

कविता अपनी उड़ान यहीं से भरती है। कविता के इस प्रकरण में यह मशीनी स्वभाव संस्कृति के विघटन का प्रमुख तथ्य हो जाता है। तकनीकी संस्कृति मुनाफे पर केन्द्रित है। उसे विकास कहा गया। वह दरअसल एकतरफ़ा विकास है। इसलिए मुनाफे पर केन्द्रित प्रगति अविलम्ब पूँजीवाद को ही बढ़ावा देती है। पूँजीवाद मानवीयता पर कम और उपयोगिता पर ज़ोर देता है। 'आरा

मशीन' शीर्षक कविता समाज के इस मूल्य विघटित पक्ष को मुखर कर रही है। कविता में प्रौद्योगिकी प्रायोजित संस्कृति की दूरगामी अनिच्छित स्थितियों की ओर इशारा है :

दूर-दूर अमराइयों में
पक्षियों का संगीत ग़ायब हो गया है
गुठलियाँ बाँझ हो गयी हैं
उसकी आवाज़ से।

गुठलियों के बाँझ हो जाने का संकेत वर्तमान के प्रति चिन्तित कवि की व्यथा से बढ़कर भविष्य के प्रति चिन्तित कवि की व्यथा है। लेकिन भविष्य की पीढ़ी मशीनी संस्कृति के ताम-झाम में पूरी तरह से आकृष्ट है। कविता में कवि ने अपने छोटे बच्चे के माध्यम से इस आकर्षण को दिखाया है :

मेरा छोटा बच्चा देख रहा है उसे
कौतुक से
कि कैसे चलती है वह
कैसे अपने आप एक लकड़ी
दूसरे को ठेलकर आगे निकल जाती है
और अपना कलेजा निकालकर
संगमरमर की तरह चमकने लगती है।

अपनी गहन चिन्तनशीलता, जो उसके प्रतिरोधी स्वभाव से उत्पन्न है, गहन अवबोध, आदमियत और आत्मीयता के बावजूद कवि यह महसूस करता है कि उसे भी यह मशीन चीर सकती है। मुक्ति एवं प्रतिरोध की इच्छा के बावजूद हमारी संस्कृति एवं हमारे नागरिक बोध में स्थित अस्वतन्त्रता का बोध कविता को ध्वन्यात्मक बनाता है।

अभी वह मेरे सीने से गुज़रेगी
मेरे भीतर से एक कुरसी निकालेगी
राजा के बैठने के लिए
राजा सिंहासन पर बैठेगा
और वन महोत्सव मनायेगा।

यह ध्वनि बहुल कविता संस्कृति के विघटन पर केन्द्रित है। लेकिन यह एक इको-कविता भी है। उस रूप में भी इसे पढ़ा जा सकता है। उसका आस्वादन किया जा सकता है। पारिस्थितिकी अध्ययन के अन्तर्गत जिस गहन पारिस्थितिकी (डीप इकोलजी) की परिकल्पना हुई है। इसमें ज़ोर इस बात का रहता है कि पर्यावरण

को गम्भीर अर्थ में समझना अनिवार्य है। यह कविता भी पारिस्थितिकी की गहनता को मानवीयता के व्यापक परिप्रेक्ष्य में प्रस्तुत करती है।

बैसिल फेरनांडो श्रीलंका के अंग्रेज़ी कवि हैं। कवि होने के साथ-साथ वे मानवाधिकार-प्रवर्तक भी हैं। उनकी कविताओं में अचानक लापता होते मनुष्यों, न्याय से वंचित लोगों के बारे में दारुण संकेत मिलते हैं। बैसिल फेरनांडो की कविता के परिदृश्य में श्रीलंका का गृहयुद्ध मुखर है। उस लम्बे युद्ध के दौरान कितने प्रताड़ित हुए, कितने ग़ायब कर दिये गये यह कहना मुश्किल है। इन सबका दुख और दर्द श्रीलंका का यह अंग्रेज़ी कवि व्यक्त कर रहा है। विश्वनाथप्रसाद तिवारी की कविता 'लोग ग़ायब हो रहे हैं' का वाचन करते समय बैसिल फेरनांडों की कविताओं में व्यंजित भीषणता का एहसास होता ही है। उनकी यह कविता मनुष्य की चिन्ता से उद्‌भूत कविता है :

मैं इस बुरी ख़बर के साथ
आया हूँ नौजवान
कि लोग ग़ायब हो रहे हैं
यह ख़बर अख़बार में नहीं छपी है
और जासूस कुछ नहीं बता रहे हैं
लेकिन यह ख़बर सही है।

कविता का पुनर्वाचन हमें कई तरह से सचेत कर रहा है। 'लोग ग़ायब हो रहे हैं' वाली पंक्ति की ध्वन्यात्मकता अत्यन्त गहन है। उसमें कई प्रकार की भीषणताओं और विकरालताओं का स्थित्यंकन है। इसलिए सतर्क किये जाने की निरी कवि-भूमिका मात्र इसमें आकलित नहीं है। कविता में रानी और राजकुमार का ज़िक्र भी मिलता है जो अपने ढंग से आत्ममुग्ध हैं। इससे ज़ाहिर होता है कि अधिकार की राजनीति में मानवीयता के लिए कोई स्थान नहीं है। कवि राजनीति की चालबाज़ियों को पहचान लेता है और अपनी अकुलाहट को यों व्यक्त कर रहा है :

मैंने अपनी आँखों से देखा
राजधानी में
एक अदृश्य हाथ उन्हें छूता है
और वे अच्छे-खासे
हट्‌टे-कट्‌टे लोग
छूमन्तर हो जाते हैं।

अदृश्य हाथों की फैंटसी में साजिश का पूरा विन्यास है। उक्त विन्यास को

वैश्विक विन्यास में तब्दील करने और उसे विस्तार देने के लिए कवि ने तमाम नयी पीढ़ियों को सतर्क करने का कार्य किया है। कविता यहाँ पर वैश्विक भी हो जाती है :

यह कोई जादू का खेल नहीं
हक़ीक़त है, नौजवान
और इसके पहले कि
ग़ायब हो जाये वह
जिसे तुम समझते हो अनश्वर
तुम दौड़ो
दौड़ो इस ख़बर के साथ
कि मनुष्यों की दुर्लभ प्रजाति
ग़ायब हो रही है

पोलंड की अन्ना पोलाक ने 2004 में एक लघु वृत्तचित्र बनाया था, 'चिल्ड्रन ऑफ लेनिन ग्रादुस्की'। लेनिन ग्रादुस्की रेलवे स्टेशन पर निरन्तर आ रहे अनाथ बच्चों की कहानी है। नरक में फेंक दिये जाने वाले बचपन का क़िस्सा। ये बच्चे बिना किसी कारण कभी भी ग़ायब हो सकते हैं। उक्त लघु वृत्तचित्र की भीषणता का अनुभव विश्वनाथप्रसाद तिवारी की कविता के वाचन के अवसर पर भी हमें मिलता है। 'ग्लोबल विलेज' में यह कोई नयी बात नहीं है। इसे मामूली बात समझने की हमारी निर्ममता जो है वह ख़तरे से खाली नहीं है।

'सड़क पर एक लम्बा आदमी' विश्वनाथप्रसाद तिवारी की एक ऐसी कविता है जो बेचैनियों एवं तनावों से मुक्त है और यह अन्ततः उम्मीद जगाती है। एक लम्बा आदमी सड़क पर अचानक प्रकट होता है :

आज अचानक दीख गया
सड़क पर एक लम्बा आदमी

ऐसे में समाज में भिन्न-भिन्न प्रतिक्रियाएँ होती हैं। कोई चमत्कृत है तो कोई भयभीत। तीसरा विचलित है और चौथा आतंकित। सिर्फ़ बच्चे तालियाँ बजाकर नाच रहे थे। वे भयभीत नहीं होते। वे उल्लसित होते हैं। इन बच्चों के माध्यम से एक स्वतन्त्र सामाजिक इच्छा को कवि ने व्यक्त किया है। बाज़ार को आतंकित करने की आशंका से तनावग्रस्त वणिक समाज, पुलिस की ताकत के अधीन न आने की उत्कण्ठा से भयभीत पुलिस शक्ति, तानाशाही के सामने सीना तानकर चलने वाले लम्बे आदमी की उपस्थिति से भयभीत तानाशाही ताक़त आदि अचानक प्रकट हुए लम्बे आदमी से विचलित हैं। वहाँ मामूली लोग

उस 'गरिमामय' उपस्थिति से प्रफुल्लित हैं। यह अन्तर दूसरी कविताओं से इसे अलगाता ज़रूर है। बौने लोग आतंकित हैं और साधारण लोग प्रसन्न। स्पष्टता के साथ इस कविता में उम्मीद की रोशनी दिखाई दे रही है।

शहर में आग की तरह फैल गयी थी
यह ख़बर
निकल पड़े थे अपने-अपने घरों से
बौने लोग
चौकन्ने हो गये थे अख़बार
सेना कर दी गयी थी सतर्क
मन्त्रिपरिषद में चल रहा था विचार

अधिकार के तन्त्रों की तमाम जल्दबाजियों के बीच, उनकी आशंकाओं की सुगबुगाहट के बीच बिना किसी अतिशय नाटकीयता के साथ कवि ने कविता के अन्त में जो दृश्य प्रस्तुत किया है उसमें हमारे सामूहिक अवचेतन में स्थित उम्मीद या आशा की किरणें फैलती दिखाई देती हैं :

एक बुढ़िया
अपने पोते-पोतियों को जुटाकर
दिखा रही थी
कि सतयुग में होते थे
ऐसे ही लम्बे आदमी

इस कविता ने परोक्षतः यह भी प्रमाणित किया है कि हमारे बीच बौने लोगों की भीड़ जम गयी है।

विश्वनाथप्रसाद तिवारी अपनी कविताओं में ढेर सारे सहज दृश्य विन्यसित करते हैं जिन्हें सामान्य वाचन के अवसर पर अनदेखा करना आसान है। पर उनके सहज दृश्य विन्यास, दूसरे या तीसरे पाठ के अवसर पर सहज नहीं प्रतीत होते। लगता है कि इन सहज प्रतीत होने वाले दृश्यों के पार कई असहज दृश्य भी हैं जिन्हें अनदेखा करने का तात्पर्य है समय को अनदेखा करना। उनकी एक कविता है 'कॉनाट प्लेस'। नाटकीयता के साथ कविता शुरू होती है। कवि ने कविता के आरम्भ में अजीब स्थिति उपस्थित की है :

लोग ऐसे भाग रहे हैं
कि लगता है कुछ ही घण्टों में
खाली हो जायेगा कॉनाट प्लेस

महानगर की भागदौड़ से कौन परिचित नहीं है? इधर से उधर और उधर से

इधर भागती नज़र आती भीड़ की स्थिति ने ही कवि से ये पंक्तियाँ लिखवायी हैं। भागते हुए लोगों का दृश्य। रोज़-रोज़ का महानगरीय चित्र। अवतार कृष्ण कौल ने रमेश बक्षी के उपन्यास ('अठारह सूरज के पौधे' जो बाद में '27 डाऊन' नाम से भी आया है) के आधार पर '27 डाऊन' नाम से एक फ़िल्म बनायी थी जिसमें मुंबई की रेल-यात्रा और उसकी अतिशय भीड़ का दृश्यांकन किया है। उस भीड़ को अनेकानेक कोणों से देखा गया है और एक फ़िल्मी भाषा तैयार भी होती है। कविता में मुम्बई की जगह कानॉट प्लेस है। कवि ने भीड़ की भाषा रची है। भीड़ की 'शरीर-भाषा' की बारीकी से कवि ने यथास्थिति में निहित यथार्थेतर सन्दर्भों को दर्ज किया है :

सब को आशा है
कि सब को मिल जायेगी गाड़ी
सब को भय है
कि सब की छूट जायेगी गाड़ी

कविता के इस दृश्य में कई अपरिभाषेय आशंकाएँ जुड़ी हैं। इसमें महानगर से बढ़कर जीवन की महानगरीयता का परिदृश्य साफ़ नज़र आता है। यह एक विशिष्ट संस्कृति का परिदृश्य है। यथार्थ का समावेश इसमें नहीं के बराबर है। संकुचित यथार्थ की यह पोषक संस्कृति है। इसमें आत्मकेन्द्रित प्रवृत्ति प्रबल है। सभी अपने-अपने ढंग से अकेले ही भागना चाहते हैं। कवि भागने वालों को बचने का रास्ता या छिपने की जगह बताने को तैयार है। लेकिन कोई तैयार नहीं। सभी अपने-अपने ढंग से भागे जा रहे हैं। सतर्क करना कवि ने अपना दायित्व मान लिया है। अक्सर कवि का दायित्व उन देवदूतों की तरह होता है जिन्हें समय-समय पर मरुस्थल में भटकते हुए राहगीरों को सही रास्ते के बारे में सतर्क करना पड़ता है। इसलिए कवि की आवाज़ मरुस्थल में आवाज़ देने वाले देवदूतों की तरह होती है। इस कवि के पास ऐसी एक आवाज़ है जिसे वे भटकते लोगों के लिए इस्तेमाल करना चाहते हैं।

अपने दायित्व बोध से सदैव प्रेरित होने के कारण, आत्मकेन्द्रित बोध से अपने को अलग रखने के कारण विश्वनाथप्रसाद तिवारी की कविता में मानवीय आस्था का पक्ष प्रबल है। अपने 'फिर भी कुछ रह जायेगा' शीर्षक संकलन की एक कविता–'मंज़िल'– में दूसरों को सतर्क करना ही नहीं बल्कि उन्हें सुरक्षित रखने का दायित्व भी कवि ने अपने ऊपर ले रखा है। अकेले में कोई बचाव नहीं होता, कोई मुक्ति नहीं होती। 'मंज़िल' शीर्षक कविता सरल संरचना वाली कविता है। पर उसमें निहित आत्मदान का पक्ष सशक्त है। वास्तव में 'कॉनाट प्लेस' के

समकक्ष रखकर 'मंज़िल' शीर्षक कविता को देखना चाहिए। 'कॉनाट प्लेस' में आत्मकेन्द्रितता अपने शिखर पर है जबकि 'मंज़िल' में आत्मदान शिखर पर है। कविता इस प्रकार है :

सूरज डूब रहा है
और अँधेरा घिरने वाला है
मेरे आगे जो रास्ता है
काँटे बिखरे हैं उस पर
क्या करूँ मैं?
बचा कर निकल जाऊँ इन्हें, बगल से
या चला जाऊँ छलाँग लगा, इनके पार
क्या करूँ मैं?
शायद आख़िरी यात्री हूँ
आज की साँझ
सम्भव है कि कोई आ रहा हो
मेरे भी बाद
उसे दिखेंगे नहीं अँधेरे में, ये काँटे
क्या करूँ मैं?
रुक जाऊँ काँटों के पहले
सचेत करने के लिए आने वालों को
या चुन कर हटा दूँ राह से इन्हें
क्या करूँ मैं?
मेरी मंज़िल दूर है, प्रभु
मगर
क्या यह मेरी मंज़िल नहीं?

आत्ममुग्धता और आत्मदान के बीच का संघर्ष कविता में स्पष्ट रूप से लक्षित किया जा सकता है। क्या करूँ मैं? यह प्रश्न दुहराया गया है। अपने बचाव का रास्ता ढूँढ़ लूँ या दूसरों के लिए रास्ता ठीक करूँ। संघर्ष यही है। वैसे मंज़िल दूर है। प्रभु से भी विनती की जा रही है। लेकिन आख़िरी पंक्ति में अचानक कवि का तय करना कि 'मगर, क्या यह मेरी मंज़िल नहीं?' यह प्रश्न भी है और उत्तर भी है। आत्ममुग्धता के ऊपर आत्मदान की यह विजय है। एलबर्ट श्वैट्सर ने इसे 'जीवन के प्रति भक्ति' कहा। अपने को पूरी तरह से जीवन के लिए समर्पित करना। समकालीन दौर में जीवन के प्रति समर्पित एक आस्थावादी कवि ही ऐसी कविता लिख सकता है।

विश्वनाथप्रसाद तिवारी की कविता जीवन यथार्थ के दो स्तरों से जुड़ती है। पहला है हमारे भीतर और बाहर पसरा हुआ अनन्त दुखों का रेगिस्तानी विस्तार और दूसरा है आस्था के चकमते ध्रुव नक्षत्र का प्रकाश वृत्त। ये दोनों कवि की रचनाओं में ताने-बाने की तरह उपलब्ध हैं। जो दुख का सही अनुभव कर सकता है, वही जीवन की वास्तविकता का आस्वादन भी कर सकता है। दुख गाथाओं के अनेकानेक भावों को कवि ने अपनी कविताओं में प्रस्तुत किया है क्योंकि उसकी (दुख की) कथा अनन्त है, जिसे सिर्फ़ बुद्ध ने ही पहली बार महसूस नहीं किया था। कई अनाम व्यक्तियों ने इसे सहा होगा। लेकिन किसी ने इसकी गहराई के बारे में लिखा नहीं। हमें, यदि दुख की गहराई जाननी है तो, ख़ुद उसे महसूस करना होगा। उनकी 'मनुष्यता का दुख' शीर्षक कविता अनन्त दुखों का दस्तावेज़ीकरण है :

जहाँ तुम खड़े हो
देख सकते हो वहीं
पानी की तरह राह बनाता नीचे
और नीचे
आग की तरह लपलपाता
समुद्र सा फुफकारता दुख

....

तुम
हाँ हाँ तुम
सिर्फ़ हथेली से उदह दो
तो चुल्लू भर कम हो सकता है
मनुष्यता का दुख

यह कविता मनुष्यता के दुख का वर्णन मात्र नहीं अपितु मनुष्य होने की अपनी भूमिका के अर्थ को भी रेखांकित करती है। यहाँ पर कविता और संस्कृति की बात विचारणीय होती है। यह तो तय है कि निज में बद्ध होकर कोई भी संस्कृति विकसित नहीं हो सकती। कविता की संस्कृति सदैव आत्मलीन दृष्टि के बदले आत्मविस्तार की दृष्टि-सम्पन्नता में विश्वास अर्पित करती है। विश्वनाथप्रसाद तिवारी की कविताएँ ऐसी घोषणा करती प्रतीत होती हैं कि आस्था ही जीवन है। दुखः से तपा हुआ जीवन ही आस्थावादी हो सकता है। इसलिए कवि अपने को 'अनन्त दुखों का भार ढोने वाला' कहना पसन्द करते हैं। उनकी एक चर्चित कविता है, 'फिर भी कुछ रह जायेगा।' सब कुछ के नष्ट होने के बाद भी कुछ तो रह जायेगा। यही तो आस्था है, यही वास्तविक ज़ीवन है :

क्या तुम्हें यकीन है
मर जायेंगी जिजीविषाएँ
झर जायेंगी आस्थाएँ
सूख जायेंगे सपने
व्यर्थ हो जायेंगे शब्द
क्या तुम्हें यकीन है
आग सब कुछ जला सकती है
सब कुछ सुखा सकती है हवा
पानी सब कुछ गला सकता है
सब कुछ मिटा सकता है ब्रह्मास्त्र
नहीं, ज़रूर कुछ रह जायेगा

यह कविता उस दृश्य की तरफ़ देखने के लिए हमें प्रलोभित करती है, जिसमें प्रलयोपरान्त वटपत्र में शयनित नन्हे कान्हा का रूप हो। नाश के उपरान्त निर्माण। 'नहीं, ज़रूर कुछ रह जायेगा' कवि में यह अदम्य प्रतीक्षा है, जो स्वार्थ और लोभ से मुक्त है, तथा मनुष्य के जीवन के बारे में प्रवाहित उत्कट आस्था भी है। अपने पाँचवें संकलन की कविताओं के बारे में कवि का कथन विचारणीय है : "पाँचवें संकलन तक पहुँचते-पहुँचते मेरी आत्ममन्थन की प्रक्रिया तीव्र होती गयी है और मौन की मुखरता का अर्थ भी समझ में आता गया है। इन कविताओं में अपना समय तो है पर उसके चालू मुहावरे नहीं हैं। बल्कि दर्शन की एक विनम्र जिज्ञासा है जो नश्वर में अनश्वर और व्यर्थ में भी अर्थ की तलाश करती है तथा जो राग और विराग की गहरी बेचैनी लिए हुए है। जिसमें तरल संवेदना के साथ वैचारिक संशय भी है। इनमें एक दायित्वपूर्ण नैतिक संवेदना है कि यथार्थ जितना कवि के बाहर होता है, उतना ही उसके भीतर भी। इसलिए अपने परिवेश के हाहाकार और अन्धकार में स्वयं कवि भी उतना ही सहभागी अनुभव करता है।" ('कवि ने कहा' : विश्वनाथप्रसाद तिवारी, पृ. 8) इस उद्धरण में एक विशेष शब्द आया जो रेखांकित करने योग्य है–वह है, 'दायित्वपूर्ण नैतिक संवेदना'। यह संवेदना विश्वनाथप्रसाद तिवारी की कविताओं में सर्वत्र विद्यमान है। वही संवेदना उनकी कविताओं की ऊर्जा है और वही उनकी कविताओं की ताक़त है। महान कविताओं की रचनात्मक क्षमता के प्रति वे शंकालू हैं। 'अतः महान कविता अपने बूते की बात नहीं' वे स्पष्ट करते हैं। परन्तु जिस 'दायित्वपूर्ण नैतिक संवेदना' की बात जो उन्होंने उठाई है वह मामूली बात नहीं है। इसमें कवि की जाग्रत अवस्था, संवेदनात्मक सघनता, दूरगामी दृष्टि, आस्थावादी ऊर्जा, निर्भयता, सहानुभूति, दुख

से तादात्म्य और दुखी जन के प्रति व्यापक स्नेह, अपने समय के साथ चलने की त्वरा, सतही शब्दों से अपने को अलग रखने की प्रवृत्ति और शालीनता को कविता और लेखन में बनाये रखना वे हमेशा चाहते हैं। इन्हीं भाव-भंगिमाओं ने विश्वनाथप्रसाद तिवारी को कवि बनाया है। इतने सारे भावों को यथा सन्दर्भ व यथोचित्र ढंग से जब वे अभिव्यक्त करते हैं तो हमें यह कहना पड़ रहा है कि महान कविता के मानक तत्त्व और क्या हो सकते हैं?

दायित्वपूर्ण नैतिक संवेदना के घनत्व से ओतप्रोत विश्वनाथप्रसाद तिवारी की कविताओं को पढ़ते समय प्रसिद्ध उपन्यासकार कसनद्जाकिस के 'ईश्वर के ग़रीब' (God's Paupere), जो असीसि के पुण्यात्मा सन्त फ्रांसिस के जीवन को आधार बनाकर रचित है, स्मरण होना स्वाभाविक है। हमारे कवि की एक पंक्ति बार-बार मन में प्रतिध्वनित हो रही है– "मेरी मंज़िल दूर है, प्रभु/मगर/क्या यह मेरी मंज़िल नहीं।" कसनद्जाकिस के उपन्यास का एक अंश इस प्रकार है : "अमीर परिवार में जन्मे फ्रांसिस ने अपना घर छोड़ दिया। वह ईश्वर की खोज में निकल पड़ता है। उसी मार्ग पर चलने का इच्छुक लियो भी फ्रांसिस के साथ चलने लगा। भिक्षुकों की तरह दोनों ने कई देशों का भ्रमण किया। अपनी लम्बी यात्रा के दौरान वे ऐसे एक प्रदेश में पहुँच गये जहाँ कोढ़ की बीमारी से ग्रस्त, जो समाज से बहिष्कृत है, रह रहे हैं। उन्होंने एक घण्टी की आवाज़ सुनी। कोढ़ग्रस्त बीमार लोगों के हाथ में एक छड़ी रहती थी जिसमें लटकाये गये घण्टे से यह आवाज़ आती थी। यह नियम है कि घण्टी की आवाज़ सुनते ही राहगीरों को रास्ता छोड़ देना चाहिए। सामने से एक कोढ़ग्रस्त आदमी गुज़र रहा था। नियमानुसार लियो ने अपना रास्ता बदलना चाहा। पर उसने ऐसा दृश्य देखा जिसने उसे चकित ही नहीं बल्कि स्तब्ध भी कर दिया। वह दृश्य देखकर लियो भयभीत भी हो गया। फ्रांसिस आगे की ओर बढ़ता गया। अपने दोनों हाथों को पसारकर उस व्यक्ति को अपनी तरफ़ बढ़ते देख कोढ़ग्रस्त आदमी भी भयभीत हो गया। वह चीख उठा और घुटनों के बल पर बैठ गया। उसकी नाक का आधा हिस्सा सड़ चुका था। उँगलियाँ सड़कर नष्ट हो चुकी थीं। मवाद से भरी थीं उसकी फूली हुई आँखें। लियो यह भयानक दृश्य देख रहा था। उसने देखा, फ्रांसिस ने द्रुत गति से जाकर उस कोढ़ग्रस्त आदमी को गले से लगाया। झुककर उसके मवाद से भरे होंठों को चूम लिया। उसे अपने शरीर से लगाया... कुछ ही देर में वह कोढ़ग्रस्त आदमी कहीं ग़ायब हो गया। वास्तव में वह कोढ़ग्रस्त आदमी के वेश में आया ईसा ही था और वह फ्रांसिस की परीक्षा ले रहा था। उस घटना के बारे में फ्रांसिस का कथन इस प्रकार है, कोढ़ से पीड़ित, लँगड़ों और पापियों के होंठों का जब हम चुम्बन करते हैं, हे ईश्वर मेरी बात के

लिए मुझे क्षमा कर दे, चुम्बन मिलते ही वे सब ईसा बन जाते हैं" कसनद्जाकिस के इस कथा विवरण में भक्ति की पारम्यता, ईसा का महत्त्व आदि है। लेकिन सबसे महत्त्वपूर्ण बात मनुष्य के प्रति अन्तत स्नेह ही इसमें व्यंजित है। पतितों, पीड़ितों, दुखी जनों और ग़रीबों के प्रति जिसके हृदय में स्नेह नहीं है वह भक्ति के पात्र नहीं बन सकते। ईश्वर के द्वार पर उनका प्रवेश नहीं हो सकता। आत्मदान से ही आत्मविस्तार सम्भव है। सन्त फ्रांसिस की जीवन-कथा यही तत्त्व हमें प्रदान कर रही है। उसी तरह विश्वनाथप्रसाद तिवारी की कुछ कविताएँ आत्मदान और तज्जन्य आत्मविस्तार से सम्बन्धित हैं। इसी संवेदनात्मक गहराई के कारण उनकी कविताओं की कुछ और प्रवृत्तियाँ उभरकर आती हैं। विश्वनाथप्रसाद तिवारी अपने गाँव से तथा ग्रामीण जनता, जिनमें कई प्रकार के मेहनतकश लोग शामिल हैं, उनकी दुख-कथाओं से जुड़े हैं। पच्चीस-तीस कविताएँ इस सन्दर्भ में हम आसानी से चुन सकते हैं। दूसरी बात उनकी कविता मे बसा लोक है। लोक संवेदना के अभाव में किसी कविता का प्रासंगिक होना नामुमकिन है। लोक उनकी कविताओं में रचा-बसा है। विश्वनाथप्रसाद तिवारी की बहुत-सी कविताएँ स्त्री-केन्द्रित हैं। हाशियाकृत समाज के प्रति उनका जो रुझान है वही इनमें लक्षित है। उनके आत्मदान की प्रवृत्ति का ही यह परिणाम है। कवि ने ऐसी भी बहुत कविताएँ लिखी हैं जो उनकी माँ पर केन्द्रित हैं। इनमें माँ का रूपक सशक्त है। संवेदनात्मक गहराई इन माँ केन्द्रित कविताओं में अभूतपूर्व ढंग से विन्यसित है।

तमिल भाषा के सन्त कवि तिरुवल्लुवर की एक पंक्ति याद आती है कि जब हम 'मैं' शब्द का प्रयोग करते हैं तो हमारे होंठ जुड़ते नहीं हैं और जब हम 'हम' शब्द का प्रयोग करते हैं तो हमारे होंठ जुड़ते हैं। कविता दरअसल 'मैं' से 'हम' की तरफ़ की लम्बी यात्रा है। विश्वनाथप्रसाद तिवारी की कविता में 'हम' यानी हमारे सामूहिक जीवन के बहुवर्णी चित्र ही अधिक मिलते हैं और वे स्वयं कवि के रूप में तथा मनुष्य के रूप में इस सामूहिक जीवन के लिए प्रतिबद्ध कवि भी दिखाई देते हैं।

भ्रम नहीं था दाना को
न किसी से आशा
न किसी पर ग़ुस्सा
भाव या लगाव था
पराजय थी, ख़ामोशी थी
लपेटने लगा दाना
जब अमंग की मृत काया को, चटाई में
लजा गयी पृथ्वी
अपने धीरज पर

दुख बहुत है मृत्युलोक में

मलयालम के वरिष्ठ कवि अक्कित्तम् अच्युतन नंपूतिरि की एक अतिदीर्घ कविता है, 'बीसवीं शताब्दी का इतिहास'। वस्तुतः यह कविता हमारे वर्तमान की दुख-गाथा है। अक्कित्तम् की कविताओं में अनेकविध मानवीय अवस्थाओं से उत्पन्न दुख की कथाएँ भरी पड़ी हैं। अपने आसपास के दुख के प्रति कवि का अवसादग्रस्त मन सदैव अश्रुसिंचित रहता है। उस अश्रु प्रवाह में सम्भवतः कवि का चित्त शान्ति का अनुभव इसलिए करता है कि वह ममेतर के लिए समर्पित हो रहा है। अतः कवि का कहना है :

जब मैं दूसरों के लिए
आँसू बहाता हूँ तो
मेरे अन्तर्मन में
हज़ारों सौरयूथ प्रोज्वलित होते हैं।
एक मुस्कान
जब मैं दूसरों के लिए बिखेरता हूँ
मेरे हृदय में
नित निर्मल पूर्णिमा रोशनी बिखेरती है।

'बीसवीं शताब्दी का इतिहास' शीर्षक दीर्घ कविता मलयालम की बहुचर्चित रचना है जिसमें दुख का सामान्य प्रतिपादन किया नहीं गया है, बल्कि दुख को सर्वात्मना आत्मसात् करने की कोशिश की गयी है। हमारा समय इतना कठिन है और यथार्थ इतना कठोर है कि दुख की गाथाएँ अतिशयोक्तिपूर्ण नहीं रह गयी हैं। इसलिए अक्कित्तम् ने लिखा है जो भविष्य के नागरिकों के लिए है :

लला, रोशनी है दुख की निशानी
तमस ही है सुखप्रद।

वर्तमान की रोशनी कृत्रिम होने से हमें निरन्तर दुख का सामना करना पड़ता है। ऐसे में अँधेरा ही बेहतर है जिसमें कुछ भी दिखाई नहीं देता है, इसलिए तमस ही सुखप्रद है।

विश्वनाथप्रसाद तिवारी की एक कविता है 'दाना माँझी'। दाना माँझी के जीवन का अतितीव्र दुखद प्रसंग ही इस कविता का प्रमेय है तथा इसकी प्रेरणा भी। कवि ने इस घटना का उल्लेख कविता की पाद टिप्पणी में दिया है जो इस प्रकार है–'कालाहांडी (उड़ीसा) के मेलघरा गाँव का निवासी दाना माँझी अपनी पत्नी अमंग के टी.बी. के इलाज के लिए 60 किलोमीटर दूर भवानी पटना के सरकारी अस्पताल पहुँचा। 24, अगस्त 2016 को अमंग की मृत्यु हो गयी। पैसे नहीं थे दाना के पास; अतः एम्बुलेंस नहीं मिली। उसने चादर और चटाई में अमंग के मृत शरीर को लपेटा और कन्धे पर उठाकर चल पड़ा गाँव की ओर। पीछे उसकी बारह वर्ष की बेटी थी। 12 किलोमीटर पैदल चलने के बाद किसी दयावान ने स्थानीय अधिकारियों को फ़ोन करके उसके लिए एम्बुलेंस का प्रबन्ध किया।' यह एक वास्तविक घटना है। संवेदनशील व्यक्तियों को झुलसा देने वाली यह घटना विश्वनाथप्रसाद तिवारी के लिए कविता का प्रेरक विषय बनी। कवि की इस सृजनात्मक प्रतिक्रिया को सहज ही कहा जा सकता है।

भारतीय नागरिक बोध को झकझोरने वाली इस घटना ने हमें दुखी ही नहीं बनाया बल्कि हमें लज्जित भी कर दिया था। इस तरह की दर्जनों घटनाएँ भारत में होती रहती हैं। सिर्फ़ एक सवाल रह जाता है कि इतने अमानवीय हम हुए कैसे? यह सवाल बिना किसी जवाब के हमारे ही आसपास मँडराता रहता है। लोग भले ही इस घटना को भूल जायें पर यह अमानवीय दृष्टि हमारे इतिहास में अंकित रहेगी। दाना माँझी आख़िर एक मामूली आदमी है और उसकी रोगग्रस्त बीवी अमंग, जो अब नहीं है, दृश्यपट से ओझल हो गयी है। यह एक यथार्थ है। मगर सबसे बड़ा यथार्थ हम जैसे बहुसंख्यकों के दर्शक बने रहने या श्रोता बने रहने की यान्त्रिकता है। हम कैसे इस तरह मशीन के पुर्जे बनते गये? महात्मा बुद्ध की करुणा की विशालता भले ही हममें न हो फिर भी इतनी करुणा होनी चाहिए थी कि एक ग़रीब के प्रति हम मानवीय व्यवहार तो दिखा सकें। दाना माँझी के जीवन की यह त्रासद घटना हमारी मानवीयता को, यदि वह अब भी बची है तो, कुरेदती रहेगी। हम विकास की गाथाएँ गाते फिरेंगे, पर हमारी सांस्कृतिक दृष्टि में निहित अविकास को कहाँ छिपा पायेंगे? प्रशासन के तन्त्र की कृत्रिम महिमाओं को प्रचारित करने हेतु, विकास को कृत्रिम ढंग से परिभाषित करने के लिए हम नये-नये नारे सृजित करते रहेंगे, पर प्रशासन के इस अमानवीय कुतन्त्र को विकास के किस खाते में सुरक्षित रख सकेंगे? उड़ीसा का मेलघरा गाँव हमारे लिए एक अनजान प्रदेश हो सकता है। लेकिन दाना माँझी और स्वर्गीय अमंग एक सवालिया निशान छोड़ते हैं। यह दुख गाथा संवेदनशील व्यक्तियों के माध्यम से इतिहास में प्रवेश करेगी और कई रंगों व रूपों में शब्दबद्ध होती रहेगी।

विश्वनाथप्रसाद तिवारी की कविता 'दाना माँझी' हमारे इतिहास के सबसे बड़े कलंक के रूप में दर्ज इस घटना को, उसमें निहित अपार दुख को हृदय से आत्मसात कर रही है। कवि के अनुसार 'दैन्य की कथा यह' वाली अभिधात्मक पंक्ति कविता में एक घोर ध्वनि बनकर प्रतिध्वनित हो रही है। कविता की यह ध्वनि-क्षमता असाधारण ढंग से गुंफित है। दाना माँझी जितना सामान्य नागरिक है उतनी ही नाटकविहीनता उसके जीवन में है। वह नाटक नहीं कर सकता न शोर- शराबा। वह पूरी तरह से निहत्था है। एकदम बेसहारा। उसकी बारह वर्षीय बच्ची इतनी नादान और उन दोनों के आसपास का माहौल शतप्रतिशत यान्त्रिक और अमानवीय। अमंग मर चुकी है। दाना को उसे ले जाना है। पर कैसे? जिस सवाल को सामूहिक बनना था वह व्यक्ति की निस्सहायता तक सीमित होकर बेजान हो जाता है। इसलिए कवि उस पूरे हादसे को इस तरह व्यक्त करते हैं :

भ्रम नहीं था दाना को
न किसी से आशा
न किसी पर ग़ुस्सा
भाव था लगाव था
पराजय थी, ख़ामोशी थी
लपेटने लगा दाना
जब अमंग की मृत काया, चटाई में
लजा गयी पृथ्वी
अपने धीरज पर

हमारे वर्तमान में अकलमन्द लोग आराम की ज़िन्दगी जी रहे हैं और मामूली एवं निस्सहाय लोग ज़िन्दगी को बोझ की तरह ढोते हुए जी रहे हैं। यह विरोधाभास सदियों से चला आ रहा है। इस विडम्बना के रहते हुए भी पुराने ज़माने में मानवीय सहानुभूति को मूल्य के रूप में पहचाना गया था। आज हम इतने विकसित होते गये कि मानवीय सहानुभूति के निशान भी नहीं रह गये हैं। विश्वनाथप्रसाद तिवारी इसलिए लिखते हैं कि 'दारुण दृश्य था यह' जिसमें अकारुणिकता का भीषण माहौल अनुभव किया जा सकता है। दाना अपनी पत्नी का मृत शरीर चटाई में लपेट रहा था और कवि ने लिखा–'लजा गयी पृथ्वी अपने धीरज पर'। इसलिए कवि ने ऐसा लिखा है कि वे इस घटना की ख़बर से झुलस चुके हैं। इसलिए अपनी प्रतिक्रिया को वे इतने विस्तृत आयाम तक ले जाते हैं कि पूरी धरती लजा गयी थी।

माँ के मृतशरीर को ढोकर चलते बाप के पीछे-पीछे चलने वाली बारह वर्षीय बेटी की हालत भी अतिदारुण है। वर्तमान ने उसे अनाथ छोड़ दिया था। माँ के

आँचल को पकड़कर छोटे-छोटे सपने बुनने लायक आयु में वह मृत्यु का आतंक देख रही है। अपने बाप की त्रासदी का वह साक्षी बन रही है। भविष्य उसका पूरी तरह से कुहासे से भरा पड़ा है। अनन्त रास्ता है सामने। चलना ही है, बस। यहीं पर कविता की त्रासदी अति गहन हो जाती है। इस एक भारतीय अवस्था की ओर ही विश्वनाथप्रसाद तिवारी कविता में संकेत कर रहे हैं।

कविता के अन्त में विश्वनाथप्रसाद तिवारी ने एक पौराणिक सन्दर्भ को जोड़ा है। आकाश मार्ग से गुज़रती पार्वती अपने पति शिव से कहती हैं :

नाथ, ऐसे ही भटके होंगे आप
कन्धे पर लेकर मेरा शव, त्रिलोक में
सिसकते बोली, पर्वत पुत्री
तीसरे नेत्र से देखिए, देव
भाद्रपद के घने बादल छाये हैं नीचे
दुख बहुत है मृत्युलोक में।

अपनी पूर्व कथा में सती का अग्नि में जलकर देह त्याग करना और शिव का उनके शव शरीर को लेकर त्रैलोक्य में सबके विनाश हेतु भ्रमण करना आदि कविता के अन्त में संकेतित है। यहाँ पर मुख्य यह है कि शिव अपने कन्धे पर सती के मृत शरीर को लेकर निकल पड़ते हैं। लेकिन दाना माँझी की अवस्था शिव की अवस्था से भिन्न है। पुराण कथा में सती का देहत्याग और शिव का रौद्र भाव के साथ विनाश हेतु निकल पड़ना आदि अलौकिक वातावरण और दैवी शक्तियों के अनुकूल ही सन्दर्भित है। दाना माँझी के प्रसंग में न अलौकिता है न दैवी शक्तियों का दिव्य-प्रचंड रूप। दाना माँझी निपट अकेला है। अपने यथार्थ से परिचित होने से वह आख़िर अपना रास्ता ख़ुद तय करता है। यद्यपि कविता में इस बात का उल्लेख नहीं है कि दाना के बार-बार अनुरोध करने के बावजूद मृत शरीर ले जाने के लिए उसे गाड़ी नहीं मिली थी। उसमें निहित दारुण अवस्था ही कविता को गहराई प्रदान करती है। अन्त में पत्नी के मृत शरीर को चादर से लपेटकर दाना चल पड़ता है। उसके स्थान पर अपने पिता यक्ष के यहाँ सती स्वयं शिव को अपमानित होते देख अग्नि में जलकर देहत्याग करती है। दाना माँझी की पत्नी अमंग टी.बी. की वजह से मर जाती है। सती के देहत्याग का समाचार सुनकर रुद्र बनकर शिव का आगमन पुराण कथा का एक रोमांचकारी प्रसंग है। शिव का प्रचंड रूप भी रोमांचकारी है। लेकिन दाना माँझी के प्रसंग में इस तरह के वैभवशाली अलौकिक दृश्यों के लिए कोई जगह नहीं है। फिर भी इस पुराण कथा के साथ कवि ने कुछ लोककथाओं में प्रचलित शिव-पार्वती के आकाश मार्ग

से गुज़रने के प्रसंग को भी लिया है। लोगों के हाल-चाल जानने के लिए आने वाले इन देवताओं को साधारण जीवन के दुखद दृश्य देखने का अवसर मिलता है और उस समय करुणाशील पार्वती शिव से आग्रह करती है कि ऐसे लोगों की मदद की जाये। यहाँ इस कविता में पार्वती कहती है कि दुखी जनों को देखें और उनके लिए मदद पहुँचायें। कविता का मुख्य प्रकरण 'दुख बहुत है मृत्यु लोक में' ही है। पुराण की अलौकिकता से उतरकर लोककथा के यथार्थ को आत्मसात् करके पार्वती और शिव की पहचान के रूप में दिल को दहलाने वाली यह पंक्ति–'दुख बहुत है मृत्यु लोक में' दाना माँझी के यथार्थ के तिगुने-चौगुने आयामों तक पहुँचाने में हमारी मदद करती है। हम एक भीषण यथार्थ से टकरा जाते हैं और हम पूरी तरह से अशान्ति के भँवर में पड़ जाते हैं जिससे हमारी मुक्ति असम्भव दीखती है। विश्वनाथप्रसाद तिवारी की कविता इसी अशान्ति की अभिव्यक्ति है। कविता, यदि वह गहन यथार्थ की अभिव्यक्ति है तो, अशान्ति से उद्भव होती है और अशान्ति को रचती है। कविता में विन्यस्त दुख कइयों के दुख के रूप में तब्दील होता है। उसका प्रसार होता रहता है। जिस तरह नदियाँ अलग-अलग प्रदेशों से बहकर आने के बाद समुद्र में विलीन होती हैं उसी तरह एक वास्तविक दुख कईयों के दुख में परिवर्तित होकर अश्रु प्रवाह में परिणत होता है। इस मृत्युलोक में दुख अल्प मात्र नहीं बल्कि बहुत है। इतना अधिक कि पूछो मत। इस दुख से एकाकार होना भी अपने आप में एक प्रीतिप्रद तथ्य है। बहिरंग सहानुभूति से हम ऐसे दुख के साथ तादात्म्य प्राप्त नहीं कर सकते जबकि यदि हमारी आन्तरिक करुणा द्रवित हो तो हम दुख से एकाकार हो सकते हैं। विश्वनाथप्रसाद तिवारी की कविता में कवि की आन्तरिक करुणा अत्यन्त गहन है। पर पीड़ा को समझने वाली यह करुणा ही दरअसल कविता का ऊर्जा केन्द्र है।

प्राकृतिक प्रकोप से, दंगे-फ़साद में, राजनीतिक दलों की मुठभेड़ में मामूली लोग ही मर जाते हैं। भूख से भी ऐसे ही लोग मर जाते हैं। हमारे देश में भूख की वजह से मरने वालों की संख्या कम नहीं है। उसके अन्तरंग में जायें तो एक ऐसा दृश्य देखने को मिल सकता है जो जीवन का सबसे दर्दनाक दृश्य है। हम अनुमान नहीं कर सकते कि भूख से उपजा दर्द कितना गहरा है। इस पर लिखना आसान है। उस अनुभव की गहराई का अन्दाज़ा लगाना मुश्किल है। लेकिन यह भी सच है कि हमारे देश में खान-पान की वस्तुओं का इतना दुरुपयोग होता है कि उसका सही आँकड़ा लगाना कठिन है। यह ऐसा भी देश है जहाँ भूख के कारण असंख्य लोग मर जाते हैं। यह एक भीषण अवस्था है। यह हमारी संवेदनशीलता पर गहरी चोट करने वाली घटना है। हम चाहें तो इन सबको अनदेखा कर सकते हैं। ख़बर

की तरह पढ़कर भूल सकते हैं। लापरवाही बरती जा सकती है। परन्तु सच यह है कि हमारे ही आसपड़ोस में भूख की भीषण अवस्था से गुज़रने के बाद लोग मर जाते हैं। कविता इस दुखद स्थिति को विषय बनाती है। लेकिन जब कविता उसे अनुभव के रूप में परिवर्तित करती है तो वह हमें संकेत देती है कि हमारी विकसित नागरिकता, गतिशील सामाजिकता और संस्कृतिसम्पन्नता आदि निरर्थक हैं। कविता हमें सचेत करती है कि हमारी विकासोन्मुखता में निहित कपट क्या है।

विश्वनाथप्रसाद तिवारी की कविता 'अथातः अन्न जिज्ञासा' भूख से हुई दो मौतों पर केन्द्रित है। कवि ने नाटकीय ढंग से मृत्युलोक के इस गहन दुख को प्रस्तुत किया है। कविता की नाटकीयता उसके रूपशिल्प को नवीनता प्रदान करने के लिए अपनाई नहीं गयी है। इसमें जो नाटकीयता है वह मृत्यु के आतंक को दिखाने के लिए स्वीकृत एक कवि-दृष्टि है। विश्वनाथप्रसाद तिवारी की कविताओं में दुख के ऐसे दृश्यों की आवृत्ति निरन्तर होती रहती है। यह तथ्य विशेष रूप से विचारणीय है कि इसकी आवृत्ति क्यों होती रहती है? जब हमारे महावर्तमानकाल में ऐसी दर्दनाक एवं शर्मनाक घटनाएँ होती रहती हैं और उसके प्रतिरोध में किये जाने वाले तमाम कार्यक्रम कपट में बदल जाते हैं तो ऐसे विषयों की आवृत्ति रचनाओं में होती ही रहेगी क्योंकि यह हमारी तथाकथित सामाजिकता की अर्थहीनता है। यह हमारे लोकतन्त्र का सबसे बड़ा झूठ है। कविता झूठ को प्रतिरोधित करती रहती है। इसलिए कविता को यह विषय दुहराना पड़ता है। विश्वनाथप्रसाद तिवारी ने यदि कई रूपों में, कई संकेतों के माध्यम से इस विषय को दुहराया है तो यह उनका दोष नहीं बल्कि उनकी अतिसूक्ष्म सर्जनात्मकता की स्पन्दनशीलता का ही प्रमाण है।

'अथातः अन्न जिज्ञासा' का नाटकीय प्रसंग इस तरह से शुरू होता है। यमदूत आ गये हैं मृतात्माओं को ले चलने के लिए। लेकिन उस पूरे माहौल को देखकर वे आश्चर्यचकित हो जाते हैं। कविता की पंक्तियाँ हैं :

अचरज में थे यमदूत
जिस क्षण पहुँचे वे
दो मृतात्माएँ थीं प्रतीक्षा में
जिन्होंने नहीं किया तनिक रुकने का अनुरोध
न जाने में विरोध
न साथ चलने में प्रतिरोध
जैसे वे ख़ुशी-ख़ुशी
छोड़ देना चाहती थीं मृत्युलोक

इन पंक्तियों में मृत अवस्था में भी उनकी निस्सहायता दर्शायी गयी है।

निस्सहायता इसलिए कि उस हालात ने उन्हें ही नहीं बल्कि वहाँ के तमाम सदस्यों को बेहाल कर दिया है। मृत्यु से उत्पन्न होने वाले दुख के लिए वहाँ कोई स्थान नहीं है। दुख वे झेल चुके हैं। अब शेष कुछ नहीं है। वे तंग आ चुके हैं। बाक़ी सदस्य भी तंग आ चुके हैं। वे भी मौत को स्वीकार करने बैठे हैं। विश्वनाथप्रसाद तिवारी ने उस माहौल की बेबसी को कुछ इस तरह से व्यक्त किया है कि तनाव दरअसल तनावहीनता के रूप में व्यक्त हुआ है। इसलिए न विरोध है, न प्रतिरोध है। मौत उनके लिए मुक्ति बनकर आ गयी है।

उस घटना स्थल का वर्णन कवि ने इस प्रकार किया है कि कविता की नाटकीयता निस्पंदित सी गयी हो। मौन का वातावरण छा गया है जैसे कुहरा छा जाता है और जैसे कुहरे में कुछ दिखाई नहीं देता है :

आश्चर्य
कि घटनास्थल पर परम शान्ति थी
न कोई मानुष, न पशु-पाखी
न हलचल, न रुदन
जैसे यह कोई हादसा नहीं
सहज व्यापार हो।

प्रेमचन्द की कहानी 'कफ़न' में भी ऐसा ही दृश्य आविष्कृत है। प्रेमचन्द ने उस दृश्य में 'ब्लैक ह्यूमर' को भी जोड़ दिया है। मौत के माहौल को तनावहीन ढंग से प्रस्तुत करने के पीछे उस महान कहानीकार का मकसद यह रहा कि मौत इसलिए घीसू और माधो के लिए दुखदायी नहीं है क्योंकि वे ग़रीबी के दुख को निरन्तर सह चुके हैं। ऐसे में मौत एक सहज कार्य मात्र है उनके लिए।

मृत्यु का यह सहज रूप देखकर यमदूत असहज हुए। इसका रहस्य क्या हो सकता है? धर्मराज से पूछा गया। कविता में धर्मराज का उत्तर उतना यान्त्रिक नहीं है जितना वह प्रतीत होता है। यमदूत काफ़ी हद तक असहज हो चुके थे क्योंकि ऐसा वातावरण उन्होंने इसके पहले कभी नहीं देखा था। इसमें वे रहस्य देखते हैं। इसलिए उनका सवाल आतुरता एवं उत्सुकता से युक्त है। परन्तु धर्मराज का जवाब इतना सहज और सीधा है कि उसकी सहजता में कई असहज स्थितियाँ गुँथी हुई हैं। दरअसल कविता अपनी परिपक्व अवस्था में सबसे सरलतम स्थिति अपनाती है। इसमें कवि की परिपक्वता भी देखी जा सकती है। धर्मराज का जवाब इस प्रकार है :

"तुम राजदूत हो
यमपुरी में निवास करते हो

रिक्त नहीं होता कभी तुम्हारा भंडार
इसलिए समझ नहीं पाये तुम रहस्य
मृत्युलोक में अनन्त रोग हैं
जिनमें सबसे भयानक है भूख
यह मेरे पाश से भी कराल है
तुम्हारे त्रास से भी दारुण
जिस पर गिरती है, शान्त हो जाता
फिर कैसे करेगा वह
अनुरोध, विरोध, प्रतिरोध?"

'दाना माँझी' शीर्षक कविता में भी विश्वनाथप्रसाद तिवारी ने ग़रीबी की उस बेबसी का चित्रण प्रस्तुत किया है, जिसका परिभाषित होना अत्यन्त कठिन है क्योंकि हमारे महादेश में उस स्थिति को सही ढंग से परिभाषित नहीं किया जाता है। 'अथातः अन्न जिज्ञासा' शीर्षक कविता में भूख से हुई मौत का वर्णन प्रस्तुत है। भूख को कविता में धर्मराज परिभाषित कर रहे हैं और पुनः विश्लेषित भी कर रहे हैं। उनका विश्लेषण शतशः सही है। भूख सबसे अधिक भयानक रोग है जो उनके पाश से भी कराल है। उस पाश में बद्ध होने के बाद मनुष्य उतना विवश हो जाता है कि वह कर्महीन हो जाता है। उसकी प्रतिक्रियाएँ निस्पन्द हो जाती हैं। हमारी कपट सामाजिकता और उसकी अवैज्ञानिक दृष्टि से उपजी इस त्रासदी के निवारण हेतु कई-कई सिद्धान्त गढ़ लिए गये हैं। इतने कुशल व अकुशल कार्यक्रम कार्यान्वित किये गये हैं कि निवारण कभी सम्भव ही नहीं हुआ। जो भूखा-दूखा है वह इन सब चीज़ों से दूर, अन्न की प्रतीक्षा में रहता है। पर अन्न उसके नसीब में आता नहीं। जब उसका शरीर सूख जाता है तो मौत का आगमन द्रुत गति से होता है और वह शरीर और उसमें बसी आत्मा प्रतिक्रियाविहीन होकर निस्पन्द हो जाती है।

यदि भूख भयानक रोग है तो उसके लिए औषधि भी तो होनी चाहिए। यमदूतों ने अपना सन्देह प्रकट किया। क्या इस रोग के लिए कोई औषधि नहीं है? ऐसे में धर्मराज गम्भीर स्वर में जवाब देते हैं :

"ब्रह्म की प्रथम माया का नाम है अन्न
अन्न से ही होती सृष्टि
अन्न से ही बनती दृष्टि
अन्न ही जीव का आधार
अन्न नहीं था उन दोनों के उदर में।"

नागार्जुन की कविता 'अकाल और उसके बाद' में भी भूख का चित्र मिलता

है। भूख से उत्पन्न निस्पन्दता को उन्होंने सटीक शब्दों में प्रस्तुत किया है। फिर जब अन्न आ जाता है तो एकाएक सभी प्रफुल्लित हो उठते हैं। लेकिन उस कविता में भूख की भीषणता उतनी गहरी नहीं है। विश्वनाथप्रसाद तिवारी की पूरी कविता भूख की भयानकता पर केन्द्रित है और उससे हुई मौत की नाटकीय प्रस्तुति भी है।

अन्न सम्बन्धी यमदूतों की जिज्ञासा का निवारण धर्मराज करना चाहते हैं। जो अन्न के महत्त्व को नहीं समझता है उससे अन्न के बारे में क्या बताना। इसलिए यमदूतों पर व्यंग्य करते हुए वे बताते हैं :

"व्यर्थ है तुम्हें समझाना
जिसके उदर में ठुँसा होता अन्न
वह नहीं समझ पाता अन्न क्या है"

अन्न का महत्त्व वह समझ सकता है जो उसे उत्पन्न करता है यानी कृषक। उसके लिए अन्न उपजाना निरी वृत्ति नहीं है बल्कि तप है। बीज के बोए जाने के बाद से उसकी कामनाएँ विकसित होती रहती हैं। अन्न कृषक का सुन्दर सपना है। वह उसके महत्त्व को समझ सकता है। जिन्हें अन्न मुश्किल से मिलता है वह भी अन्न के महत्त्व को समझता है। 'दोपहर का भोजन' शीर्षक अमरकांत की कहानी में अन्न के महत्त्व को कई कोणों से देखा गया है क्योंकि वहाँ अन्न सुलभ नहीं है। जिसको अन्न मिलता ही नहीं वह अन्न का महत्त्व समझता है। उसके लिए अन्न सुदूर का सपना है। तब वह अन्न के बदले कोई न कोई वैकल्पिक व्यवस्था करता है। पर अन्न दूर ही रहता है उसके लिए। लेकिन अन्न के बीचोबीच रहने वाला अन्न का महत्त्व नहीं समझता है। उसका ठुँसा हुआ उदर अन्न के बारे में जिज्ञासा ही प्रकट कर सकता है। धूमिल की कविता रोटी और संसद की पंक्तियाँ इस प्रसंग में प्रासंगिक होती हैं :

एक आदमी
रोटी बेलता है
एक आदमी रोटी खाता है
एक तीसरा आदमी भी है
जो न रोटी बेलता है, न रोटी खाता है
वह सिर्फ़ रोटी से खेलता है
मैं पूछता हूँ
यह तीसरा आदमी कौन है?
मेरे देश की संसद मौन है।

हमारे देश की संसद अन्न का महत्त्व कैसे जान सकती है? वहाँ अन्न से खेलने

वाले ही विराजमान हैं। यह विरोधाभास क्या एक विरोधाभास भर है? नहीं। यह एक भयानक स्थिति है। इस भयानक स्थिति की ओर तमिल कवि सुब्रह्मण्य भारती ने लिखा : 'मेरे देश के तीस करोड़ लोगों में से एक भी यदि भूखा रह जाये तो मैं तैंतीस करोड देवताओं को भी नहीं छोड़ूँगा।'

विश्वनाथप्रसाद तिवारी की कविता में यमदूतों का भरा-पूरा जीवन अन्न के महत्त्व से उन्हें वंचित रखता है। इसलिए उनसे अन्न के बारे में बताना, जैसे धर्मराज ने कहा, व्यर्थ है। कविता के इस प्रसंग का एक व्यापक समाजशास्त्रीय पक्ष है। हमारा इतिहास भी इस समाजशास्त्र का गवाह है।

विश्वनाथप्रसाद तिवारी की कविता 'अथातः अन्न जिज्ञासा' भूख से हुई मौत पर केन्द्रित सीधी-सरल रचना है। कविता का पूरा कलेवर अपनी सरलता के कारण अत्यधिक अभिव्यक्तिक्षम बन गया है। मगर इस सरलता के बीचोबीच हमारे काल सत्य की अनवरतता में से हमें कई प्रकार की पहचान भी कविता में से मिलती है जो कविता के कलेवर को गम्भीरता प्रदान करती है। कविता इसलिए गम्भीर है कि उसमें हमारे समय के सबसे बड़े विरोधाभास को प्रमेय बनाया गया है। विदित बात है कि हमारी आध्यात्मिक उत्सुकताओं में असमानता के लिए कोई स्थान नहीं है। हमारी धार्मिक चेतना में न कोई बड़ा न कोई छोटा है। सब समान हैं। हमारी आधुनिक सामाजिक दृष्टि में भी असमानता के लिए कोई स्थान नहीं है। हमारे लोकतन्त्र में सब समान हैं। लेकिन हमारे व्यावहारिक जीवन में कुछ बड़े हैं, कई छोटे हैं। असमानता और असहिष्णुता अपनी चरम सीमा पर है। कई भूख से तड़प रहे हैं और कई अन्न से खेल रहे हैं। हमारी सिद्धान्तवादिता और हमारी व्यावहारिकता के बीच का यह भयानक फासला अकृत्रिम नहीं बल्कि कृत्रिम है। इसको बनाया गया है। इसे भाग्यवाद से भी जोड़ा गया है। इसे नियति के खाते में रखा गया है। यही हमारी सामाजिक, सांस्कृतिक, धार्मिक और आध्यात्मिक कुशल दृष्टि की चतुराई है। इसमें समस्या के निवारण के लिए कोई स्पेस नहीं है। उसे बनाये रखने के लिए कई तौर-तरीक़े हैं। प्राचीन काल में भी अवैज्ञानिकता के विरुद्ध प्रश्न करने वाले सुकरात को ज़हर पिलाया गया था। प्रश्न करना भी अपने आप में हानिकारक है। इसलिए भूख जैसी सामाजिक विषमता प्रश्नों के अंकुश से बचते हुए सदा ही बनी रहती है। उसे दुर्भाग्य भी कहा गया। एक कृत्रिम सामाजिक स्थिति दुर्भाग्य के दलदल में पड़कर कभी उबर नहीं पाती। अन्न की यह समस्या आज सिर्फ़ अन्न की समस्या नहीं है। वह अधिकार की भी समस्या है। अधिकार प्राप्ति के लिए यदि हज़ारों-लाखों लोगों को उड़ा दिया जा सकता है, कइयों को शरणार्थी बनाया जा सकता है तो इक्के-दुक्के भुखमरी की घटनाएँ कितना महत्त्व

प्राप्त कर सकती हैं? आज के महावर्तमानकाल में हमारे लिए युद्ध की आवश्यकता है, शरणार्थियों की आवश्यकता है, कट्टर धर्मान्धता की आवश्यकता है, बलात्कारों की आवश्यकता है, हथियार विपणन की परम आवश्यकता है। इसलिए हमें भूख की आवश्यकता है। हमारे महावर्तमानकाल में यह कोई विरोधाभास नहीं है। इसलिए इस भीषण समस्या को गहरी सूझ-बूझ के साथ कोई देखता भी नहीं है।

हमारे वैश्वीकृत समाज की कई छोटी-छोटी चीज़ों को रद्द कर दिया गया है। मुनाफे पर केन्द्रित एक विकराल संस्कृति विकसित हो चुकी है। उस दौड़ में पूरी तरह से भाग न ले पाने वाले को बहिष्कृत होना पड़ता है। इस तरह के वातावरण में मनुष्य का मूल्य इतना गिर गया है और उनमें से कुछ भूखे हैं तो वह विचारणीय विषय नहीं बन जाता है। दरअसल विरोधाभास यही है। विश्वनाथप्रसाद तिवारी की यह कविता एक लम्बी यात्रा तय कर रही है। वह भूख से हुई मौत के दुख की भी कविता है और तमाम कृत्रिम स्थितियों से उत्पन्न हमारे कुशल कपट की भी कविता है। इसलिए वास्तव में यह कविता अपने भीतर एक इतिहास रच रही है। यह आज के अयाचित इतिहास को रचती कविता है।

हे देवताओ
वह जीवन भर बनाती रही
दीवारों पर तुम्हारे चित्र
भरती रही मंगल कलश
रोपती रही फूल-पौधे
सींचती रही तुलसी
खिलाती रही तोते-बिल्ली
छींटती रही गौरैयों को दाने
हे अनन्त पथ के पहरेदारो
फूल की तरह ले जाना उसे
धर्मराज की सभा में

माँ का सान्निध्य बनाम आस्था की अभिव्यक्ति

विश्व की सभी भाषाओं में माँ केन्द्रित कविताएँ मिलती हैं। इन कविताओं में माँ को जीवन यथार्थ के कई पक्षों से जोड़कर देखा गया है। यह बात सहज और स्वाभाविक है कि हम माँ को या माँ के सान्निध्य को कई स्तरों पर अभिव्यक्त कर सकते हैं। अभिव्यक्ति के इन तमाम पक्षों में माँ का एक महती स्वरूप विन्यसित हो सकता है। लेकिन उसके साथ-साथ जीवन यथार्थ की निजता के बहुआयामी पक्ष भी विवृत होते हैं। एक तरह से हमारा पूरा अस्तित्व-तर्क माँ के प्रतीकन में शब्दबद्ध होता है। इसलिए साहित्य में माँ को चाहे प्रतीक के रूप में, बिम्ब के रूप में, मिथक के रूप में या आद्यबिम्ब के रूप में रूपीकृत होने की प्रवृत्ति मिलती है वहाँ जीवन यथार्थ सम्बन्धी सूक्ष्म दृष्टि भी हमें प्राप्त होती है। उसमें रचनाकार का आत्मविस्तार ही नहीं बल्कि एक जाग्रत भावना का उत्स भी प्राप्त होता है। जीवन यथार्थ के जितने स्पृहणीय पक्ष हैं वे सब माँ के प्रतीकन के माध्यम से उच्चरित हो सकते हैं। हमारा बृहत्तर यथार्थ इसमें किसी न किसी रूप में प्रतिफलित होता है। माँ कभी-कभी साहित्य में संघर्ष की जीवनदायिनी शक्ति के रूप में चित्रित हो सकती है तो कभी प्रेम की पराकाष्ठा का बिम्ब प्रस्तुत करती है। वह हमारे उच्च नैतिक आदर्श का प्रतिबिम्ब भी बन सकती है तो वह व्यापक पारस्परिकता का बोध भी कराती है। प्रकृति से जो तादात्म्य है उसको स्थित्यंकित करते समय भी माँ का सान्निध्य अनिवार्य हो जाता है। इस सन्दर्भ में यह कहना भी उचित है कि माँ एक सशक्त इको-इमेज (पारिस्थितिकी बिम्ब) भी सृजित करती है। सौन्दर्य का उदात्त रूप भी माँ के द्वारा विन्यसित होता है जिसका यथार्थ से जुड़ाव सदैव रहता है। इसलिए माँ से सम्बन्धित सौन्दर्य प्रतीतियाँ कल्पनाप्रसूत नहीं होती हैं। मातृ-भावनाएँ संगीत से भी लिप्त रहती हैं। मानवीयता में निहित संगीतमयता को माँ के सान्निध्य के माध्यम से पहचाना जा सकता है। साहित्य, विशेषकर कविता अन्ततः लोकबद्ध रचना है। हमारी लोकबद्ध दृष्टि का चित्रण माँ के ज़रिए आसानी से किया जा सकता है। जल, ज़मीन, वायु, अन्तरिक्ष और गगन आदि लोकदृष्टि से जुड़ते हैं, माँ

उर्वरता, गतिशीलता, प्रवाहशीलता, विराटता और अभूतपूर्व सौन्दर्य का प्रतिनिधित्व करती है। हमारी जाग्रत चेतना के केन्द्र में माँ हमेशा रहती है जिसमें हमारी सघन सामाजिकता और सांस्कृतिक दृष्टि भी स्पष्ट झलकती है।

विश्वनाथप्रसाद तिवारी की बहुत सारी कविताओं में माँ का चित्रण मिलता है। उनकी ये कविताएँ अन्य अनेक भारतीय कवियों की माँ केन्द्रित कविताओं का स्मरण दिलाती हैं। भारतीय कविता के साथ विश्वनाथप्रसाद तिवारी की पारस्परिकता माँ के प्रतीकन में निहित उर्वरता के कारण है और उर्वरता का प्रतीक भारतीय सामूहिक अवचेतन में हमेशा रहता है। आदिवासी समूहों से लेकर सभ्य कहलाने वाले समूहों तक उर्वरता के अनगिनत अनुष्ठान मिलते हैं जिनसे रचनात्मकता ने ऊर्जा ग्रहण की है। यही ऊर्जा भिन्न-भिन्न कवियों में हम देख पाते हैं। विश्वनाथप्रसाद तिवारी ने उर्वरता के प्रतीकन को माँ के साथ जोड़कर सौन्दर्य का एक नया प्रतिमान रूपायित किया है। 'उड़ गयी माँ' शीर्षक कविता में माँ की मृत्यु के बाद का भावक्षेत्र शब्दबद्ध है। दाह संस्कार का दृश्य कविता में दिखाया है। इसी दृश्य में कवि ने नाटकीयता के माध्यम से कई प्रकार के भावों का संगुंफन किया है। उसमें श्रद्धा है, प्रेम है और संघर्ष के तमाम पक्ष हैं। दृश्य इस प्रकार है :

माँ का अंचल जल रहा था
जिसमें छिपाया करती थी वह हमें
सबसे पहले पैर जले माँ के
फिर सिर जला
जल नहीं रहे थे
माँ के अमृत पयोधर

यहाँ पर पयोधर मात्र एक अवयव नहीं बल्कि माँ की उर्वरता का प्रतीक है। जो वास्तविक उर्वरता है वह नष्ट नहीं हो सकती है; न वह सूख सकती है और न जल सकती है। जयदेव जैसे कवियों ने नायिका के पीन पयोधरों के सौन्दर्य का खूब वर्णन किया है। हमारे वास्तुशिल्पों में भी पीन स्तनियों की कमी नहीं है। इन सब में पयोधर काम केलि के प्रतीक हैं जिनसे हमारा श्रृंगार भाव उद्दीप्त होता है। वह यौवन का एक पड़ाव है। यहाँ माँ के पयोधरों के न जलने की बात अवतरित करके स्त्री-जीवन के एक महत्त्वपूर्ण पक्ष को विश्वनाथप्रसाद तिवारी ने प्रस्तुत किया है। ये पयोधर जीवनदायिनी हैं। वे सृजन और उर्वरता का प्रतीक हैं। उनका महत्त्व स्थायी है। उनको नष्ट नहीं किया जा सकता है। इसलिए इस कविता में माँ के अन्य अंगों के जलने के बाद भी पयोधरों के न जलने का संकेत अपने आप में कवितात्मक है तथा उर्वरता के स्थायित्व को भी दिखा रहा है। इस प्रकरण में

विश्वनाथप्रसाद तिवारी की एक अन्य कविता का विश्लेषण उचित प्रतीत होता है। कविता का शीर्षक है 'देह'। देह वस्तुतः नश्वर है। पर वही हमें नश्वरता के बोध से मुक्त भी करती है। देह के रहस्य को कोई ठीक से जान नहीं पाया। इसलिए देह नश्वर होने के साथ अनश्वर है। कवि का कहना है :

देवकानन है यह
पारिजात गन्ध से महमह
अप्सराएँ उतरती हैं
इसी देववन में
उतरते हैं देवता
और जन्म लेते हैं महारथी
इसके रगों में चमकती हैं
सूरज की वल्गाएँ
इसकी छाती में धड़कती हैं
सदानीराएँ
इसके पलकों में झरते हैं
नेह के निर्झर
इसकी पुतलियों में बहती है
करुणा की गंगा

नश्वर देह में स्थित अपार शक्ति स्फुलिंगों का वर्णन करके, मनुष्य की नश्वर देह ने जिस प्रकार सभ्यता और संस्कृति का सृजन किया है जिससे यह स्थापित होता है कि नश्वर देह की अनश्वरता भी स्पृहणीय है, कवि ने अनश्वरता की नयी परिभाषा दी है। यही परिभाषा 'उड़ गयी माँ' में भी मिलती है। माँ की छाती में धड़कती जो सदानीराएँ हैं, जो नेह के निर्झर हैं और बहती करुणा की जो गंगा है वह माँ को सामान्यता से असामान्यता के धरातल तक ले चलती है। माँ का यह अंशदान एक मामूली घटना नहीं है। वह हमारे बृहत्तर यथार्थ में सर्वत्र प्राप्त, इतिहास को दिशा-निर्देश करने वाली प्रेरक शक्ति है जिसका अलग सौन्दर्य है। विश्वनाथप्रसाद तिवारी की कविता की नाटकीयता इस कारण से अतिशयोक्तिपरक प्रतीत नहीं होती है। वह यथार्थ का प्रतिस्फुरण है। इस यथार्थ को विस्तृति प्रदान करने का कार्य कवि ने आगे की पंक्तियों में संघर्ष के इतिहास को नाटकीयता के साथ संबद्ध किया है। पयोधरों के न जलने के कारण सन्तानों ने आग की लपटों को तेज़ किया। आग भभकती रही। कवि ने दुबारा नाटकीयता का अवलम्ब लिया है :

माँ अकेली लड़ रही थी
लपटों से, हवा से, आकाश से
सत्तर वर्ष का अनुभव था उसके पास।

माँ के अमृत से भरे पयोधर यहाँ संघर्ष का रूप धारण करते हैं। माँ का संघर्ष सामान्य नहीं होता है। तमाम विपरीत परिस्थितियों से एक माँ लड़ती है, संघर्ष करती है। कवि का कहना है कि उसके पास सत्तर वर्ष के लम्बे संघर्ष का अनुभव है। यह जीवन भर के संघर्ष का प्रतिरूप है जिस पर कोई अंकुश नहीं लगा सकता। न आग और न हवा।

संघर्ष मानवीयता का स्थायी रूप है। विश्वनाथप्रसाद तिवारी ने माँ के ज़रिए इस संघर्ष को परिभाषित किया है। इस कविता में माँ सभ्यता के इतिहास का प्रतिनिधित्व कर रही है। विभिन्न प्रकार के संघर्षों के बीच ही सभ्यता का बीज इतिहास की मिट्टी में बोया गया था। कवि ने माँ के अनवरत संघर्ष को इस व्यापक परिदृश्य में देखा है।

'अचानक नहीं गयी माँ' विश्वनाथप्रसाद तिवारी की ऐसी एक कविता है जिसमें माँ की उपस्थिति की अनवरतता को दर्शाया गया है और उसमें माँ को आसपड़ोस के दृश्यों, गतिविधियों से जोड़कर देखा गया है। इस कविता में माँ की उपस्थिति मूल्यों के सन्दर्भ में विन्यसित है। इसलिए वह तिरोभवित नहीं हो रही है। ऐहिक तिरोभाव हो चुका है; पर मूल्यपरक तिरोभाव नहीं हो रहा है। इसलिए इस मूल्यपरक दृष्टि में माँ की उपस्थिति की संगीत-सांद्रता भी दिखाई देती है :

सुकवा और षटमचिया से नापे थे उसने
समय के सत्तर वर्ष
जीवन को कुतरती धीरे-धीरे
गिलहरी-सी चढ़ती-उतरती
काल वृक्ष पर

कवि इन दृश्यों की गतिमयता को सुरक्षित रखना भी चाहता है ताकि माँ ओझल न हो जाये। बहुत ही भावोष्मल ढंग से कवि वे सारी बातें याद भी करना चाहता है कि जीवन की अपरिपक्वता के दिनों माँ की उपस्थिति कितनी मूल्यवान थी।

रात काटने के लिए
परियों के क़िस्से सुनाती
अँधेरे से लड़ने के लिए
संझा-पराती के गीत गाती

पृथ्वी और आकाश के पिंजरे में फड़फड़ाती
बीमार घड़ी-सी टिक्-टिक् चलती

हर कहीं व्याप्त, हर दिशा में उपस्थित, हर पल सब के हृदय में, सब की स्मृतियों में रहती माँ इस कविता में संघर्ष का मूल्य बनकर अवतरित हुई है जो कि एक मामूली उपस्थिति न होकर संगीतमय उपस्थिति है। 'अचानक नहीं गयी माँ' मूल्यों की आवृत्ति को दर्शाने वाली कविता है।

कविता अपने देश को लिखती है यानी अपने लोक को संरचित करती है। कविता का देश ही उसे चरित्र प्रदान करता है। इससे कि कविता का इतिहास से, संस्कृति से और परम्परा से नाभिनाल सम्बन्ध दृढ़तर होता है। 'फिर भी कुछ रह जायेगा' शीर्षक कविता-संग्रह के आत्मकथ्य में विश्वनाथप्रसाद तिवारी ने लिखा है : "कविता में जो कुछ आता है, स्मृतियों के ही सहारे। मेरी स्मृति में गाँव है, किसान का जीवन है, उसके सुख-दुख हैं। विकसित और यान्त्रिक मनुष्य के भीतर भी एक लोकमन है। यह लोक सबसे बड़ा सत्य है। सारे मूल्य सारे प्रतिमान इसी से निकले हैं। इसके सामने धर्म, विचारधारा, सिद्धान्त सब निरर्थक हैं। लोक में ही भाव और विचार पैदा होते हैं। लोक में कल्पना उड़ान भरती है।" जब वे इस सघन आस्था से अपने देश को, लोक को, लिखते हैं तो उसमें जीवन का समग्र अकृत्रिम ढंग से अनावृत होता है। 'नहीं दिखेगी माँ' शीर्षक उनकी कविता माँ केन्द्रित सशक्त रचना है तथा माँ के बहाने देश को सम्बोधित करती कविता भी। माँ के न होने से उपजी व्यथा पूरी कविता में व्याप्त है। वह निजी है। परन्तु विश्वनाथप्रसाद तिवारी ने उक्त निजी भाव को अधिकाधिक व्यापक बनाया है। अपने देश से यानी लोक से उसे जोड़ा है, अपने लोक के समग्र से सम्पृक्त किया है। एक भरा-पूरा लोक सान्निध्य इस कविता को सघन बना रहा है। माँ से जुड़ी आस्था ने ही कवि-मन में आस्था जन्य संपृक्तियों को जन्म दिया है।

बरसेंगी रातें आँगन में झमाझम
धूप में धू-धू जलेगा गाँव
चलेंगी पुरवा और पछुआ हवाएँ
मृग की आँखों-सी चमकेगी बिजली
उत्तर आकाश में
दरवाज़े पर ताजिया लायेंगे मुसलमान
फुलझड़ियाँ छोड़ेंगे बच्चे
आयेगी दीवाली
बनेगी अल्पना तुलसी के चौरे पर

बस माँ नहीं होगी
जम का एक दिया
घर के बाहर निकालने के लिए

विश्वनाथप्रसाद तिवारी की कविता में लोक अतिविपुल ढंग से आकलित है। लोक-आस्था का यह गहन व्यापन उनके आत्मविस्तार का परिचायक है। इनकी प्रत्येक कविता में इस लोक-आस्था का कोई-न-कोई चिह्न मिलता है। 'नहीं दिखेगी माँ' शीर्षक कविता में माँ का सान्निध्य कवि की लोक-आस्था को और अधिक गहन बना रहा है। एक तरफ़ कसक और दूसरी तरफ़ लोक का विस्तार कविता में उपलब्ध है। इस कारण से कविता में प्रकृति, सौन्दर्य और संगीतमयता का मिला-जुला रूप मिलता है और सबके बीचोंबीच आस्था के प्रतीक रूप में माँ की जीवन्त उपस्थिति भी है।

उपरोक्त कविता की निरन्तरता में ही कवि की एक अन्य छोटी-सी कविता को, 'माँ नहीं थी वह', देखा जाना चाहिए। इस कविता में कवि का लोकमन पूरी आस्था के साथ सुरक्षित है। माँ को याद करने के कई तरीके हो सकते हैं। विश्वनाथप्रसाद तिवारी ने माँ को इस कविता में घर और बाहर के सीमित परिदृश्य में ही प्रस्तुत किया है। दरअसल यह सीमित परिदृश्य नहीं है। यह एक भरा-पूरा घर है। इसकी अपनी चहल-पहल है। इसकी अपनी सुगन्ध है। ताप और तपिश है। विस्तृति और गहराई है। श्रद्धा और भक्ति है। ऊष्मलता का परिरंभण है। सब कुछ के भीतर जब उन्होंने माँ को देखा है तो बहिरंगता सीमित परिदृश्य-सा प्रतीत हो सकता है जबकि वह व्यापक परिदृश्य से युक्त है। इसमें पारस्परिकता का बोध निरन्तर विकसित होता दिखाई देता है। इसमें एक सामान्य आवासीय संकल्पना बृहत्तर जीवन मूल्य में परिवर्तित होती है। यही जीवन-संपृक्ति इस कविता की मूल्य दृष्टि है। 'माँ नहीं थी वह'। यहाँ पर 'थी' है, याने माँ अब नहीं हैं। पर कविता में माँ छाई हुई है। उसका इस तरह छा जाना कविता को सौन्दर्य प्रदान करता है, मूल्य प्रदान करता है और आस्था को जीवन्त रखता है।

माँ नहीं थी वह
आँगन थी
द्वार थी
किवाड़ थी
चूल्हा थी
आग थी
नल की धार थी।

इन पंक्तियों में यथार्थ का परिदृश्य भी खुलता दिखाई देता है। भावुकता का एक गवाक्ष भी इसमें है। परन्तु दोनों की संपृक्ति से जीवन का पारदर्शी रूप उभरता है। माँ के ज़रिए हम एक मूल्य को सुरक्षित रखते हैं। आस्था का आश्लेषण भी इसमें है। जीवन की समतलता और उसकी गहराई, उसका खुरदरापन और उसकी कर्कशता, ऊष्मलता और लगाव आदि जीवन-सौन्दर्य को पुख्ता बनाते हैं। माँ केन्द्रित विश्वनाथप्रसाद तिवारी की यह छोटी-सी कविता व्यापक चित्रपट का विन्यास करती है।

माँ अब नहीं है। उसकी आत्मा के पुनर्वास की समस्या से 'कैसे जायेगी माँ' शीर्षक कविता शुरू होती है :

यमराज के किस द्वार से जायेगी माँ
पूरब या पश्चिम
उत्तर या दक्षिण
किस द्वार से जायेगी?

यह भी समस्या है कि वह पुण्यात्माओं के लिए बने द्वार से जायेगी या पापात्माओं के द्वार से? कवि का मन संघर्ष से भरा है। 'कैसे पार करेगी वह सैकड़ों योजन वैतरिणी?' माँ के लिए प्रकटित यह आकुलता मात्र भावुकता प्रदर्शन नहीं है। अपने पूरे जीवन को दूसरों के लिए समर्पित माँ की अगली यात्रा के प्रति आकुल होना स्वाभाविक है। दरअसल यहाँ माँ के संघर्ष को ही अंकित किया गया है। पर इसका परिणाम क्या होगा? अपने प्रस्थान को वे सही ढंग से पूरा कर पायेगी? इस कविता में कवि ने माँ की आत्मा के प्रस्थान का वर्णन जो किया है वह आत्मा की शाश्वतता को दिखाने के लिए नहीं है। आत्मा की अमरता को संस्थित करने के लिए भी नहीं है। एक माँ जिसने जीवन भर अपनी तरह ही आसपास को आत्मसात किया, सरलमना होकर जीवन बिताया ममेतर को ही महत्त्व दिया है। कवि की इच्छा इतनी ही है कि अपने जीवन को दूसरों के लिए न्यौछावर करने वाली माँ का अन्तिम प्रस्थान सुखमय हो। माँ के लिए समर्पित कवि-मन की प्रार्थना बस यही है :

हे देवताओ
वह जीवन भर बनाती रही
दीवारों पर तुम्हारे चित्र
भरती रही मंगल कलश
रोपती रही फूल-पौधे
सींचती रही तुलसी

खिलाती रही तोते-बिल्ली
छींटती रही गौरैयों को दाने
हे अनन्त पथ के पहरेदारो
फूल की तरह ले जाना उसे
धर्मराज की सभा में

विश्वनाथप्रसाद तिवारी आस्थावान कवि हैं। इस कविता में माँ के प्रति उनकी अकृत्रिम भावना का तेजदीप्त प्रवाह देखने को मिलता है। इसमें उन्होंने माँ को महिमा-मंडित नहीं किया है। माँ के मामूली जीवन का वर्णन भर किया है। उसके साधारण कर्मों का वर्णन भी किया है। परन्तु इस मामूलियत में जीवन की महिमा को उत्खनित किया जा सकता है। महिमा की असलियत कविता की पंक्तियों में गुंफित है। इसलिए कवि की इच्छा भी मामूली है। माँ को बस फूल की तरह ले जाना धर्मराज की सभा में।

इस कविता में माँ का वर्णन सरलतम शब्दों से हुआ है। इसमें कवि का अनूठा शिल्प-चातुर्य स्पष्ट होता है। पारदर्शी वर्णन के बहाने पारदर्शी जीवन को बिम्बित किया गया है। इस पारदर्शी जीवन की मामूली हरकतें लोक जीवन की आस्था के अनुरूप ही हैं। पर उसमें धार्मिकता झलकती नहीं है। असल में उसमें मानवीयता ही झलकती है। एक साधारण पारिस्थितिकी बिम्ब-रचना कविता में उपलब्ध है। कुल मिलाकर यह कविता–'कैसे जायेगी माँ'–प्रेम की भाषा रचती है जिसमें से आत्मविस्तार की सुगन्ध आती है। इसलिए कविता में माँ के लिए व्यंजित इच्छा एवं आकुलता मानवीयता को पुनरविश्लेषित करने का उपक्रम ही है।

'माँ और आग' विश्वनाथप्रसाद तिवारी की चर्चित कविताओं में से एक है। यह कविता संघर्ष के सौन्दर्य को प्रतिपादित करने वाली रचना है। माँ और आग के अनोखे समीकरण में माँ का तीव्र संघर्ष सूचित है। आग उस संघर्ष को अग्निमय बना रही है। कविता की शुरुआत बहुत ही नाटकीय ढंग से शुरू होती है। माँ आग को सुरक्षित रख रही है। इस नाटकीय वर्णन में माँ की नपी-तुली दृष्टि का परिचय मिलता है। उक्त वर्णन-रीति में जंग के मैदान में सोच-समझकर क़दम रखने वाली माँ का सुदृढ़ व्यक्तित्व स्पष्ट होता है।

रात को जब सभी सो जाते हैं
माँ आग को ऐसे ढककर छिपाती
एक कोने में
जैसे कोई रतन हो अमोल
जैसे कोई शिशु हो मुलायम
जैसे कोई दुल्हन हो लाल-लाल

माँ ने आग को सुरक्षित रखा और उसे सुकवचित भी रखा। रात के अँधेरे में जब माँ की सन्तानें डर के मारे उनसे चिपक जाती हैं तो अपने डरे हुए बच्चों के लिए वह एक ही रास्ता सुझा पाती है और वह निडर भी रहती है। वह आग, जिसको माँ ने सँभालकर रखा है, माँ की निडरता का ही प्रतीक नहीं बल्कि उसके संघर्ष का प्रतीक भी है।

उस अँधेरे के जंग में
माँ के लिए कवच कुंडल थी आग
राख से लिपटी
माँ के दिल की तरह धुकधुकाती
माँ के सपनों-सी दहकती
माँ की इच्छाओं-सी सुलगती
माँ हमें ढाढस देती–
'घर में आग है
तो कोई नहीं आ सकता भूत-प्रेत'

सधे शब्दों में, जिनमें सान्त्वना की हिलोरे उठ रही हैं, माँ अपनी घोषणा सुना रही है कोई भूत-प्रेत नहीं आ सकता। अँधेरे का कोई डर नहीं। कम शब्दों में धीमे स्वर में यह बात कही गयी है। कोई वाचालता उसमें नहीं है। दृढ़ निश्चय की लौह-दृष्टि ही उसमें से व्यंजित होती है। एक वत्सला माँ ही संकट के क्षणों में यह घोषणा कर सकती है। कवि ने माँ के व्यक्तित्व में वत्सलता के साथ दृढ़ता को भी जोड़ दिया है। वास्तविक संघर्ष चेतना के सामने भय की भीषणता टिक नहीं पाती है। माँ का अपने बच्चों के लिए किये जाने वाला जो संघर्ष है उसे सरलीकृत करके सामान्य सिद्ध करने की ज़रूरत नहीं है। क्योंकि वह सामान्य कार्य नहीं है। इसलिए कविता में 'आग' बहुस्तरीय प्रतीक है। उसे माँ अनेक प्रकार से अपने कार्य से, अपनी आत्मचेतना से जोड़ती है। उस आग को वह पुनः सुरक्षित रख रही है

अँधेरे में वह धीरे से उठती
आग को और सावधानी से
छिपा देती राख में
जैसे अपने आँचल से ढककर हमें दूध पिला रही हो।

अपनी कविताओं में विश्वनाथप्रसाद तिवारी ने आस्था के असंख्य पदचिह्न छोड़ दिये हैं। अपने रास्ते से पीछे आने वालों के लिए काँटों को निकाल लेना आस्था नहीं तो और क्या है? इदन्नमम का भाव आस्था नहीं है तो और क्या है। सब कुछ के नष्ट होने के उपरान्त भी कुछ के शेष रह जाने की बात भी आस्था

की द्युतिमान अवस्था ही है। उनकी माँ केन्द्रित सभी कविताएँ आस्था की द्युतिमान छवि से ओतप्रोत हैं। उसमें जीवन यथार्थ की व्यापकता है। संघर्ष की लौह-दृष्टि है। उर्वरता की तमाम स्थितियाँ हैं। एक बातचीत के दौरान विश्वनाथप्रसाद तिवारी ने कहा है : "अँधेरे की सत्ता चाहे जो हो, पर प्रकाश की सत्ता सत्य ही है। इस पर मेरी आस्था है और यही वह आन्तरिक प्रेरणा है जो मुझे अपनी रीढ़ पर कायम रखती है" (मेरे साक्षात्कार)। विश्वनाथ जी की मातृभावना उनकी आन्तरिक ऊर्जाशक्ति का स्रोत स्थल है जो कविता में कई धाराओं में प्रवहित होती दिखाई देती है।

“स्त्री की गुलामी का इतिहास उतना ही पुराना है, जितना कि मनुष्यता का। मानव के आदिम काल में शरीर बल शोषण का आधार था। बाद में बुद्धि बल शोषण का आधार बना। फिर धन, पद, जाति, धर्म और व्यवस्था शोषण के कारण बने। स्त्री इन सभी आधारों पर सबसे ज़्यादा शोषित हुई। उसे शिक्षा से अलग करके, धन के अधिकार से वंचित करके, व्यवस्था में पद या भागीदारी न देकर वंचित की भूमिका में रखा गया।”

स्त्री अपने इतिहास सहित

समकालीन कविता में स्त्री को अवतरित करने के पीछे कविता की जाग्रत सामाजिकता की ही भूमिका है। स्त्री-स्वत्व का अन्वेषण इन कविताओं में बहुआयामी ढंग से हुआ है। स्पष्ट है कि स्त्री जिसे निरन्तर हाशियाकृत करके देखा गया उसे केन्द्र में लाने की दृष्टि स्त्री केन्द्रित कविताओं में विद्यमान है। यह सही है कि स्त्री जागरण की कई प्रकार की वैश्विक एवं भारतीय गतिविधियों ने कविता को प्रभावित किया है। इस कारण से इन कविताओं का सामाजिक, राजनीतिक एवं सांस्कृतिक परिदृश्य अत्यन्त सशक्त रूप से विन्यसित है। अलावा इसके स्त्री कविताओं में स्त्री का एक और पक्ष उभरता दिखाई देता है और वह है स्त्री का एकाकीपन। उस एकाकीपन में भी हम सूक्ष्मतम सामाजिकता का अनुभव कर सकते हैं। जहाँ स्त्री का एकाकीपन सूक्ष्मतापूर्वक चिह्नित है वहाँ स्त्री का एक असली रूप देखने को मिलता है। दरअसल स्त्री-कविताओं ने स्त्री के इस असली रूप को खोजने का सृजनात्मक कार्य किया है।

विश्वनाथप्रसाद तिवारी की बहुसंख्यक कविताएँ स्त्री केन्द्रित हैं। उनकी जितनी कविताएँ माँ केन्द्रित हैं उन्हीं कविताओं के विस्तार के रूप में उनकी स्त्री-कविताओं को देखना उचित प्रतीत होता है। माँ को कवि ने जीवन यथार्थ के क़रीब रखकर देखा। माँ की अवतारणा में उन्होंने उदात्तता को सुरक्षित रखा। पर वे कविताएँ उदात्तता के महिमा-वर्णन में खो नहीं जाती हैं। माँ उनकी कविता में संघर्ष का प्रतीक है, जीवनीशक्ति का प्रतीक है और अपने ही जागरण के भीतर निरन्तर दिशा निर्देश करने वाला आद्यबिम्ब भी है। माँ के इस आद्यबिम्ब को विश्वनाथप्रसाद तिवारी ने अपनी स्त्री-केन्द्रित कविताओं में भी सुरक्षित रखा है। माँ पर लिखी कविताओं में उदात्तता प्रकट है। स्त्री पर लिखी कविताओं में प्रकटतः उदात्तता भले न दिखाई पड़े फिर भी उन्होंने स्त्री-चित्रण में उदात्तता का सहारा लिया है। इस कारण से उनकी कविता में यथार्थ का पक्ष सामान्य-सा प्रतीत नहीं होता है। उनकी सभी कविताओं में स्त्री अपने इतिहास सहित प्रस्तुत हुई है। यहीं पर उनकी उदात्तता भी दर्शित होती है।

'अनन्त जन्मों की कथा' शीर्षक विश्वनाथप्रसाद तिवारी की कविता में स्त्री-इतिहास का अनावरण हुआ है। उसकी व्यथा-कथा अनन्त है। वह कभी ख़त्म होती ही नहीं है। उसका जीवन-व्यथा का एक अनन्त प्रवाह है। कई स्थानों पर, कई रूपों में, कई नामों में वह जन्म लेती रही, प्रताड़ित होती रही और भोग के उपरान्त फेंकी गयी या वह कहीं अन्तर्धान होती गयी। यही उसका इतिहास है :

मुझे याद है
अपने अनन्त जन्मों की कथा
पिता ने उपेक्षा की
सती हुई मैं
चक्र से कटे मेरे अंग-प्रत्यंग
जन्मदात्री माँ ने अरण्य में छोड़ दिया असहाय
पक्षियों ने पाला
शकुन्तला कहलाई
जिसने प्रेम किया
उसी ने इनकार किया पहचानने से
सीता नाम पड़ा
धरती से निकली
समा गयी अग्नि परीक्षा की धरती में
जन्मते ही फेंक दी गयी आम्र कुंज में
आम्रपाली कहलाई
सुन्दरी थी
इसलिए पूरे नगर का हुआ मुझ पर अधिकार

इन पंक्तियों में स्त्री के इतिहास का सही रूप मिलता है। कवि ने इस कविता के लिए सामाजिक कुप्रथाओं से लेकर पुराणों एवं पुराकथाओं तक का सहारा लिया है जिनमें से समान-सी दिखती स्त्रियों को प्रस्तुत किया है। कई प्रकार की प्रताड़नाओं के संकेत कविता में भरे पड़े हैं। त्रासदी इस बात की है कि इन प्रताड़नाओं को समाज ने मान्यता प्रदान की थी। इसलिए स्त्री की अस्मिता और व्यथा हमेशा अपरिगणित रही। ऐसी परिस्थिति में अपने ही भीतर अपने ही दुख सागर में डूबने को विवश स्त्री की अगाध, अतिगहन एवं अतिविस्तृत व्यथा की गहराई को यह कविता पूरी तरह से आँक रही है। व्यथा इस कविता में स्त्री की व्यक्ति सत्ता तक सीमित नहीं है। स्त्री के आद्यबिम्बों के साथ व्यथा को उन्होंने जोड़ा है तो हमारी आदिमता और जड़ संस्कृति का परिपार्श्व भी कविता में स्पष्ट

झलकता मिलता है। यहाँ स्त्री की व्यथा से उद्भासित अनुभूतियाँ ही प्रमुख हैं। कविता के लिए यही मुख्य है। कविता के एक-एक शब्द में व्यथा से उत्पन्न गहन अनुभूतियों से हमारा सामना होता है तथा उनमें अयाचित स्त्री इतिहास का पूरा खाका भी मिलता है। कविता में कवि का ज़ोर स्त्री की व्यथा पर ही है। इसलिए वे लिखते हैं :

पृथ्वी, पवन
जल, अग्नि, गगन
मरु, पर्वत वन
सब में व्याप्त है मेरी व्यथा

व्यथा की निरन्तरता कविता को गहराई प्रदान कर रही है। यह अपरिवर्तित दशा ही हमारी त्रासदी है। हमारे पूरे समय में यह त्रासदी इस तरह अन्तर्युक्त है और स्त्री किसी न किसी रूप में उसकी गिरफ़्त में रहने को बाध्य है।

'आख़िरी अनुकम्पा' स्त्री की त्रासदी को व्यक्त करनेवाली कविता है। पूरा समाज उसके विरुद्ध है; कहीं वह गाँव का मुखिया सरपंच है तो कहीं काजी है। कोई उसके प्रति करुणा नहीं दिखा रहा है। आख़िर उसने अपनी माँ की शरण ली। धरती माँ को पुकारा उसने। धरती दरककर चौड़ी होती गयी और वह उसमें समा जाती है। इस सन्दर्भ में सीता की कथा का ही संकेत कविता में दिया गया है। बेबुनियाद लांछन सहने के लिए विवश सीता की तरह कविता की स्त्री यानी पूरा स्त्री-समाज इस विवशता के अधीन है। लेकिन कविता के अन्त में कवि ने एक नया सन्दर्भ जोड़ दिया है जो कि सीता के प्रकरण के साथ सम्बद्ध नहीं है :

लेकिन मेरे पाठक
जानते हो, अलविदा के पहले
क्या थे उसके आख़िरी लफ़्ज?
हे मेरे समय की देवियो
सुहागिनो-अभागिनो
कुँवारियो-वेश्याओ
फिर कभी मत पुकारना माँ को
आख़िरी अनुकंपा है यह धरती माँ की
नारी जाति पर।

यहाँ जो स्त्री अन्तर्धान हो रही है उसके शब्दों में कसक भरी हुई है जो स्वाभाविक है। लेकिन कसक के साथ-साथ स्त्रियों के प्रति उसकी चेतावनी भी इन पंक्तियों में मुखरित है। हर बार धरती इस तरह अनुकम्पा नहीं दिखा सकती। अपने

को समाप्त करना आसान प्रतीत हो सकता है, जबकि नहीं है। इसलिए यह धरती की अनुकम्पा है जो बार-बार नहीं मिल सकती। उसका यह भी मानना है कि इस तरह, माँ की ही सही, अनुकम्पा पर आश्रित होना ठीक नहीं है। यह प्रताड़ना की स्वीकृति है; सर्वात्मना स्वीकृति है। वस्तुतः स्त्री को प्रताड़ना का प्रतिरोध करना चाहिए– 'फिर कभी मत पुकारना माँ को' –इस पंक्ति में अपनी निरालम्ब स्थिति से उबरने का परोक्ष आह्वान है। धरती माँ की आख़िरी अनुकम्पा उसे मिल गयी सो मिल गयी। इसकी आवृत्ति नहीं हो सकती। कविता यहाँ पर अलौकिकता के बाहरी ताम-झाम को हटा रही है। अलौकिकता यथार्थ नहीं है। स्त्री के सामने उसका यथार्थ है जिसका सामना उसे करना ही पड़ता है। भले ही हमारे समाज में स्त्री पर होने वाली प्रताड़नाओं को गम्भीरता से देखने की प्रवृत्ति नहीं है फिर भी इस जड़ संस्कृति का प्रतिरोध करना भी अनिवार्य है। नयी संस्कृति या नया जागरण समय की आवश्यकता है। इसमें नारी जाति की भूमिका ही महत्त्वपूर्ण है। 'आख़िरी अनुकम्पा' शीर्षक विश्वनाथप्रसाद तिवारी की कविता प्रखर प्रतिरोधी चेतना से युक्त रचना है। यहाँ जागरण उतना मुखर नहीं है। उसकी आवश्यकता भी नहीं है। अपनी कसक और मायूसी की दुनिया से स्वयमेव जाग्रत होने वाली स्त्री की अनुभूतियाँ इस कविता को प्रासंगिक बनाती हैं। एक सशक्त चेतावनी, जो कि प्रकट है, आक्षितिज व्याप्त होती नज़र आ रही है। कविता में यह चेतावनी सभी प्रकार की स्त्रियों के लिए है। अतः 'आख़िरी अनुकम्पा' स्त्री की अस्मिता की पहचान को रेखांकित करने वाली कविता है।

'स्त्री को समझने के लिए' विश्वनाथप्रसाद तिवारी की स्त्री-जीवन केन्द्रित सांद्र रचना है। कविता की अन्तिम दो पंक्तियाँ पढ़कर ऐसा प्रतीत हो सकता है कि एक सरल समीकरण ही यह कविता हमें दे रही है–"स्त्री, तुम्हें समझने के लिए / जन्म लेना पड़ेगा स्त्री रूप में।" पर यह कविता का सरल समीकरण नहीं। यह एक सांद्र एवं सघन रचना है जिसमें शब्दों की मितव्ययता का लावण्य भरा पड़ा है। स्त्री की दुनिया को विस्तार से कवि ने प्रस्तुत किया है। कविता का प्रत्येक शब्द दूरव्यापी सम्भावना से सम्पृक्त होकर प्रयुक्त हुआ है।

कविता में कुल चौदह पंक्तियाँ हैं। इनमें से बारह पंक्तियाँ स्त्री के बृहद् संसार से सम्बन्धित हैं। इनकी विशेषता वह कवि-दृष्टि है जो सामान्य से प्रतीत होने वाले शब्दों के माध्यम से स्त्री के संसार को रच सकी है।

कैसे उतरता है स्तनों में दूध
कैसे झनकते हैं ममता के तार

जब एक युवती माँ बन जाती है तो उसके स्तनों से दूध उतरने लगता है।

अपने बच्चे को दूध पिलाते समय माँ की ममता उसके पूरे शरीर में, हृदय में और हाव-भाव में व्यापित होती है। लेकिन कविता की अर्थ-व्याप्ति यहीं तक सीमित नहीं है। एक स्त्री का माँ के रूप में रूपान्तरण और उसके द्वारा सृजित होने वाला एक स्नेहमय संसार इन पंक्तियों में उपलब्ध है। नवयौवना माँ अपनी दुनिया सृजित करती है जिसे वह ममता की पारस्परिकता से पिरोती है। यह स्त्री ही कर सकती है। उसके स्तनों में दूध का उतरना जीव विज्ञान का एक पक्ष है। ऐसे में उसका कोई सौन्दर्य नज़र नहीं आता। परन्तु उसमें एक अलौकिकता भी है। स्त्री के अवयवों में होनेवाली अद्‌भुत प्रक्रिया को अलौकिक परिवेश में जब हम देखते हैं तो ममता और वात्सल्य का संसार हमारे सामने प्रकट होता है। इस संसार को सृजित करनेवाली स्त्री को एक मामूली स्त्री या माँ के रूप में देखना अनुभूतिविहीन चाक्षुष वृत्ति है। वह अदूरदर्शिता का उदाहरण है। उस स्त्री को अलौकिक परिवेश में देखना ही अभीष्ट है क्योंकि वह दुनिया के दुर्लभ दृश्यों में एक है। इस कविता में स्त्री को महिमामंडित करके देखने की दृष्टि प्रबल नहीं बल्कि स्त्री को उसके यथार्थ परिवेश में देखने पर उसके कर्म और उसकी निष्ठा की पारदर्शिता से हमारा परिचय होता है। एक नयी पीढ़ी को सृजित करके उसे पालने व पोसने की निष्ठा मामूली बात नहीं है। वह एक समाज को तथा एक संस्कृति को निर्मित कर रही है। यही उसका यथार्थ है। इसके सौन्दर्य से इनकार नहीं किया जा सकता है। कवि-दृष्टि इसी सौन्दर्य से अभिभूत है। अतः उनकी तत्परता एक अति गहन संसार को समझने की सौन्दर्यात्मक दृष्टि से ओतप्रोत है।

ऊपर स्त्री के यथार्थ को उसकी पूरी भव्यता में प्रस्तुत करने की कवि-दृष्टि की ओर संकेत किया गया है। लेकिन स्त्री के यथार्थ के और भी कई पक्ष हैं जिनकी तरफ़ कवि गम्भीरतापूर्वक देखता है। स्त्री-यथार्थ के ये पक्ष उतने प्रीतिप्रद नहीं हैं क्योंकि वे स्त्री के व्यक्तित्व को फलश्रुति तक ले जाने के बजाय बीच में ही ध्वंसित करते हैं। इसी सन्दर्भ में उनकी यह कविता पढ़ी जा सकती है।

कैसे मरती हैं कामनाएँ
कैसे झरती हैं दंतकथाएँ
कैसे टूटता है गुड़ियों का घर
कैसे बसता है चूड़ियों का नगर
कैसे चमकते हैं परियों के सपने
कैसे फड़कते हैं हिंस्र पशुओं के नथुने
कितना गाढ़ा लांछन का रंग
कितनी लम्बी चूल्हे की सुरंग

कितना गहरा सृजन का अन्धकार
कितनी रहस्यमय मौन की पुकार

हमारी सामाजिक संरचना में स्त्री को दोयम दर्जे का स्थान ही प्राप्त है। माना ही गया कि वह भोग्या है। इस रूढ़मूल विचार ने स्त्री को पनपने नहीं दिया, विकसित होने से रोक दिया गया है। आज हम ऐसा नहीं कह सकते। स्त्री की क़ाबिलियत को समझने की दृष्टि आज मान्य हो गयी है। पर यह शतशः सत्य नहीं है। यह मात्र आधा सत्य है। स्त्री पर होने वाले अत्याचारों और उसकी कामनाओं को रौंद दिये जाने के कारनामे सर्वत्र देखने को मिलते हैं। इन्हीं रहस्यों की ओर विश्वनाथप्रसाद तिवारी की कविता प्रकाश डाल रही है। कामनाओं का बिम्ब जो मन में उमड़ता है वह फूल के खिलने जैसा है। कामनाओं से युक्त स्त्री-जीवन कहाँ, किस तरह, कैसे झर जाता है, इसका अनुमान करना मुश्किल है। स्त्री-मन में कामनाएँ उद्‌भूत होती हैं और उसके जीवन में, उसके सामने ये कामनाएँ झर जाती हैं। अपने भीतर के फूल को झरते देखना जितना त्रासद है वह ख़ुद ही जानती है। बाहरी दुनिया उसे सरसरी दृष्टि से देखती है। यदि सम्भव हो तो उसके बारे में ऐसी कथाएँ भी प्रचारित होती हैं कि वह हमेशा के लिए समाप्त होती है। कभी-कभी ऐसा भी होता है कि स्त्री स्वयं परी का सा अनुभव करती है। यह उसकी स्वतन्त्र चेतना है। वह सौन्दर्य की मूर्ति बन जाती है और आकाश में विचरण करती है। कविता की यह पंक्ति स्त्री के व्यक्तित्व के पारदर्शी विकास की ओर संकेत देती है। स्वतन्त्रता, सौन्दर्यचेतना और खुलापन उसके आन्तरिक अहं या उसकी अस्मिता के अंश हैं। लेकिन इन तीनों अंशों को पूरी तरह से विकसने का मौक़ा कतई नहीं मिलता। उसकी स्वतन्त्रता पर, सौन्दर्यचेतना पर और खुलेपन पर हिंस्र पशुओं का आक्रमण होता है और यह आक्रमण यह सिद्ध करता है कि स्त्री उसकी अधिकारी नहीं है। कवि ने कम शब्दों में स्त्री-जीवन के इस रहस्यमय अँधेरे की ओर इशारा किया है।

हिंसा के कई रूप हैं। स्त्री ही हिंसा का शिकार बनती है। बाहरी और भीतरी हिंसा उसके जीवन की अर्थवत्ता को ख़त्म कर देती है। विश्वनाथप्रसाद तिवारी की यह पंक्ति 'कितना गाढ़ा लांछन का रंग/कितनी लम्बी चूल्हे की सुरंग' स्त्री के अनन्त जन्मों की त्रासदी की ओर ही प्रकाश डालती है। ऐसा कोई मापक नहीं है जिससे इस त्रासदी की गहराई को मापा जा सके। इसलिए स्त्री की सृजनात्मकता अवहेलित, कुंठित रह जाती है और उसके मौन की पुकार की प्रतिध्वनियाँ अनसुनी रह जाती हैं। कवि का मानना है कि स्त्री जीवन के इन यथार्थों को समझने के लिए स्त्री बनकर जन्म लेना होगा। अपने 'तुम भूल गये पुरुषत्व मोह में कुछ सत्ता है

नारी की' शीर्षक लेख में विश्वनाथप्रसाद तिवारी ने लिखा है : "स्त्री की गुलामी का इतिहास उतना ही पुराना है, जितना कि मनुष्यता का। मानव के आदिम काल में शरीरबल शोषण का आधार था। आज भी मानवेतर जगत में शरीरबल ही शोषण का आधार है। बाद में बुद्धि बल शोषण का आधार बना। फिर धन, पद, जाति, धर्म और व्यवस्था शोषण के कारण बने। स्त्री इन सभी आधारों पर सबसे ज़्यादा शोषित हुई। उसे शिक्षा से अलग करके, धन के अधिकार से वंचित करके, व्यवस्था में पद या भागीदारी न देकर वंचिता की भूमिका में रखा गया।" (आलोचना के हाशिए पर, पृ. 131) 'स्त्री को समझने के लिए,' शीर्षक कविता स्त्री की वंचिता का रूप ही प्रस्तुत कर रही है। यह कविता हमारे इतिहास में, समाज में, संस्कृति में तथा सभ्यता के तमाम अंतस्थलों में गोता लगाकर हममें निहित हमारी ही अमानवीयता को दर्शा रही है।

'बेटी' शीर्षक कविता में स्त्री का अवसाद तथा स्त्री का जागरण समान ढंग से अंकित है। इन दोनों भावों के बीच स्त्री रह रही है :

बेच दे चाहे कोई
जला दे
छोड़ दे बियाबान में
जाना ही होगा माँ

अवसाद की इस भावना से मुक्त हो कर अपने अनन्त पथ पर अग्रसर होने वाली स्त्री अपनी अस्मिता को भी सुरक्षित रखना चाहती है।

मुझे जन्म देना है
एक अमोले को
जिसके लिए झरता रहेगा
मेरे पयोधरों का निर्झर

अवसाद की अभिव्यक्ति के बावजूद 'बेटी' शीर्षक कविता जागरण के भाव को अधिक महत्त्व देती है। वर्तमान की जड़ता से मुक्त होकर स्त्री भविष्य की रोशनी की तरफ़ यात्रा करना चाहती है। यह एक मामूली इच्छा नहीं है। भविष्य को बनाने की इच्छा है। अवसाद की अवरुद्धताओं को तोड़कर प्रकाश के पथ को प्रशस्त करने की यह इच्छा स्त्री की अस्मिता की सार्थकता एवं मूल्यवत्ता का उदाहरण है।

'एक स्त्री की तीर्थयात्रा' दरअसल रोज़-रोज़ के कामों के बीच अपने को पूरी तरह से भूल जानेवाली स्त्री की ज़िन्दगी की यात्रा का वर्णन है। बहुत ही मामूली सी प्रतीत होने वाली भाषा में विश्वनाथप्रसाद तिवारी ने स्त्री के पारिवारिक जीवन

का वर्णन प्रस्तुत किया है। सवाल यह है कि इसमें कविता और अनुभूति का क्या स्थान है। कविता के वर्णन में स्त्री उपस्थित है; पर वह कहीं भी नहीं है। उसके भौतिक अस्तित्व का विवरण कविता में है। लेकिन उसकी वास्तविक अस्मिता कहीं अंकित नहीं होती। अपने भीतर से अपने को लापता महसूस करती स्त्री को अवतरित करके कवि ने जिस तरह से स्त्री की अस्मिता को महसूस कराने का प्रयास किया है वहीं कविता उद्‌भूत होती है। उसके न होने के भाव से कविता की अनुभूति विस्तार पाती है। कविता में स्त्री के दिन का आरम्भ इस प्रकार होता है :

सबेरे-सबेरे
उसने साफ़ किये
घर भर के जूठे बर्तन
....
....
जब छोटा बच्चा ज़ोर से रोने लगा
वह बीच में उठी पूजा छोड़कर
उसका सू सू साफ़ दिया
....
क्षण भर चाहती थी वह आराम
कि आ गयीं बेटियाँ स्कूल से मुर्झाई हुई
उनके टंट घंट में जुटी
....
....
रात में सब के बाद खाने बैठी
....

इस तरह एक दिन पूरा होता है। वह सब कहीं है, परन्तु कहीं भी नहीं। कवि ने बीच में कुछ पंक्तियाँ लिखी हैं जिनमें वह अपनी उपस्थिति दर्ज करती है भले ही दुख और हताशा में वह डूबी हुई हो :

बिस्तर पर गिरने के पहले
वह अकेले में थोड़ी देर रोयी
अपने स्वर्गीय बाबा की याद में

यहाँ उसका अकेलापन और उसका दुख एकदम निजी है। कम समय की उसकी निजता का महत्त्व इसलिए है कि वह अपने जीवन को देख पा रही है। दुख में सराबोर होने के बावजूद कवि ने उसकी निजता का आत्मीय वर्णन किया

है। कविता का यह अंश कविताई से भरा-पूरा है। यथार्थ की कर्कशता के बीच से कोमलता का यह जो स्रोत फूटता दिखाई देता है वह स्त्री-जीवन की अहमियत को चारुता प्रदान कर रहा है।

'अम्बपाली' कविता में जीवन की निस्सारता का परिचय ही तथागत के शब्दों से मिलता है। उसमें आध्यात्मिक औन्नित्य की समग्रता ही दर्शित होती है। तथागत ने कहा था :

मंजरियों से भूषित
यह सघन सुरोपित आम्र कानन
सत्य नहीं है, अम्बपाली!
—यही कहा तथागत ने

इस आम्र कुंज का सौन्दर्य झर जायेगा। यहाँ पर ठूँठ ही दिखाई पडेंगे। उसमें कोई सम्मोहन नहीं रह जायेगा। पक्षी की चहचहाहट नहीं रहेगी। सब कहीं सूनापन ही व्याप्त होगा। यही जीवन का शाश्वत नियम है। तथागत ने कहा था। उनके सन्दर्भ में ये शब्द शतशः सही हैं क्योंकि वे परिव्राजक हैं।

किन्तु सौन्दर्य की आभा से सुशोभित अम्बपाली का यथार्थ भी है। वह एक स्त्री का यथार्थ है। विश्वनाथप्रसाद तिवारी की कविता 'अम्बपाली' स्त्री की अभिव्यक्ति की द्युतिमान आभा से युक्त रचना है। अम्बपाली अपने से पूछती है :

दर्पण से पूछती है अम्बपाली
अपने भास्वर, सुरुचिर मणि जैसे नेत्रों से पूछती है
पूछती है भ्रमरवर्णी, स्निग्ध, कुंचित केशों से
तूलिका अंकित भौंहों से पूछती है
पुष्पवासित रक्तभूषित त्वचा से
होंठों की काँपती कामनाओं से
देह के स्फुलिंग से पूछती है
अम्बपाली
क्या अन्यथा नहीं हो सकते
सत्यवादी बुद्ध के वचन?

अम्बपाली के अंगप्रत्यंगों की वर्णन-शैली में सौन्दर्य की अत्तुंगता का परिचय दिया गया है। तथागत के कहे अनुसार भविष्य में सौन्दर्य की यह पराकाष्ठा तिरोभवित हो जायेगी। लेकिन अम्बपाली के वर्तमान में उसके भास्वर, सुरुचिर मणि जैसे नेत्रों में, भ्रमरवर्णी कुंचित केशों में, तूलिका अंकित भौंहों में, पुष्पवासित त्वचा में और देह के स्फुलिंगों में सुन्दरता भरी पड़ी है। वह उम्मीद करती है कि

क्या बुद्ध के वचन बदल नहीं सकते। उसका सौन्दर्य है। वह कामना करती है कि बुद्ध क्या अन्यथा सोच नहीं सकते? यहाँ जो कामना है वह स्त्री के सन्दर्भ में महत्त्वपूर्ण है।

विश्वनाथप्रसाद तिवारी की कविता में स्त्री अपनी समग्रता में अंकित है। स्त्री के अनुभवों से गुज़रते हुए, यद्यपि उन्होंने लिखा था कि स्त्री को समझने के लिए स्त्री के रूप में जन्म लेना है, उसकी वास्तविकता को आत्मसात करते हुए इस कवि ने स्त्री-यथार्थ को अवतरित किया है। उनकी कविताओं में स्त्री के प्रति सहानुभूति कम और सहभाव अधिक है। उनका मानना है कि स्त्री पुरुष से कमतर नहीं है। वे यह भी मानते हैं कि स्त्री अहमियत का मूल्य ज़्यादा है। समाज को और हमारी संस्कृति को दिशा देने में स्त्री की भूमिका महत्त्वपूर्ण है। उनकी अधिकतर स्त्री केन्द्रित कविताओं में स्त्री की निजता को उन्होंने सुरक्षित रखा। स्त्री के दुख से उनका कवि-मन उत्तप्त तो है। लेकिन स्त्री को जागरित अवस्था में देखना वे पसन्द करते हैं। संघर्ष की प्रतिमूर्ति के रूप में, बिना किसी रोकटोक के साथ आत्माभिव्यक्ति पर ज़ोर देने वाली नारी उनकी स्त्री-केन्द्रित कविताओं में मिलती है। स्त्री के मातृरूप पर भी उनका ध्यान गया है। सामाजिक विकलताओं का सटीक विश्लेषण बहुत सारी स्त्री-केन्द्रित कविताओं का मुख्य विषय है। लेकिन ऐसे अवसरों पर यह देखा जा सकता है कि कविताएँ अधिकाधिक मुखर होती हैं। लेकिन विश्वनाथप्रसाद तिवारी के यहाँ ऐसी मुखरता नहीं मिलती। शब्दों की मितव्ययता पर इनका ध्यान सदैव रहा है। कम शब्दों में स्त्री के अवसाद को, उसकी मायूसी को या उसकी त्रासदी को कवि ने व्यक्त किया है। वर्तमान की तात्कालिकता का नहीं बल्कि महावर्तमान की अन्तरंगताओं को वे हमेशा उजागर करते हैं। स्त्री के यथार्थ की महावर्तमानता से गुज़रे बिना यथार्थ का वर्तमान शब्द बद्ध नहीं हो सकता। अतः उनकी कविता-भाषा में इतिहास की सुदूरवर्ती ध्वनियों को आकलित करने की प्रवृत्ति भी मिलती है। उनकी कविता में कल्पित स्त्री का नहीं अपितु जीवित स्त्री का इतिहास और उसकी संवेदनात्मक प्रतिक्रियाओं को ही व्यक्त किया गया है।

हमारे सामूहिक अवचेतन में पानी एक सशक्त आद्यबिम्ब है। वह कई रूपों में हमारी रचनात्मकता में अभिव्यक्त होता है। पारिस्थितिकी में भी पानी का सर्वाधिक महत्त्व है। जिसे हम अपना 'इको स्फियर' कहते हैं उसमें पानी की उपस्थिति हमेशा रहती है। जीवन-व्यवस्था में भी पानी की यही स्थिति है। पारिस्थितिकी रचनात्मकता में पानी कई रूपों में उपस्थित रहता है। विश्वनाथप्रसाद तिवारी की कविताओं में भी पानी की पारिस्थितिकी-उपस्थिति के कई रूप मिलते हैं। इस सन्दर्भ में उनकी 'पानी-सा' शीर्षक कविता विशेष उल्लेखनीय है। इसमें उन्होंने पानी को जीवन, जीवनेच्छा तथा जीवन की रचनात्मकता से जोड़ा है।

पारिस्थितिकी संवेदना की सांद्र उन्मुखताएँ

गहन जीवन-अवबोध के बिना किसी का सर्जनात्मक होना असम्भव है। इस जीवन-अवबोध के कई रूप हो सकते हैं और उनमें से एक हैं पारिस्थितिकी अवबोध जिसमें रचनाकार का प्रकृति बोध निरन्तर जाग्रत अवस्था में रहता है। प्रकृति बोध प्रकृति प्रेम से जाग्रत नहीं हो सकता है। प्रकृति के स्थान पर पूरी पारिस्थितिकी जाग्रत रहती है और कविता में वह इस तरह छायी रहती है जो एक सघन संवेदना का एहसास भी देती है। इसकी यह भी विशेषता है कि वह कवि की एक विशिष्ट प्रकार की सामाजिकता है और उसके रचना-व्यक्तित्व के अन्तरंग विस्तार का परिचायक भी है। पारिस्थितिकी-केन्द्रित कविता मनुष्य की सर्वसत्तावादी दृष्टि, जो अधिकार केन्द्रित होती है, के समक्ष एक सशक्त विकल्प प्रस्तुत करती है। अतः सर्वसत्तावाद के अनियंत्रित व्यापन के सम्मुख पारिस्थितिकी संवेदना प्रतिरोध उपस्थित करती है।

विश्वनाथप्रसाद तिवारी की कविताओं में पारिस्थितिकी का गहन अवबोध हमें प्राप्त होता है जिसकी बहुरंगी छवियाँ उनकी कविताओं की भास्वरता को अत्यधिक गहन बना देती हैं। इसलिए ही वे लिख पाये–"करुणा की तरह बहेंगी कविताएँ / इस मरु प्रदेश में / वटवृक्ष की तरह फैल जायेंगी अर्थ-छायाएँ।" इसमें प्रकृति का वर्णन नहीं जबकि कविता की उर्वरता के साथ पारिस्थि की को जोड़ा गया है। इसी अवबोध को विस्तार देते हुए कवि लिखते हैं–"शाश्वत कुँवारी धरती से / उभरेंगी छिपी हुई सूरतें / कुलाँचें भरेंगे मृगशावक / टैंकों, संगीनों, प्रक्षेपास्त्रों के बीच / अन्तरिक्ष के अनन्त विस्तार में तैरती / अँधेरे में चिड़ियों की तरह चहचहाती / गूँजती रहेंगी कविताएँ।" इसमें कविता एक पारिस्थितिकी प्रतिरोधी शक्ल में उपस्थित हुई है। तीन घटक इसमें घुलमिल गये हैं–पारिस्थितिकी, कविता और मानवीयता और एक अकृत्रिम 'इको स्पियर'–पारिस्थितिकी थल–इन तीन घट कों का संश्लेषण 'बेहतर दुनिया के लिए' शीर्षक कविता को पारिस्थितिकी कविता के रूप में तब्दील करने में सहायक सिद्ध हुआ है।

पारिस्थितिकी दृष्टि विश्वनाथप्रसाद तिवारी की कविता में मानवीयता के महावृक्ष के नीचे तक ले जाती है। उसकी शीतल छाया में सुख और शान्ति का अनुभव ज़रूर होता है। साथ ही हमें वह सतर्क करती है, संकेत देती है। हमारी मानवीयता को वह जाग्रत करती है।

जंगल में शिकारी आ गये हैं
गोलियाँ दग रही हैं रह-रहकर
क्या तुम्हें घायल हरिणी की चीख सुनाई नहीं पड़ती
उनके हाथों में झूल रहे हैं छटपटाते पक्षी
शिकारी आ गये हैं जंगल में
बटोही, आज तेरे साहस की परीक्षा है।

'बटोही' शीर्षक यह कविता उन्नत पारिस्थितिकी नैतिक बोध को उत्खनित करने वाली रचना है। यह जड़ता के विरुद्ध विकल्प प्रस्तुत करने वाली कविता है। 'क्या तुम्हें हरिणी की चीख सुनाई नहीं पड़ती?' बटोही के निश्चिन्त होकर चलने की अवस्था को झकझोरते हुए उसे सचेत करने के संकेत कविता में भरे पड़े हैं। इन्हें मात्र सरल प्रतीकीकरण के रूप में देखना उचित नहीं है। इस कविता में सर्वसत्तावादी शक्ति के प्रत्यक्ष होने की बात सर्वत्र उपलब्ध है। 'शिकारी आ गये हैं जंगल में बटोही' बटोही के सामने दो विकल्प हैं। एक, उसके साहस की परीक्षा का विकल्प है और दूसरा, उसके सर्वसत्तावाद के सम्मुख नतमस्तक होने का है। कविता में पहले वाले विकल्प को प्रमुखता दी गयी है क्योंकि वह व्यक्ति की साहसिकता का विकल्प न होकर हमारी मानवीयता का विकल्प है। यहाँ पारिस्थितिकी के संकेत कविता के पुनःर्पाठ के लिए हमें प्रेरित करते हैं और हमारी गहन मानवीयता को उत्तेजित भी करते हैं।

विश्वनाथप्रसाद तिवारी की कविता में लोक का विकास निरन्तर देखने को मिलता है। यह भी उनकी पारिस्थितिकी दृष्टि की उर्वरता का उदाहरण है। उनकी एक कविता है– 'काफ़ी दिनों बाद घर लौटकर'। इसमें घर-परिवार, जन्मभूमि, प्रकृति आदि की अनेक छवियाँ मिलती हैं। इस कविता में विस्थापन से उत्पन्न अवसाद भी है। सब कुछ मिलाकर इसमें जो पारिस्थितिकी दृष्टि विकसित हुई है उसमें मनुष्य की खोज ही प्रमुख है। अपनी धरती की खोज भी इसमें है। धरती और मनुष्य के शाश्वत रिश्ते को यद्यपि कवि ने भावुक स्तर पर प्रस्तुत किया है फिर भी यही भावुकता उनकी प्रखर पारिस्थितिकी में बदलकर कविता में कई ध्वनिक्षम संकेत भी प्रदान करती है। कविता में अंकित भावुक स्थितियाँ इस प्रकार हैं :

यह मेरी जन्म भूमि है
इसी से निकला हूँ मैं
जैसे निकलता है अमोला
आम की गुठली से
....
नदी
नदी नहीं है यह
बहन है मेरी
अपनी अलग दिशा में बहती हुई
....
मुझमें जो कुछ भी है तुम्हारा है
तुम्हीं ने दिया है
रूप रस
तुम्हीं ने सँवारा है
....

ये भावुक अवस्थाएँ तब बदलती हैं जब उसमें 'अपने को बेचने' की बात द्योतित होती है। '...मैं बिका और बिकता गया'। यह 'स्व' की पहचान है। सब कुछ को भूलकर बहुत कुछ पाने की मनुष्य की अनियंत्रित इच्छा उसे अपने लोक से अलग कर देती है। लोक से अलग होने की बात जब एक सघन दुख में परिवर्तित होती है तो उसमें चिह्नित पारिस्थितिकी-प्रतीक मानवीयता के विस्तृत क्षितिज में परिवर्तित हो जाते हैं। कविता में 'स्व' की पहचान को जब हम भावुक विवरणों से जोड़कर देखते हैं तो वे निरे भावुक विवरण नहीं बल्कि वे ऐसे कुछ मूल्य हैं जिन्हें जीवन में सुरक्षित रखना पड़ता है। विश्‍वनाथप्रसाद तिवारी की यह कविता पारिस्थितिकी की समावेशी दृष्टि को मूल्यों के सन्दर्भ में परखती नज़र आ रही है। अतः यह सिद्ध होता ही है कि पारिस्थितिकी स्वयं एक मूल्य है। बहुत व्यापक और मनुष्य सापेक्ष। वह अत्यधिक पारदर्शी है और बिकाऊ संस्कृति के विपक्ष में प्रस्तुत सलिल-सा सौन्दर्य से ओतप्रोत।

सौन्दर्यदृष्टि और पारिस्थितिकी का अटूट रिश्ता है। यह विदित बात है कि कविता में सौन्दर्य का सृजन यों ही सम्भव नहीं है। कविता तब सौन्दर्य की अनुभूति प्रदान कर सकती है जब उसमें समावेशी मानवीय तत्त्व हो और उसमें उन मानवीय तत्त्वों को उजागर करने के लिए प्रयुक्त सौन्दर्य के अनेकानेक रूपक हो। विश्‍वनाथप्रसाद तिवारी की 'तुम' शीर्षक कविता इसके लिए अच्छा उदाहरण है।

यह कविता प्रकृति-दृश्य के साथ एकाकार होने की भावना से सम्बन्धित है जिसमें वे सौन्दर्य का अनुभव करते हैं। उसकी हर लय में, प्रवाहमयता में, गन्ध में और सभी भंगिमाओं में सौन्दर्य को उद्भासित किया गया है। पर इस प्रकृति-दृश्य की अवतारणा मात्र सौन्दर्याभिव्यक्ति के लिए नहीं है। यह जीवन की प्रवाहमयता है, यह जीवन की लय है तथा उसमें जीवन की गन्ध भी है। जब इन प्रकृति-दृश्यों में जीवन का एहसास हमें होने लगता है तो उसमें विन्यसित सौन्दर्य सघन होने लगता है। यही वह पारिस्थितिकी है जो सौन्दर्य भी प्रदान करती है और जीवन का एहसास भी :

स्रोतस्विनी, बहती रहो
मुझमें होकर
मुझको भी बहाते हुए
तू मेरे साथ है
जैसे मैं ख़ुद हूँ अपने साथ

स्रोतस्विनी और उसकी प्रवाहमयता पारिस्थितिकी संवेदना को सांद्र बना देती है। विश्वनाथप्रसाद तिवारी की कविता में जीवन की असंख्य भंगिमाएँ मिलती हैं। उन भंगिमाओं में पारिस्थितिकी भी एक है जो उनके व्यापक विश्वबोध को गहराती रहती है। यह वस्तुतः बेहतर दुनिया के लिए बुने गये सपनों के कारण बहुवर्णी और बहुलार्थी है। कवि ने अच्छी कविता के बारे में लिखा है–"अच्छी और महान कविता के लिए पवित्र और विराट् अन्तःकरण चाहिए। निरभिमान, तरल अन्तःकरण। मनुष्य और अनन्तरूपात्मक प्रकृति के प्रति गहरी संवेदनशीलता (कवि ने कहा) इस एक तरल दृष्टि के कारण ही 'इन्हें बचाओ! इन्हें बचाओ!!' शीर्षक कविता में विश्वनाथप्रसाद तिवारी लिखते हैं :

कल तक यह जंगल वीरान हो जायेगा
इन्हें बचाओ! इन्हें बचाओ!!
कल को निकलने वाले अंकुर तुम्हें गालियाँ देंगे
कहेंगे
कितने नपुंसक और पागल थे वे लोग
जिन्होंने हमारी सृष्टि नष्ट कर दी।

मनुष्येतर जगत् के प्रति यानी अपनी पारिस्थितिकी के प्रति कवि का यह विश्वबोध कविता को उन्नत नैतिक दृष्टि भी प्रदान करता है और महान कविता के कारक तत्त्वों का संकेत भी देता है।

हमारे सामूहिक अवचेतन में पानी एक सशक्त आद्यबिम्ब है। वह कई रूपों में हमारी रचनात्मकता में अभिव्यक्त होता है। पारिस्थितिकी में भी पानी का सर्वाधिक महत्त्व है। जिसे हम अपना 'इको स्पियर' कहते हैं उसमें पानी की उपस्थिति हमेशा रहती है। जीवन-व्यवस्था में भी पानी की यही स्थिति है। पारिस्थितिकी रचनात्मकता में पानी कई रूपों में उपस्थित रहता है। विश्वनाथप्रसाद तिवारी की कविता में भी पानी की पारिस्थितिकी-उपस्थिति के कई रूप मिलते हैं। इस सन्दर्भ में उनकी 'पानी सा' शीर्षक कविता विशेष उल्लेखनीय है। इसमें उन्होंने पानी को जीवन, जीवनेच्छा तथा जीवन की रचनात्मकता से जोड़ा है। यहाँ पर आनुषंगिक ढंग से केदारनाथ सिंह की 'पानी की प्रार्थना' शीर्षक कविता का उल्लेख आवश्यक प्रतीत होता है। केदारनाथ सिंह की कविता 'पानी की प्रार्थना' भी अन्ततः पारिस्थितिकी रचनात्मकता का सशक्त उदाहरण है। ये दोनों कविताएँ 'प्रभु' को सम्बोधित हैं। केदारनाथ सिंह लिखते हैं :

प्रभु
मैं–पानी–पृथ्वी का
प्राचीनतम नागरिक
आपसे कुछ कहने की अनुमति चाहता हूँ
यदि समय हो तो पिछले एक दिन का
हिसाब दूँ आपको

जबकि विश्वनाथप्रसाद तिवारी लिखते हैं :

पानी का जीवन
प्रभु, पानी सा

दोनों कविताओं का 'प्रभु' सम्बोधन बहिरंगतः अजीब संयोग प्रतीत होता है। पर अंतरंगतः यह इन कविताओं के आन्तरिक विस्तार को द्योतित कर रहा है। इसमें आत्मनिवेदन है साथ ही पानी की विश्वव्यापी उपस्थिति भी संकेतित है। दोनों कविताओं में सम्बोधन पर इतना ज़ोर है कि पारिस्थितिकी 'डीप स्ट्रक्चर' कविताओं की बहुआयामिता को निरन्तर गहराता है। पानी की आदिमता, उसका जीवन के साथ का गहन रिश्ता, पानी-सा अपने को सौंपने की इच्छा तथा पानी की अनन्तता आदि कविता की पारिस्थितिकी परत को खोलने में सहायक हैं। सम्बोधन की आध्यात्मिकता इसमें मुख्य नहीं बल्कि 'प्रभु' शब्द उसके विश्वबोध को प्रत्यक्षीकृत करने में सहायक है।

विश्वनाथप्रसाद तिवारी की 'पानी सा' कविता जीवन को व्यापक सन्दर्भ में परिभाषित करने वाली इको-कविता है। पानी-सा जीवन बस एक प्रकृतिबद्ध

अवस्था का विवरण नहीं है–'पानी का जीवन / प्रभु, पानी सा'–जीवन के समस्त अंतरंगों को समेटने का रचनात्मक उद्यम है। पानी-सा कुछ भी नहीं, बस पानी ही है। इसमें पारिस्थितिकी वैचारिकी की अभिव्यक्ति बिना किसी लाग-लपेट के साथ हुई है। यह पानी की सार्वत्रिकता के माध्यम से हुई है जिसे जीवन के साथ जोड़कर अर्थसंपुष्ट भी बनाया है :

दुलक पड़े जहाँ भी
अपनी राह बनाता
पानी-सा
भरता रंग वनस्पतियों में
फूलों में गन्ध
रेती को करता तम
हिम को तरल
धरती की कोख में गूँजता
अनन्त रूपों में
अनन्त द्वीपों में सौंपता अपने को
निरभिमान
पानी का जीवन
प्रभु, पानी-सा

पूरी कविता को पढ़ लेने के बाद लगता है कि एक प्रकृतिबद्ध अवस्था–पानी की सार्वत्रिकता–जीवन और उसके सौन्दर्य के साथ एकीकृत हो जाती है। पानी की सुलभता धीरे-धीरे पानी की सौन्दर्यात्मकता में परिणत हो जाती है। इन दोनों अवस्थाओं में वस्तुतः जीवन की प्रगल्भता और जीवन की सुन्दरता का एकीकृत होना भी कविता का अभीष्ट है।

मदन कश्यप ने अपनी एक कविता में–'गनीमत है'–पानी की दुर्लभता के संकट को कुछ इस तरह व्यक्त किया है कि उसकी सुलभता का संकेत कविता में संकट को पुनः दुहराता है :

गनीमत है
कि कहीं-कहीं लगे हैं निःशुल्क प्याऊ
और कोई-कोई पिला देता है बिना पैसा लिए पानी

जहाँ विश्वनाथप्रसाद तिवारी की कविता–'पानी सा'–प्राकृतिक सम्पदा के साथ जीवन को जोड़ती है वहाँ मदन कश्यप की कविता–'गनीमत है'–निकट भविष्य में प्राकृतिक सम्पदा के दुर्लभ होने की आशंका की ओर संकेत कर रही है।

केदारनाथ सिंह की कविता–'पानी की प्रार्थना'–भी इस आशंका में निहित विडम्बना को कुछ यों व्यक्त कर रही है :

पर चिन्ता की कोई बात नहीं
यह बाज़ारों का समय है
और वहाँ किसी रहस्यमय स्रोत से
मैं हमेशा मौजूद हूँ

विश्वनाथप्रसाद तिवारी ने कविता में प्राकृतिक सम्पदा को जीवनोन्मुखता से जोड़ा है। इसलिए यह कविता इको एस्थेटिक्स को परिभाषित कर रही है। अन्य दोनों कविताएँ जीवनोन्मुखता को व्यक्त करने के उपरान्त जीवन की विडम्बनाओं को व्यक्त कर रही हैं।

विश्वनाथप्रसाद तिवारी की 'आरा मशीन' शीर्षक कविता हिन्दी की बेहतरीन कविताओं में से एक है। यह उनकी एक चर्चित कविता है। इस कविता के बारे में कवि का वक्तव्य इस प्रकार है–" आरा मशीन कविता एक संश्लिष्ट संरचना की कविता है जो कई दिशाओं में अपनी अर्थ छाया फैलाती है।" (मेरे साक्षात्कार : विश्वनाथप्रसाद तिवारी, पृ. 11) आज के कई प्रकार के संकटों से जूझने वाली यह कविता पारिस्थितिकी संकट को भी हू-ब-हू व्यक्त कर रही है। कवि ने अपने वक्तव्य में उस ओर भी पर्याप्त संकेत किया है।

कविता में एक दृश्यानुभव–आरा मशीन के चलने का दृश्य–धीरे-धीरे वह आज के संकटों की तरफ़ इशारा करता जा रहा है। कविता में इसकी प्रस्तुति में से यह विडम्बना ज़ाहिर होती है :

चल रही है वह
इतने दर्प में
कि चिनगारियाँ छिटकती हैं उससे

कविता का यह प्रखर दृश्यानुभव भले ही यन्त्र सभ्यता से जनित संकट को व्यक्त कर रहा है फिर भी इस कविता के आगे आने वाला दृश्य पारिस्थितिकी संकट की गहराई को व्यक्त कर रहा है :

दौड़े आ रहे हैं
अगल-बगल के यूकिलिप्टस
और हिमाचल के देवदारु
दूर-दूर अमराइयों में
पक्षियों का संगीत ग़ायब हो गया है
गुठलियाँ बाँझ हो गयी हैं
उसकी आवाज़ से

प्रकृति सम्पदाओं का अनियन्त्रित दोहन पारिस्थितिकी संकट का अच्छा-खासा उदाहरण है। वस्तुतः इसमें मानवीय संकट का पक्ष ही अधिक मुखर है। प्रकृति के उदाहरणों से कवि ने इस संकट को व्यक्त किया है–"अमराइयों में पक्षियों का संगीत ग़ायब हो गया है, गुठलियाँ बाँझ हो गयी हैं उसकी आवाज़ से"– जीवन से उसकी संगीतात्मकता का नष्ट होने का तात्पर्य उसके सौन्दर्य पक्ष के नष्ट होने की तरह है। उर्वरता की जगह ऊसरता के व्यापने का तात्पर्य मात्र प्राकृतिक सम्पदा के अनावश्यक दोहन से उत्पन्न ऊसरता ही नहीं बल्कि जीवन की ऊर्जा के नष्ट होने की ओर भी संकेत है। पारिस्थितिकी का इतना सटीक और बारीक वर्णन हिन्दी में बहुत कम कविताओं में हुआ है।

विश्वनाथप्रसाद तिवारी की कविताओं में जहाँ भी पारिस्थितिकी बोध को अभिव्यक्ति मिली है वहाँ जीवन बोध और सौन्दर्य बोध की समान्तरता भी लक्षित होती है।

आख़िरी बार
जब उससे बचने के लिए
मैं भाग रहा था
तेज़ और तेज़
और अपनी समझ से
सुरक्षित पहुँच गया जहाँ
वह मेरी प्रतीक्षा में
पहले से खड़ी थी
मेरी मृत्यु।

संवेदनात्मक ज्ञान की अगाधताएँ

अपनी चुनी हुई कविताओं ('कवि ने कहा') की भूमिका (कुछ और) में विश्वनाथप्रसाद तिवारी ने लिखा : "पाँचवें संकलन तक पहुँचते-पहुँचते मेरी आत्ममन्थन की प्रक्रिया तीव्र होती गयी और मौत की मुखरता का अर्थ भी समझ में आता गया है। उन कविताओं में अपना समय तो है पर उसके चालू मुहावरे नहीं हैं। बल्कि दर्शन की एक विनम्र जिज्ञासा है जो नश्वर में अनश्वर और व्यर्थ में भी अर्थ की तलाश करती है तथा जो राग और विराग की बेचैनी लिए हुए है। जिसमें तरल संवेदनशीलता के साथ वैचारिक संशय भी हैं। इनमें एक दायित्वपूर्ण नैतिक संवेदना है कि यथार्थ जितना कवि के बाहर होता है, उतना ही उसके भीतर भी। इसलिए अपने परिवेश के हाहाकार और अन्धकार में स्वयं कवि भी उतना ही सहभागी अनुभव करता है।" इसी भूमिका में उन्होंने आगे लिखा : "अच्छी और महान कविता के लिए पवित्र और विराट् अन्तःकरण चाहिए। निरभिमान, तरल, अन्तःकरण। मनुष्य और अनन्तरूपात्मक प्रकृति के प्रति गहरी संवेदनशीलता।" कवि के इन शब्दों में उनका आत्मसंघर्ष ही अभिव्यक्त है। कविता-कर्म को गम्भीरतापूर्वक लेने वाले रचनाकार का मन इस तरह आन्दोलीकृत होता रहता है। उसमें तमाम प्रकार के नागरिक बोध का सही-सही पालन करके जीने के बावजूद अपनी अन्तरात्मा की जिज्ञासा उसे हमेशा झकझोरती रहती है कि जीवन का वास्तविक अर्थ क्या है? सही अर्थों में वह कैसे मनुष्योन्मुखी हो सकता है। यह जीवन का मूल्याधिष्ठित संघर्ष ही है। कविता-लेखन के लिए भी वे इस संघर्ष की अनिवार्यता पर बल देते हैं। यह कवि का आत्ममन्थन है। यह कवि को तथा उनकी रचनात्मकता को बहुआयामी बनाता है। बाह्यतः ऐसा प्रतीत हो सकता है कि कवि अपने में लीन है; आत्मबद्ध हैं। लेकिन वस्तुतः कवि की यह आत्मलीन प्रवृत्ति सब कुछ को जानने-पहचानने, अपने में समाहित करने की प्रवृत्ति है। इस प्रवृत्ति के फलस्वरूप कवि-मन पूरी तरह से स्वतन्त्र हो जाता है। स्वतन्त्रता के विस्तृत प्रांगण में वह विचरण करता है। स्वतन्त्र चेतना कवि-मन को तथा कविता

को श्रेष्ठता प्रदान करती है। उसका दूसरा परिणाम यह है कि स्नेह की अन्तर्धारा से वह सराबोर होता है। संकुचित स्थिति से पूरी तरह से वह मुक्त होता है। ऐसे में जीवन की अर्थवत्ता के नये क्षितिज उसके सामने खुलते हैं। उसका तीसरा परिणाम यह है कि वह सत्य को परिभाषित कर पाता है। सत्य क्या है, जीवन सत्य क्या है आदि प्रश्नों के उत्तर उसके लिए सुलभ होने लगते हैं।

कवि के बारे में बताया गया है कि वह रोदन को सुनकर आने वाला है। भले कोई उस रुदन को न सुने पर कवि उसे सुनता है–'रुदितानुसारी कवि'। जिस कवि का मन पूरी तरह से स्वतन्त्र है, पूर्वग्रहों से मुक्त है, जो स्नेह से वशीकृत है और जिसकी सत्य पर आस्था है वह दूसरों का रोदन सुन पाता है। कवि के आत्ममन्थन की अगाधता को इसी प्रकरण में देखना उचित है। एलबर्ट स्वैट्सर ने जिसे 'जीवन के प्रति भक्ति' कहा वही दरअसल विश्वनाथप्रसाद तिवारी की कविता की अगाधताओं में से हमें प्राप्त होता है। उसे धार्मिक कहा जा सकता है, पर कतई रूढ़ अर्थ में नहीं। जीवन और जगत को तथा उसके यथार्थ को जानने की जिज्ञासा मामूली जिज्ञासा नहीं है। वही आत्ममन्थन है। जब सत्य की प्राप्ति होती है तो आत्ममन्थन शमित होता है। इसे कविता में संवेदनात्मक ज्ञान ही कहा जा सकता है। संवेदनात्मक ज्ञान की बहुसंख्यक स्थितियाँ इस कवि की कविताओं में प्रस्फुटित हैं।

'मनुष्यता का दुख' शीर्षक कविता कवि की ऐसी रचना है जो दुख को खोजने में तथा उसे पहचानने में जीवन की सार्थकता पर बल देती है। दुख को खोजना कोई यान्त्रिक प्रक्रिया नहीं है। कवि का कहना है कि मनुष्यता का दुख हमारे नज़दीक ही है। हमारे पैरों तले की ज़मीन में 'आग की तरह लपलपाता हुआ, समुद्र की तरह फुफकारता हुआ, उपस्थित है। हमें बस उसे पहचानना है। यह पहचान यान्त्रिक नहीं। इसके लिए हमारे पास अनलंकृत मनुष्यता का दुख हो जो हमें मानवीयता के प्रति आकृष्ट होने के लिए प्रेरित करता है। यही कवि के अनुसार संवेदनात्मक ज्ञान है जो हमारे यथार्थ का पारदर्शी सच हमें सदैव प्रदान करता रहता है तथा हमें सृजनात्मक भी बनाता है। जॉर्ज सन्तायना ने लिखा : "अच्छे कर्मों के लिए जो पागलपन हम दिखाते हैं वही विवेक है। नियन्त्रित स्वप्निलता ही जीवन का जागरण है।" मनुष्य बनने के लिए इस तरह के पागलपन की ज़रूरत है और यही मनुष्यता का विवेक भी है। इसलिए प्रस्तुत कविता में विश्वनाथप्रसाद तिवारी ने लिखा :

तुम
हाँ हाँ तुम

सिर्फ़ हथेली से उदह दो
तो चुल्लू भर कम हो सकता है
मनुष्यता का दुख

बुद्ध ने इस दुख को पहली बार पहचाना नहीं था। जिस किसी ने अपनी अन्तरात्मा की तरफ़ उसकी अगाधता में गोता लगाने का कार्य किया है उसने दुख को पहचाना है। यहाँ कवि अपनी इच्छा ज़ाहिर करता है कि हम अपने भीतर और बाहर देखें तो दुख का पता लग जायेगा। यही पहचान हमें मनुष्य बनाती है और हममें पारस्परिकता जगाती है।

विश्वनाथप्रसाद तिवारी की कविताओं में सतत अन्वेषण की प्रवृत्ति देखने को मिलती है। यह एक आन्तरिक यात्रा का प्रतिरूप है। सवाल यह है कि उसका लक्ष्य क्या है? स्वयं को पहचानना उसका आत्यंतिक लक्ष्य है। इस पहचान के बल-बूते पर जीवन को पहचानना, जो सरल ढंग से परिभाषेय नहीं है, उसकी बहुविधा छवियाँ हैं, उनके रंग हैं, अनगिनत अवस्थाएँ हैं। जीवन की इस जटिलता को वे अपनी कविता की विषय वस्तु बना रहे हैं। इसके लिए कवि को आभ्यन्तर यात्रा करनी पड़ती है, आत्ममन्थन करना पड़ता है। इस दौरान जीवन यथार्थ की कई अवस्थाओं से उनका सामना होता है और उनका संवेदनात्मक ज्ञान उन गुत्थियों को सुलझाने का प्रयत्न करता है। 'सत्य' शीर्षक कविता में सत्य की पहचान को उन्होंने जिस तरह व्यक्त किया है कि वह सही दृष्टि का द्योतक है। उसके पीछे मानवीयता की ही पहचान प्रबल है। मुक्तिबोध ने 'भूलगलती' शीर्षक कविता में उसे ईमान के रूप में प्रतीकवत् किया जो कठघरे में खड़ा है। इसके विरुद्ध यद्यपि कोई प्रतिक्रिया व्यक्त नहीं करती है फिर भी ईमान जिस कठघरे से मुक्त होकर अदृश्यवत् होता है। यहाँ 'सत्य' शीर्षक कविता में सत्य के रूप का अवतरण मुक्तिबोध की ईमान की ही तरह है :

सहसा विश्वास नहीं हुआ
जब उस दिन अचानक
सामने खड़ा हो गया सत्य
कटा-फटा
क्षत-विक्षत
रंग-बदरंग

आश्चर्य इस बात का है कि जिसे महान और दुर्लभ समझा था वह इतना साधारण-सा दिखता है। वह साधारण ही नहीं है बल्कि वह इतना बदरंग है कि उसकी महानता बाह्यतः दर्शित नहीं होती। उसकी वास्तविकता स्पष्ट नहीं हो रही

है। सत्य जिसे हम सबसे उच्चतम आदर्श मान रहे हैं कि वह इतना सामान्य-सा कवि को दिख रहा है और वह सत्य बता रहा है :

ढका नहीं हूँ मैं हिरण्मय पात्र में
कहा उसने
तीर्थों में, पूज्य ग्रन्थों में बँधा नहीं हूँ
जहाँ देखोगे वहीं दिखूँगा
जहाँ से देखोगे वैसा ही दिखूँगा

जीवन की अनवरतता ने सत्य को इस तरह तोड़-मरोड़ दिया है कि वह रूढ़ियों और अन्धविश्वास का प्रतीक हो गया। वह अलग-अलग प्रकार की मूर्तियों में जड़वत् हो गया। तीर्थों में सीमित हो गया या पूज्य ग्रन्थों में समाहित हो गया है। यद्यपि इन ढकोसलों को तोड़ने तथा सत्य के सही अर्थ को बताने का कार्य कइयों ने किया है फिर भी उनकी बानी आडम्बरों के अँधेरे में गुम हो गयी और सत्य को अर्थहीन ढंग से असामान्य घोषित किया गया है। विश्वनाथप्रसाद तिवारी की यह कविता सत्य की पहचान की कविता है। उन्होंने सत्य को मनुष्य की सही दृष्टि के रूप में परिभाषित किया है। वह मनुष्य की मनुष्यता तथा उसके आत्मविस्तार का पर्याय है। इसलिए सत्य के बारे में कवि का कथन है कि 'जहाँ से देखोगे वहीं दिखूँगा'। इस पंक्ति में 'जहाँ' जो है वह ऐसी एक स्थल-संकल्पना है जो अधिकार से, धन लोभ से, कामुक विचारों से, संस्कृतिविहीन अभिलाषाओं से प्रदूषित नहीं है। वह ऐसा 'स्थल' है जहाँ मनुष्य अपना यथार्थ जीवन बिता रहा है जो पूरी तरह से नैतिकता से ओतप्रोत है और सौन्दर्य मंडित है। इस कविता में कवि ने सत्य को शिव से तथा सौन्दर्य से जोड़ा है। लेकिन वह यथार्थ से दूर नहीं, जीवन से कटा नहीं और कल्पनाप्रसूत नहीं है। सत्य को पाने का रास्ता जो उन्होंने सुझाया है वह सत्य के सरलीकरण का मार्ग नहीं है। वही सत्य का सही मार्ग है।

पानी से सम्बन्धित एक 'इको-इमेज' के ज़रिए कवि ने उसे जीवन की सार्थकता से जोड़ा है। आज की प्रयोजनवादी दुनिया में प्रयोजनवादी मूल्य ही स्वीकृत होता है। लेकिन जीवन की सार्थकता का मनुष्य सापेक्ष मूल्य भी है जो सबसे बड़ा मूल्य है। उसका आजकल तिरोभाव ही दर्शित होता है। ऐसी कुछ वनस्पतियों की तरह या ऐसे कुछ जानवरों की तरह वह समापन के कगार पर है। सार्थकता को जब जीवन की दौड़ ने नये सिरे से परिभाषित किया है तो उसके शाश्वत पक्ष पर कवि की दृष्टि पड़ती है। पानी की सलिलता के माध्यम से सार्थकता को कवि ने प्रस्तुत किया है। पानी जहाँ भी ढुलक पड़ता है अपनी राह बनाता है पानी की तरह। सब के पथ को प्रशस्त करने की पानी की प्रवृत्ति एक

प्रतीक वृत्ति को द्योतित करती है। वह अवरोध का प्रतीक न होकर प्रवाह का प्रतीक है। वह उलझन का प्रतीक न होकर सुलझन का प्रतीक है। यद्यपि 'पानी सा' शीर्षक कविता में इस 'इको-इमेज' को सरल शब्दावली में कवि ने प्रस्तुत किया है फिर भी उसकी बहुआयामिता शब्दों की तरलता में गुम्फित रही है :

भरता रंग वनस्पतियों में
फूलों में गन्ध
रेती को करता नम
हिम को तरल
धरती की कोख में गूँजता
अनन्त रूपों में
अनन्त द्वीपों में सौंपता अपने को
निरभिमान

कविता के अन्त के प्रार्थनावत् शब्द जीवन की सार्थकता के पदचिह्न की तरह दिखाई पड़ते हैं :

पानी का जीवन
प्रभु, पानी सा।

पानी सा वह करता क्या है? तमाम चीज़ों में वह उसकी वास्तविकता को दिशा दे रहा है। यदि वह वनस्पतियों में रंग भरता है तो वह मात्र एक प्रक्रिया नहीं है। वह वनस्पति को जीवित रख रहा है यानी उसके वंश को जीवित रखता है। फूलों में गन्ध भरता है तो उसका तात्पर्य उसमें सौन्दर्य भरने की तरह है। यह सब पानी निरभिमान होकर करता है। यही उसका अंशदान। उसका जीवन पानी-सा ही तरल है। उसकी अहमियत इसी सार्थकता में है। सबको दिशा और अहेतुक सौन्दर्य प्रदान करने की दृष्टि जीवन का सबसे महत्त्वपूर्ण पक्ष है। इसमें हमारे शाश्वत मूल्यों के अनेक पक्ष हैं। आत्म से बढ़कर अन्य को महत्त्व देना वस्तुतः सबसे बड़ा मूल्य है। सबमें सौन्दर्य भरना एक और मूल्य है। अवरुद्धता की जगह गतिशीलता को महत्त्व देना जीवन की सबसे बड़ी उपलब्धि है। इसी दृष्टि ने हमारी सभ्यता और संस्कृति को निरन्तर नवीकृत किया है। रूढ़िग्रस्त अवरुद्धता जीवन का सबसे बड़ा अभिशाप है। इसलिए पानी की सबको गति, रूप, सौरभ और सौन्दर्य देने की बात कविता में जो आयी है वह कवि की पारदर्शी संवेदना की परिचिति है। कवि का संवेदनात्मक ज्ञान उस शान्ति तत्त्व को ही प्रश्रय दे रहा है। मानवीयता का महत्त्व उसी में छिपा है। यह निरी आदर्शवादिता नहीं है। यह एक प्रखर यथार्थ है जिसको अनदेखा करने का षड्यन्त्र समाज में हमेशा रहा है और आज भी है। परन्तु मूल्यों

का आकांक्षी मनुष्य इस यथार्थ को आत्मसात करता है। उसके सामने चाहे जितनी भी रुकावटें क्यों न हों वह अपने लक्ष्यों को आगे ही बढ़ाता है। यह मनुष्य की कर्मठता का परिचायक है। उसकी श्रेष्ठता का उत्तम उदाहरण है। विश्वनाथप्रसाद तिवारी की एक छोटी-सी कविता है, 'मैं ही हूँ' जिसमें मनुष्य की मानवीयता को उसके श्रेष्ठतम गुणों के सन्दर्भ में देखा गया है :

मैं ही हूँ प्रभु
और कौन हो सकता है
यह प्रकाश
यह अन्धकार
यह महाप्रकृति
यह महाकाल
यह महा जाल
यह महा ज्वाल
इस अनन्त का भार
और कौन ढो सकता है।

मनुष्य ने यदि अनेक प्रकार की विजय-यात्राएँ की हैं तो उसके पीछे उद्दाम कर्मठता ही कार्यरत है। इस महाकाल का अनन्त बोझ मनुष्य ही ने उठाया है। उसी से सभ्यता की कीर्तिपताका बुनी है। प्रभु से विनत भाव से इस सत्य को प्रकट किया गया है फिर भी उस विनत भाव में मनुष्य का इतिहास सन्निहित है। बाइबिल में कहा गया है ईश्वर ने अपने रूप के सदृश्य ही मनुष्य को बनाया है। वही मनुष्य अपनी अविराम प्रयत्नशीलता से, मूल्यों की संरक्षा का बोझ वहन करते हुए ईश्वर के समकक्ष हो गया था। रूप सादृश्य में नहीं बल्कि भाव सादृश्य में भी। कवि की यह लघु कविता मनुष्य में निहित ईश्वर तत्त्व को पहचानने से सम्बन्धित है। यह कविता ऐसे समय में उन्होंने लिखी है जब मनुष्य में सर्वाधिक पाशवीयता भरी पड़ी है। यह सच कुछ व्यक्तियों या कुछ वर्गों तक सीमित नहीं है, वैश्विक पर स्तर जब यह ख़तरा है तो विश्वनाथप्रसाद तिवारी ने मनुष्य की मानवीयता का यशोगान किया है। यह उनके संवेदनात्मक ज्ञान का सशक्त विकल्प है।

भारतीय दर्शन में इदन्नमम का सर्वाधिक महत्त्व है। मुक्ति का रहस्य इस में छिपा है। किससे मुक्ति? प्रलोभनों से मुक्ति, इच्छाओं से मुक्ति और नश्वरता से मुक्ति। इसमें आत्ममुग्धता का तिरस्कार भी देखा जा सकता है। इसलिए यह दार्शनिक विचार एक मूल्य में परिवर्तित होता है। एक चीनी कथा में बताया गया है कि यदि हाथ में दो सिक्के हैं तो एक से रोटी और दूसरे से फूल ख़रीदें। भौतिक

जीवन को बनाये रखने के लिए आवश्यक अन्न की आवश्यकता तो है। लेकिन इसमें फूल का संकेत बहुत ही महत्त्वपूर्ण है। इसे जीवन का सौन्दर्य, अर्थवत्ता या मूल्य मान सकते हैं। सौन्दर्य का समावेश कब होता है आदि भी इस सन्दर्भ में विचारणीय है। इदन्नमम में भी यही संकेत है। कुछ भी मेरा नहीं है सब पराया है। इस विचार में जो सौन्दर्य है उसी को विश्वनाथप्रसाद तिवारी ने अपनी कविता 'इदन्नमम' में व्यक्त किया है :

नहीं
सूरज भी नहीं
चाँद भी नहीं
और जिस पर मैं खड़ा हूँ
वह पृथ्वी भी नहीं
कुछ भी नहीं मेरा
मैंने नहीं बनाई हवा
न समुद्र न शिखर
न हिम न धूप
न गन्ध-रस-रूप

एक सशक्त मूल्य इस कविता की रचना के पीछे विद्यमान है। सबको हासिल करने की प्रलोभनीय दृष्टि के विपरीत एक विकल्प यह कविता प्रस्तुत करती है। आत्मदान इसमें प्रमुख है। आज के सन्दर्भ में इसके राजनीतिक और सांस्कृतिक अर्थ बहुत गहन दिखाई पड़ते हैं। यह सच है कि कविता की नींव दार्शनिक धरातल पर सुस्थिर है लेकिन उसका समकालीन सच दूरव्यापी है।

उपरोक्त कविता के समकक्ष 'मृत्यु' शीर्षक कविता को भी रखा जा सकता है। सब कुछ को अपने अधीन करने की प्रवृत्ति के प्रयोजनवादी समय में किसी का कोई अन्त नहीं है। वह अनन्त है। इस दृष्टि ने मनुष्य को बदला, संस्कृति को बदला, अत्याचार के भाष्य बदले और पाशवीयता को नया सौन्दर्यशास्त्र प्राप्त हो गया है। 'मृत्यु' शीर्षक कविता में इस तरह की दौड़ का अन्त संकेतित है। मृत्यु का सत्य प्रयोजनवादी समय और वृत्ति का अन्त है। इस दृष्टि-सम्पन्नता के अभाव में ही प्रयोजनवादी दृष्टिविहीनता सिर उठाती है। उसके सम्मुख कवि ने मृत्यु को खड़ा किया है।

आख़िरी बार
जब उससे बचने के लिए
मैं भाग रहा था

तेज़ और तेज़
और अपनी समझ से
सुरक्षित पहुँच गया जहाँ
वह मेरी प्रतीक्षा में
पहले से खड़ी थी
मेरी मृत्यु।

अन्तिम पंक्ति, 'मेरी मृत्यु' विशेष उल्लेखनीय है। जिस भागमभाग में हमारी संस्कृति तल्लीन है उसका अवसान मृत्यु में ही होता है। उसमें अहं की भी मृत्यु है और अमानवीयता की भी मृत्यु है। उसी को कवि ने मेरी मृत्यु से जोड़ा है। सब कुछ को अपने साथ जोड़ने से बेहतर है उसे अपने से अलग करके देखना। 'कोई न कोई' शीर्षक कविता में इस तथ्य की तरफ़ इशारा किया गया है। यहाँ पर मृत्यु पराजित हो जाती है :

मैं रहूँ न रहूँ
होगा ज़रूर
कोई न कोई।

आत्म का यह विस्तार ही विश्वनाथप्रसाद तिवारी की कविता के विस्मयावह सौन्दर्य का निदान है। इसी आत्मविस्तार ने कवि की दृष्टि को पारदर्शिता प्रदान की है और उनकी कविता को लावण्य प्रदान किया है। एक उदाहरण 'पूँजी' शीर्षक कविता का दिया जा सकता है :

चुटकी भर मिट्टी
चोंच भर पानी
चिलम भर आग
दम भर हवा
पूँजी है यह
खाने
और लेकर
परदेश जाने के लिए।

आत्मलिप्तता के स्थान पर आत्ममुक्तता को इसमें स्थान दिया गया और उसे सबसे महत्त्वपूर्ण मूल्य के रूप में कवि ने स्वीकार किया है।

'जीवन का अर्थ' शीर्षक कविता वैरुद्ध्य में सामंजस्य स्थापित करने के विचार की अभिव्यक्ति है। अर्थ और व्यर्थ में वैरुद्ध्य है। लेकिन कवि को लगता है कि क्या इस व्यर्थता में ही जीवन का अर्थ छिपा तो नहीं है? एक बहुत ही सटीक बात की अभिव्यक्ति ही इस कविता का अभीष्ट है :

क्या व्यर्थ में ही नहीं था
जीवन का अर्थ?

"फिर भी कुछ रह जायेगा" शीर्षक कविता विश्वनाथप्रसाद तिवारी की चर्चित कविता और उनकी संवेदनात्मक ज्ञानोपलब्धि का बेहतरीन उदाहरण है। जीवन यथार्थ की ऐसी एक परिभाषा उन्होंने कविता में प्रस्तुत की है। अपनी डायरी में कवि ने लिखा है : "आस्था और श्रद्धा का उदय बुद्धि के पराजय के बाद होता है। जब बुद्धि अपने पंख फड़फड़ाते-फड़फड़ाते थक जाती है तो प्रपत्ति और समर्पण के लिए नत हो जाती है" इन भावों में जो वैरुद्ध्य है वह बाहरी है, आन्तरिक नहीं है। इस एक भाव सामंजस्य की पहचान जीवन की निरर्थकता में से अर्थवत्ता को खोजती है और अन्त में से अनन्त को भाँप लेती है तथा अन्धकार के बीच में रोशनी को देख पाती है। जीवन की ही नहीं बल्कि हमारी सभ्यता की निरन्तरता की अर्थवत्ता भी इसमें निहित है। इसलिए कवि ने लिखा :

क्या तुम्हें यकीन है
मर जायेंगी जिजीविषाएँ
झर जायेंगी आस्थाएँ
सूख जायेंगे सपने
व्यर्थ हो जायेंगे शब्द
क्या तुम्हें यक़ीन है
आग सब कुछ जला सकती है
सब कुछ सुखा सकती है हवा
पानी सब कुछ गला सकता है
सब कुछ मिटा सकता है ब्रह्मास्त्र
नहीं, ज़रूर कुछ रह जायेगा।

अन्त कोई स्थायी सत्य नहीं है। अनवरतता ही स्थायी सत्य है। जीवन का यही सत्य है। इसलिए सब कुछ के मटियामेट होने के बावजूद ज़रूर कुछ रह जायेगा वाली बात मामूली उम्मीद को जगाने वाली नहीं है बल्कि स्थायी उम्मीद को जगाने वाली है। उसमें जीवन त्रसित रहता है। इसलिए हम अपनी बद्‌किस्मतियों से समझौता नहीं कर रहे हैं प्रोमिथ्यु की तरह। प्रोमिथ्यु का आद्यबिम्ब इस कविता में आद्यन्त उपलब्ध है जो हमारे भीतर की आग को पुनः ज्वलित करता दिखाई देता है।

"मैं पेचदारी आदमी नहीं हूँ। इसलिए मेरी कविताएँ सरल हैं और सम्प्रेषणीय। बहुत दूर की कौड़ी लाने की कोशिश और जटिल बुनावट उनमें नहीं है। मुझे लगता है कि बहुत श्रमपूर्वक तराशने से कविता कवि के मूल भावों से दूर होकर एक कला मात्र रह जाती है।"

संरचना की संश्लिष्टता

किसी भी विधा की संरचना का पक्ष विधा बाह्य पक्ष नहीं है। संरचना वस्तुतः वस्तु का अतर्निहित तत्त्व है। कविता के कई संरचनात्मक पक्षों पर, जैसे रचना-प्रक्रिया, बिम्ब, प्रतीक, मिथक, आद्यबिम्ब, भाषा आदि, सुविधा की दृष्टि से अलग-अलग करके विचार किया जाता है, फिर भी ये कविता बाह्य नहीं हैं और उन्हें कविता की समग्रता में ही देखा जाना चाहिए। उदाहरण के लिए कविता की रचना प्रक्रिया को ही लें। कविता के रचे जाने के क्षण से लेकर उसकी परिसमाप्ति के क्षण तक की रचना-यात्रा उसमें शामिल है। उसमें विशेष महत्त्व की बात रचनाकार के सृजनात्मक व्यक्तित्व–'राइटिंग सेल्फ'–से सम्बन्धित है। यह राइटिंग सेल्फ ही रचना प्रक्रिया को निर्धारित करती है। दो कवियों की एक ही विषय पर केन्द्रित दो कविताएँ इसलिए भिन्न हैं क्योंकि दोनों कवियों की 'राइटिंग सेल्फ' की बुनावट और बनावट अलग-अलग होती हैं। यह तथ्य कविता में मुख्य है और उसे कविता बाह्य तत्त्व के रूप में परिगणित करना बुनियादी तौर पर कविता में स्वीकार्य नहीं है। उसी प्रकार बिम्ब प्रस्तुतियाँ या प्रतीक विधान विषय वस्तु की सघनता और सांद्रता के सूचित करने में ही सहायक हैं। कविता की भाषा कविता की संवेदना को पूरी तरह से निर्धारित करती है। प्रत्येक कवि अपनी भाषा की खोज करता ही है। यह कोई सतही बात नहीं है। भाषा की खोज में कवि का रचना-व्यक्तित्व पूरी तरह से उद्‌भासित होता है। सपाट भाषा में कहा जाये तो कवि की व्यक्ति सत्ता से लेकर उसकी तमाम उन्मुखताएँ भाषा के ज़रिए ही व्यक्त होती हैं। इस तरह हम कविता में यह देख सकते हैं कि उसकी संरचना उसकी सृजनात्मक सटीकता–'क्रियेटिव सटिलिटी' –से सम्बन्धित है। उसे सरलीकृत करने का तात्पर्य है कविता मात्र को सरलीकृत करना। अतः कविता की सही पहचान के लिए संरचना की संश्लिष्टता को पहचानना आवश्यक है।

विश्वनाथप्रसाद की कविताएँ सौ फीसदी जटिल मानसिकता की अभिव्यक्तियाँ नहीं हैं। उनकी कविता की संरचना में एक ख़ास किस्म का सीधापन नज़र आ रहा

है। उन्होंने अपनी कविताओं के बारे में लिखा है :

भोगी हुई ज़िन्दगी से लिखी हुई ज़िन्दगी तक
मैंने जो की हैं यात्राएँ
उन्हें आप कह सकते हैं मेरी कविताएँ

यह सीधा-सा कथन जितना कविता के लिए प्रासंगिक है उतना उनकी कविता की संरचना के लिए भी है। यहाँ जो सीधापन संकेतित है वह उतना सीधा नहीं है क्योंकि उसमें भोगी हुई ज़िन्दगी का भी एक अन्तर्ग्रथित पक्ष है। यह बात उनकी 'कविता और ज़िन्दगी' शीर्षक कविता में आयी है। इसी कविता में, शुरू में, कवि का कहना है कि कविता में प्रमुख शब्द गणित के फार्मूलों को लाँघ चुके हैं और इन शब्दों का अर्थ दो-दो चार नहीं होता है। आगे एक पंक्ति आती है, 'किसी के तलवे नहीं चाटती है'। आगे भी एक पंक्ति आयी है कि कविता 'भाषा की सलीब पर लटकी हुई ज़िन्दगी' है और कवि दोनों को एक साथ ढो रहा है। प्रस्तुत कविता की भाषा या संरचना का जो सीधापन है वह उसका बाहरी रूप है। बड़े संयम से कवि ने अपनी ही ज़िन्दगी के आन्तरिक संघर्ष को व्यक्त किया है जो उनकी जीवनोन्मुखता से सम्बन्धित है। निर्भयता की प्रखरता सीधे से शब्द विन्यास से उभरती है; पर वह मुखर नहीं है। उसे अमुखर ही वे रहने देते हैं और एक ख़ास रचना रीति का परिचय भी वे देते हैं। यह रचना रीति ऐसी है कि उसकी संरचना की वास्तविक सृजनात्मकता पंक्तियों के बीच के मौन में (अमुखरता) ही व्यंजित होती है।

विश्वनाथप्रसाद तिवारी की शुरुआती कविताओं की संरचना अनेकानेक घटनाओं और उनकी नाटकीय प्रस्तुतियों तथा रात एवं अँधेरे के बिम्बों व प्रतीकों से भरी पड़ी है। यद्यपि यह एक कवि के बनने का दौर था फिर भी उनकी कविता में संरचना सम्बन्धी बिखराव नहीं दिखाई देता है। उनकी नाटकीय प्रस्तुतियाँ कविता को गहन अर्थ प्रदान करने में ही सहायक नहीं हैं बल्कि कविता की व्यंजनात्मक स्थिति की कई दिशाओं के बोध कराने में भी उपयोगी सिद्ध हुई हैं। उनकी कविता की एक नाटकीय दृश्यता इस प्रकार है :

चारों ओर कुल्हाड़ियाँ चल रही हैं
पेड़ धड़ाके से गिर रहे हैं
सभी प्रकार के पेड़
नये और पुराने
बांझ और फलदार
....
ये हत्यारे उन बच्चों को मार डालेंगे

जो माँदों में चैन से सो रहे हैं
कल तक यह जंगल वीरान हो जायेगा
इन्हें बचाओ! इन्हें बचाओ!!

इस कविता की दृश्यता पूरी कविता की संरचना में छायी हुई है जिसमें से कविता के एक-एक पक्ष को अलग करना मुश्किल है। एक सघन अनुभव में कविता को परिणत करना ही कवि का लक्ष्य प्रतीत होता है। कविता के वाचन के अवसर पर हम अपने को उसकी दृश्यता के बीचोबीच अनुभव करते हैं। उसमें सूचित दहशत से भी हम गुज़रते हैं। कवि का आह्वान–'इन्हें बचाओ, इन्हें बचाओ'–हम सुनते भर नहीं हैं बल्कि हम अपनी उद्यमिता से भी प्रेरित होते हैं। एक अनुभव जिसे कवि ने नाटकीय विन्यास के ज़रिए प्रस्तुत किया है और उसमें कविता की संवेदना संरचना की बारीक़ियों के द्वारा व्यंजित हुई है। एक-एक बिम्ब, एक-एक प्रतीक तथा भाषा की सपाटता में गुम्फित उसकी व्यंजकता के माध्यम से कविता की संवेदना हमें प्रभावित कर रही है। यह सिद्ध होता ही है कि संवेदना और संरचना के बीच कोई विभाजक रेखा खींची नहीं जा सकती।

उनकी एक अन्य कविता–'रात'–की दृश्यता भी उदाहरणीय है। इसकी दृश्यता में ख़ौफ़ का आतंक है। दृश्य दिखाई भी पड़ते हैं और अदृश्य भी हो जाते हैं। यह सिर्फ़ रात के ख़ौफ़ का वर्णन नहीं बल्कि अँधेरे में घटित होती अमानवीय हरकतों का विवरण है जो अन्ततः मनुष्य की सृजनात्मकता को ख़त्म कर रही है। इस वस्तु-वर्णन के लिए कवि ने ऐसे एक संरचना-विन्यास का सहारा लिया है जो नाटकीयता से तो भरपूर है और उसके अन्तरंग में भीषणता को गूँथ दिया है। नाटकीयता में गुँथी हुई भीषणता कविता को निरन्तर गहराती है :

और रात जब ऊँचे-ऊँचे पहाड़ों को घेरने लगती है
तो आकाश में फड़फड़ाते पक्षी
दूर-दूर जंगलों में गुम होने लगते हैं
स्याह हो जाते हैं ऊँचाइयों के देवदारु
तराई के गाँव नींद में बड़बड़ाते हैं
चट्टानें ढलानों से लुढ़कती हैं
एक आहत, रौंदी हुई, बेजान शताब्दी की तरह
घाटी का जंगल चीख़ता है
जैसे यूरोप चीख़ता हो हिटलर के यातना-शिविरों में

यह विदित बात है कि कविता की संरचना रचना के दौरान स्वयमेव रूपायित होने वाला रूपबन्ध है जिसे पूर्व में निश्चित करना मुमकिन नहीं है। कविता का

कोई भी घटक पूर्व निश्चित नहीं है। इतना कहा जा सकता है कि वे पूर्वाभासित हो सकते हैं। कभी एक बिम्ब या कोई प्रतीक मन की गहराई में लम्बे समय तक रहकर एक बार भाव में परिवर्तित होता है। उस एक बिम्ब के साथ या प्रतीक के साथ और कई बिम्ब या कई प्रतीक भाव विस्तार के दौरान जुड़ जाते हैं। कविता की भाषा भी पूर्व निश्चित नहीं हो सकती। वह पूर्वाभासित भी नहीं है। कविता की भाषा कवि के व्यक्तित्व के अनुरूप, फिर कविता के आशय के अनुरूप स्वयं विकसित होती है। इसी प्रकार कविता के अन्यान्य अंग कविता में जुड़ते हैं, स्वीकृत किये जाते हैं और कभी कुछ छूटते भी हैं। अतः कविता की संरचना कविता के समग्रानुभव की अन्तर्बाह्य स्थिति को काव्यांकित करने वाली ऊर्जा है। आस्वादन में भी इसी संरचना की भूमिका है। 'रात' शीर्षक कविता में रात की विस्तृति और उसके लिए उपयुक्त बनाये गये वर्णन में रात की भयानकता संवेदित होती है। एक आहत व्यक्ति की रौंद दी गयी आवाज़ का संकेत कविता में आया है। उस संकेत के साथ हिटलर के यातना-शिविर का संकेत भी जुड़ता है और रात का अन्धकार गहराता रहता है। रात कविता का संकेत है और वह हमारे इतिहास का संकेत भी है।

कविता की सघन संवेदना के साथ संरचना के जुड़ाव पर विचार करने के लिए विश्वनाथप्रसाद तिवारी की 'आरा मशीन' कविता एक बेहतरीन उदाहरण है। यह कविता कवि की चर्चित कविताओं में से एक है। पूरी कविता में कई प्रकार के प्रतीक हमें मिल जाते हैं :

चल रही है वह
इतने दर्प में
कि चिनगारियाँ छिटकती हैं उससे

इन पंक्तियों को वस्तुस्थिति कथन का उदाहरण भी कहा जा सकता है। लेकिन बीच की एक पंक्ति–'इतने दर्प में'–उसे आतंक का प्रतीक बनाती है। आगे दूसरे प्रतीक इस प्रकार है :

दौड़े आ रहे हैं
अगल-बगल के यूकिलिप्टस
और हिमाचल के देवदारु

इन पंक्तियों के आगे की एक पंक्ति प्रतीक विन्यास का स्पष्टीकरण जैसी है :

उसके आतंक में खिंचे हुए

उसके बाद एक नाटकीय सूचकता-विन्यास हमें प्राप्त होता है :

दूर-दूर अमराइयों में
पक्षियों का संगीत ग़ायब हो गया है

पक्षियों के संगीत के अभाव में अमराइयों का जड़ होना, उसकी गतिशीलता का ख़त्म होना आदि नाटकीयता से युक्त है। अन्तिम पंक्तियों में प्रतीक विन्यास और नाटकीय विन्यास का ऐसा संश्लेषण हुआ है कि कविता स्वयमेव कई प्रकार के उपपाठ रचती है :

अभी वह मेरे सीने से गुज़रेगी
मेरे भीतर से एक कुरसी निकालेगी
राजा के बैठने के लिए

आख़िरी नाटकीय सुझाव में कविता की आयरनी व्यक्त होती है :

राजा बैठेगा सिंहासन पर
और वन-महोत्सव मनायेगा।

कविता लिखने के पहले की प्रक्रिया पर विचार करते हुए विश्वनाथप्रसाद तिवारी ने अपनी 'आरा मशीन' कविता का उदाहरण दिया है। कविता की संरचना (रचना प्रक्रिया) की यह एक बेमिसाल उदाहरण है–"मैंने 'आरा मशीन' कविता का उदाहरण दिया था कि 'आरा मशीन' मेरे मन पर ही चलती रही, लकड़ी पर नहीं। तो एक दबाव हम पर पड़ता रहा। कभी-कभी देखा हुआ कोई दृश्य, कभी-कभी किसी पुस्तक का पढ़ा हुआ अंश, कभी-कभी कोई पंक्ति रचना का कारण बन जाती है। मुझे ऐसा लगता है कि दुनिया बहुत बड़ी है मगर अपना अंचल छोटा है। इतनी बड़ी दुनिया में जो चीज़ अपने मन के भीतर के तार को छू जाये, उसी से रचना पैदा होती है। बहुत सारे दृश्य हम दुनिया में देखते हैं, कोई असर नहीं होता। बहुत से ऐसे दृश्य भी देखते हैं जहाँ हमको बहुत प्रभावित होना चाहिए, जहाँ रुक जाना चाहिए, मगर हम नहीं रुकते। तो जो चीज़ अन्दर के तार को जहाँ झंकृत कर दे वहीं कहीं से रचना पैदा होती है। कई तरह की चीज़ें होती हैं, इनके बारे में कोई सहज फार्मूला नहीं बन सकता कि कब कहाँ से कौन-सी चीज़ आ गयी और रचना में बस गयी (बातचीत, पृ. 32) अन्यत्र कवि ने रचना प्रक्रिया पर विचार करते हुए 'भीतरी विवशता' की भी बात कही है। यह विवशता लिखने की प्रेरणा तक सीमित नहीं है। उसका एक अन्तर्लोक है जहाँ कई प्रकार की आदिम स्मृतियाँ, नयी परिस्थितियाँ, कई दारुण दृश्य, कई दृश्य जो चारुता के निदान हैं, स्वप्न, यथार्थ, प्रतिरोधी भावना, विद्रोह, समरसता का बोध आदि गड्ड-मड्ड हो जाते हैं। इस भीतरी प्रक्रिया में से बिम्ब, प्रतीक और मिथक सृजित होते हैं, भाषा गढ़ित होती है। अतः 'भीतरी विवशता' कवि के सन्दर्भ में ही नहीं बल्कि कविता के सन्दर्भ में भी महत्त्वपूर्ण है।

कविता में समय को तोड़ा-मरोड़ा जा सकता है। एक कविता पूरी तरह से भूतकाल तक सीमित हो, ज़रूरी नहीं है। उसमें वर्तमान और भविष्य के अंश एक विशेष अनुस्यूति की तरह जुड़ सकते हैं। यानी समय की एकरेखीयता नहीं बल्कि आड़ी-तिरछी रेखाओं की तरह समय का तुड़ा-मुड़ा रूप, आपस में गुँथा हुआ स्वरूप कविता की संरचना की प्रवृत्ति मात्र नहीं बल्कि कविता की बहुआयामिता को दर्शाने वाली प्रक्रिया भी है। कवि की कई कविताओं में यह प्रवृत्ति देखी जा सकती है। उदाहरण के लिए 'लोग ग़ायब हो रहे हैं' और 'सड़क पर एक लम्बा आदमी' शीर्षक कविताओं को लिया जा सकता है। दोनों में समय की वर्तमानता के बीचोबीच भूतकाल का समयांश जुड़ता है जिससे कविता की वस्तु के आयाम विस्तृत होते नज़र आते हैं।

'लोग ग़ायब हो रहे हैं' शीर्षक कविता फैंटसी के उपयोग के बावजूद समय की वर्तमानता की भीषणता की तरफ़ संकेत करती है। लोगों का अचानक ग़ायब होना मामूली बात नहीं है। इसके दो पहलू हैं। पहला है, वर्तमान समय की ख़ौफ़नाक स्थितियाँ। दूसरा है, मनुष्य की दुर्लभ प्रजाति के ग़ायब होने का संकेत। मानवीय मूल्यों की विघटित अवस्था में मनुष्य, यानी सही मनुष्य, की प्रजाति दुर्लभ हो जायेगी। ये दोनों वर्तमान समय से सम्बन्धित हैं। अतः कविता की संरचना में स्वीकृत समयांश वर्तमान को प्रकट कर रहा है। लेकिन इसी कविता में ऐसी भी पंक्तियाँ मिलती हैं जो वर्तमान को नहीं बल्कि अतीत को प्रकट कर रही हैं।

यह ख़बर अख़बार में नहीं छपी
और जासूस कुछ नहीं बता रहे हैं
रानी गुलाब जल में नहा रही है
और राजकुमार
अगली सदी तक के लिए सो गया है
लेकिन यह ख़बर सही है।

रानी और राजकुमार की जड़तुल्य निस्संगता ख़ौफ़नाक ख़बर को तीव्र कर देती है। एक तरफ़ बिना किसी वजह आदमी ग़ायब होते जा रहे हैं। मनुष्य की प्रजाति मानो नष्ट होती जा रही है। तब रानी सुखालस्य का अनुभव कर रही है और राजकुमार अगली सदी तक के लिए सो गया है। इन दोनों के कारण कविता का समयांश अतीत को भी समेट रहा है। संरचना की इस प्रवृत्ति के कारण जिस मूल्य विघटन की तरफ़ कविता इशारा कर रही है उसकी अनुस्यूति का परिचय आसानी से मिलता है।

'सड़क पर एक लम्बी आदमी' दरअसल एक प्रतीकात्मक कविता है। उसकी लम्बाई बौने लोगों के बौनेपन के विरुद्ध सशक्त विकल्प प्रस्तुत कर रही है। कविता में बौनी संस्कृति और उसके अनेकानेक रूप सामने आते हैं। बौनी संस्कृति दरअसल समय की जड़ता को ही सूचित कर रही है। अधिकार, लूट-पाट और अत्याचार में पूरी तरह डूबी संस्कृति बौने लोगों की परिकल्पना है। उसमें न स्वतन्त्रता है न मुक्ति। इस कविता की पूरी संरचना वर्तमान के समयांश में घटती प्रतीत होती है। लेकिन इसमें भी उन्होंने अतीत को भी समाविष्ट किया है, जैसे,

मसखरे हिनहिना रहे थे
जहाँपनाह, आपकी कुर्सी से भी
बड़ा है यह आदमी

जहाँपनाह के समय को वर्तमान के साथ जोड़कर कविता का वस्तुविन्यास अतीत और वर्तमान के बीच सम्बन्ध स्थापित कर रहा है। लम्बा आदमी एक प्रतीक है। क़द में ही नहीं बल्कि मनुष्यता के सन्दर्भ में भी। लेकिन उसे जितने लोग देखते हैं, देखकर जितने चौकन्ने हो जाते हैं, जितने सकपका गये हैं वे सब इतने बौने हैं कि उन्होंने मनुष्यता के इस प्रतिरूप को देखा नहीं है। कविता के कैनवास में समय के ये दो ध्रुव इस तरह घुलमिल गये हैं कि उन्हें अलग करना मुश्किल है और वह कविता की वर्ण्य वस्तु की गहराई को व्यंजित करने में सहायक है।

'आख़िरी अनुकम्पा' शीर्षक कविता में भी समय के दो ध्रुव घुलमिल गये हैं। वस्तुतः कविता स्त्री पर होने वाले शोषण से सम्बन्धित है। इस कविता में स्त्री अपनी बात सिद्ध करने के लिए सबसे अनुरोध करती है, पैर पड़ती है। लेकिन गाँव के लोग, मुखिया और सरपंच उसकी बात सुनने के लिए तैयार नहीं हैं। यह स्त्री का वर्तमान समय है। कविता में आगे यह स्त्री अपनी माँ, धरती माँ, को पुकारती है। यह निस्सहायता की अनवरत चीख है।

लोगों ने आश्चर्य से देखा
धरती दरक कर चौड़ी हो गयी
समा गयी वह उसमें

उपरोक्त पंक्तियों में स्त्री का पौराणिक समय खुलता दिखाई देता है। दरअसल वह सीता की कथा का समय है जिसे कवि ने अपनी कविता की स्त्री के लिए स्वीकार किया है। कविता की स्त्री अपने वर्तमान में जीने के उपरान्त अपनी पीड़ा की चरम अवस्था में सीता की तरह धरती माँ से अनुरोध करती है कि उसे स्वीकार कर लें। यह पौराणिक समय उत्पीड़न का एक दृश्य हमें दिखा रहा है। वर्तमान समय में भी उत्पीड़न का स्वरूप बदल गया है लेकिन उत्पीड़न

नहीं बदला है। उत्पीड़न की यह अनुस्यूति संरचना की इस विशेषता के कारण अनन्य साबित होती है।

विश्वनाथप्रसाद तिवारी की माँ केन्द्रित कविताएँ चर्चित रही हैं। माँ को जहाँ-जहाँ प्रस्तुत किया है वहाँ उनकी संरचना का एक तथ्य कहीं-कहीं प्रकटतः और कही-कहीं परोक्षतः व्यंजित होता है। उनकी कविताओं में माँ की मिथकीयता ही प्रमुख रूप से दिखाई देती है। वस्तुतः इन कविताओं में कवि ने अपनी माँ को ही प्रस्तुत किया है। इसलिए एक सरल संरचना का परिचय हमें प्रथमतः मिलता है। लेकिन कविता के दूसरे-तीसरे पाठ के अवसर पर माँ की मिथकीयता प्रकट होने लगती है। एक आदिम माँ या माता का देवी स्वरूप (मदर गोडस) का मिथक संरचना की सरलता को मिटाकर उसकी विराटता का परिचय देता है। यह आदिम माँ या 'मदर गोडस' उर्वरता का मिथक है। यही आदिम माँ संघर्ष का भी मिथक है। यह मिथक प्रत्येक व्यक्ति के सामूहिक अवचेतन में स्थित एवं गतिशील है। कवि के मन में स्थित इस मिथक के सहारे उन्होंने एक ओर अपनी माँ की स्मृतियों को कवितात्मक ढंग से प्रस्तुत किया है। यही मिथक उर्वरता और संघर्ष का प्रतिरूप बनकर कविता की गहराई को संवर्द्धित करता है।

माँ नहीं भी वह
आँगन भी
द्वार भी
किवाड़ थी
चूल्हा थी आग भी
नल की धार थी।

'माँ नहीं थी वह' शीर्षक कविता में आवासीय वस्तुस्थिति को माँ पर केन्द्रित करने का उपक्रम ही हम पहले-पहल देख रहे हैं। लेकिन इसमें कुछ संकेत ही–आँगन, द्वार, किवाड़, चूल्हा, आग और नल की घार ही नहीं मिल रहे हैं, जीवन के नैरंतर्य को ये ही संकेत उर्वर बनाते हैं। एक-एक चीज़ उर्वरता को द्योतित करती है ज़िसके साथ माँ सन्निहित है। माँ उर्वरता का केन्द्रीय तत्त्व है। उसके अभाव में उर्वरता मिट जाती है।

संघर्ष के मिथक के रूप में भी कवि ने माँ को प्रस्तुत किया है। ऐसी कविताओं में स्त्री के संघर्ष और माँ के संघर्ष का परिच्छेद पाठकों को मिल जाता है। 'माँ और आग' शीर्षक कविता में माँ के संघर्ष को मिथकीकृत किया है। घर के बच्चों तथा अन्य सदस्यों को माँ से मिलने वाली सुरक्षा उसे 'मदर गोडस' का पद प्रदान कर रही है। दुर्गा का मिथक भी इसमें सन्निहित है। आसुरी शक्तियों से वह बच्चों को कवचित रखती है। माँ का यह मिथक भारतीय कविता में कई रूपों में मिलता है।

विश्वनाथप्रसाद तिवारी ने इसे संघर्ष के मिथक के रूप में प्रस्तुत किया है :

उस अँधेरे के जंग में
माँ के लिए कवच कुंडल थी आग
राख से लिपटी
माँ के दिल की तरह धुकधुकाती
माँ के सपनों-सी दहकती
माँ की इच्छाओं-सी सुलगती

उर्वरता और संघर्ष के मिथक अन्यान्य कविताओं में भी मिलते हैं। लेकिन उसे माँ से जोड़कर उसकी भारतीयता एवं वैश्विकता को कवि ने विस्तार दिया है। 'चुनी हुई कविताएँ' की भूमिका में विश्वनाथप्रसाद तिवारी ने लिखा है : "मैं पेचदार आदमी नहीं हूँ। इसलिए मेरी कविताएँ सरल हैं। सहज और सम्प्रेषणीय। बहुत दूर की कौड़ी लाने की कोशिश और जटिल बुनावट उनमें नहीं है। मुझे लगता है कि बहुत श्रमपूर्वक तराशने से कविता कवि के मूल भावों से दूर होकर एक कला मात्र रह जाती है।" अन्यत्र उन्होंने कहा है : "वस्तु और शिल्प दोनों एक-दूसरे से इतने अलग नहीं हैं कि एक को प्रमुखता दें और दूसरे को नहीं। वस्तुतः दोनों एक-दूसरे में घुले-मिले होते हैं। आदर्श स्थिति तो यह है कि ये 'गिरा अरथ जल-वीचि सम कहियत भिन्न न भिन्न' हों। जैसे चेतना और शरीर।" अपनी कविता के सम्बन्ध में कवि के ये दोनों वक्तव्य महत्त्वपूर्ण हैं क्योंकि इनमें कवि की दृष्टि पारदर्शी है। एक ओर वे संरचना को सृजनात्मक धरातल पर देखते हैं। इसलिए श्रमपूर्वक तराशने की प्रवृत्ति से वे अपने को अलग करते हैं। दूसरी तरफ़ वे वस्तु और शिल्प को रचना की चेतना और उसके शरीर के रूप में देखते हैं। चेतनाहीन शरीर का कोई महत्त्व नहीं। शरीर के बिना चेतना पर विचार भी सम्भव नहीं। संरचना के लिए इससे बेहतर उदाहरण मिलना मुश्किल है।

सपाटता विश्वनाथप्रसाद तिवारी की कविताओं की संरचना की विशेषता है। समकालीन कविता की भी यह प्रवृत्ति है। सपाटता वस्तु कथन का एक भाषिक-क्रम है। यह पहले-पहले पाठकों को सुविधाजनक प्रतीत हो सकता है। पर यही उसे मुश्किल में डाल सकता है। सीधा-सा लगता यह भाषिक-क्रम अक्सर अपने भीतर जटिल अनुभवों को सुरक्षित रखता है। अतः सपाटता कविता की भाषा का एक बाहरी विन्यास मात्र है; एक गहन नदी के ऊपरी प्रवाह-विन्यास की तरह। उसके भीतर प्रवाह का अतिशय वेग और कई भँवर भी हैं। विश्वनाथप्रसाद तिवारी की कविताओं की भाषिक सपाटता को इसी रूप में देखना उचित प्रतीत होता है। संरचना की यह संश्लिष्टता कविता की संवेदना को सदैव उद्दीप्त करती रहती है।

साहित्य का महाभाव है करुणा और न्याय। इनकी रक्षा के लिए उसे अन्याय का प्रतिरोध और क्रोध भी करना होता है। साहित्य में ये दोनों समाहित हैं। साहित्य हमेशा 'मंगल' की बात करता है। तुलसी के 'रामचरितमानस' में इस शब्द का सैकड़ों बार प्रयोग हुआ है। आचार्य शुक्ल ने अपनी आलोचना का प्रतिमान ही बनाया है, 'लोकमंगल'। यह अजीब है कि किसी राज्यसत्ता या न्यायालय या समाज संगठन ने साहित्यकार को कोई निर्देश नहीं दिया, न उसे किसी ने नियुक्त किया है, फिर भी उसने स्वयं को मानवता का रक्षक, न्याय का प्रवक्ता, अन्याय का विरोधी और पीड़ित का पक्षधर मान लिया है। जिस नगण्य घटना का कोई नोटिस भी नहीं लेता, न राजनीतिशास्त्र, न अर्थशास्त्र, न समाजशास्त्र, उस घटना पर भी साहित्यकार अपनी प्रतिक्रिया व्यक्त करता है। क्या एक पक्षी की हत्या किसी के लिए विचारणीय हो सकती है? लेकिन इसी पर भारत के आदि कवि के मुख से प्रथम श्लोक फूटता है। यही साहित्य का स्वभाव और स्वधर्म है।

आलोचना रचना है

आलोचक का सहृदय होना अनिवार्य है। सहृदय आलोचक की आलोचना सामान्य व्याख्या की जड़ता से मुक्त होकर रचनात्मकता का अनुभव प्रदान करती है। रचनाकार के अन्तर्जगत से होकर ही आलोचक की यात्रा शुरू होती है। लेकिन वह एक एकरैखिक यात्रा भर नहीं है। यह ज़रूर है कि आलोचक की यात्रा की शुरुआत रचना या रचनाकार के अन्तर्जगत से होती है। उसके बाद वह यात्रा बहुमार्गी हो जाती है। आलोचक की आस्वादन-क्षमता जितनी गहरी होती है उतनी उसकी यात्रा बहुमार्गी हो जाती है। इसमें आलोचकीय प्रतिभा का आन्तरिक विस्तार अनुभव किया जा सकता है और उसकी सहृदयता की चारुता भी उद्भासित होती है। इस तरह की आलोचना रचना की तरह सृजनात्मक होती है।

रचना और रचनाकार को केन्द्र में रखकर ही विश्वनाथप्रसाद तिवारी ने आलोचना लिखी है। कारण स्पष्ट है। वे अथ से इति तक आस्वादक हैं। इसलिए उनके आलोचकीय कर्म के दो पक्ष हैं। एक है, आस्वादक का आस्वादकीय पक्ष; दूसरा है, आस्वादन का आलोचकीय परिप्रेक्ष्य। पहले में, वे रचनाओं में शत प्रतिशत डूब जाते हैं। उनके अनुसार आस्वादन के लिए यह अनिवार्य है। यह उनका सहृदय पक्ष है। दूसरे में उनका विचिन्तक पक्ष भी उभरकर आता है। 'आधुनिक हिन्दी कविता' शीर्षक आलोचनात्मक ग्रन्थ में कई कवियों की रचनात्मकता का पुनरन्वेषण है। मैथिलीशरण गुप्त पर लिखते समय जिस तरह कवि ने भारत के आत्मगौरव का गान किया है और जिस तरह उनकी कविताओं में उसकी ध्वनियाँ स्पष्टतः गुम्फित हैं और उसका मूल स्रोत कहाँ से उद्भूत है आदि बातों की ओर आलोचक विश्वनाथप्रसाद तिवारी विचार कर रहे हैं। मैथिलीशरण गुप्त को उन्होंने हिन्दी के सन्दर्भ में प्रस्तुत नहीं किया है बल्कि उन्हें भारतीय नवोत्थान के सन्दर्भ में आस्वादित करने का कार्य किया है। एक तरफ़ उस समय का सामाजिक कर्म का परिदृश्य है तो दूसरी तरफ़ उस समय का कवि कर्म भी है। इन दोनों के बीच के सामंजस्य को देख पाने की विश्वनाथप्रसाद तिवारी की क्षमता महत्त्वपूर्ण है। वे

लिखते हैं : "जब भारतीय आज़ादी के लिए संघर्ष तेज़ होता जा रहा था बालगंगाधर तिलक कांग्रेस के महत्त्वपूर्ण नेता के रूप में–स्वराज माझा जन्मसिद्ध हक्क आहे (स्वराज मेरा जन्मसिद्ध अधिकार है) का नारा लगा रहे थे और भारतीय राजनीति के क्षितिज पर महात्मा गाँधी का उदय हो चुका था। ...भारतीयों में आत्मगौरव का भाव प्रतिष्ठित करने का जो महान कार्य अपने समय में विवेकानन्द ने अपने जादुई भाषणों के द्वारा किया, वही कार्य अपने समय में गुप्त जी ने अपनी काव्य कृतियों के द्वारा।" (पृ. 8) इसमें हम एक आस्वादक की मनोभूमि का परिचय प्राप्त कर सकते हैं और एक विचिन्तक की अवधारणात्मक व्यापकता का अनुभव भी कर सकते हैं। 'रचना के सरोकार' शीर्षक अपने आलोचनात्मक ग्रन्थ में विश्वनाथप्रसाद तिवारी ने लिखा है कि "रचना की लड़ाई बड़ी और महत्त्वपूर्ण लड़ाई है। सच्चे रचनाकार के भीतर हमेशा एक तीखी बेचैनी होती है, जो सही रूप में बाहर आना चाहती है। रचनाकार के इस भीतरी असन्तोष को वोल्टेयर ने रचनात्मक असन्तोष (constructive discontent) कहा है। रचनात्मकता के मूल में रचनाकार का यह स्वभाव होता है।" (पृ. 20) यह सही है कि उनका कथन रचनाकार से सम्बन्धित है। लेकिन स्वयं रचनाकार होने के कारण तथा रचना के साथ सहयात्रा करके आलोचना के क्षेत्र में पहुँचे हुए विश्वनाथप्रसाद तिवारी आलोचक के इस आन्तरिक संघर्ष को बखूबी पहचानते हैं। यह रचनाकार की अनिवार्यता है और आलोचक की भी। यह संघर्ष, जो निरन्तर रचनाकार के भीतर तेजोद्दीप्त रहता है, एक युटोपिया नहीं है। वह उसकी कर्मठता से उपजता है। इसलिए रामनरेश त्रिपाठी पर विचार करके उन्होंने लिखा– "त्रिपाठी जी का काव्य उस सौन्दर्य का काव्य है, जिसे आचार्य शुक्ल ने कर्म-सौन्दर्य कहा है। उनका काव्य सुलाता नहीं गतिशील करता है। जैसे प्रसाद की श्रद्धा मनु को कर्म में प्रवृत्त करती है वैसे ही त्रिपाठी जी के चरित्र भी पलायनवादी निष्क्रिय चरित्रों को कठिन कर्मपथ में संलग्न करते हैं।" (पृ. 17) कविता के आस्वादन का पक्ष वस्तुतः मुखर ही रहता है। उसमें भी सौन्दर्य का पक्ष देखना आलोचक की प्रातिभिक क्षमता का निदर्शन है। जीवन को जीवन्त एवं गतिशील रूप में देखते समय ही सौन्दर्य निष्पादित होता है। उसी सौन्दर्य का विश्लेषण विश्वनाथप्रसाद तिवारी यहाँ कर रहे हैं।

जयशंकर प्रसाद के काव्यों की मनोभूमि पर विचार करते समय आलोचक विश्वनाथप्रसाद तिवारी बिना किसी संकोच के साथ कहते हैं "प्रसाद पर सबसे अधिक प्रभाव भारतीय परम्परा और भारतीय चिन्तन का है। वे शायद आधुनिक हिन्दी काव्य के सबसे बड़े भारतीय कवि हैं। (पृ. 22) यहाँ 'भारतीय' शब्द का

थोड़ा विश्लेषण ज़रूरी लगता है। छायावाद के समय तक आते-आते भारतीय चिन्तन पद्धतियों में कई प्रकार के नये-नये विचार आने लगे। लेकिन प्रसाद ऐसे कवि हैं जिन पर भारतीयता हावी है। यह उनका अन्ध अनुकरण नहीं है। अतः विश्वनाथप्रसाद तिवारी प्रसाद की इस भारतीयता की गतिशीलता को इस तरह विश्लेषित करते हैं : "भारतीय परम्परा और भारतीय संस्कृति का प्रेम उन्हें अतीत की ओर खींचता है। ...यह अतीत प्रेम नहीं, बल्कि अपनी संस्कृति का प्रेम है... भारतीय संस्कृति तथा भारतीय दर्शन की लोकमंगल दृष्टि ही उन्होंने अपने साहित्य की दृष्टि बनायी है। प्रेम, त्याग, उत्सर्ग, करुणा, आस्था और निष्काम कर्म भावना पर वे बार-बार ज़ोर देते हैं।" (पृ. 22) प्रसाद की सामंजस्य-दृष्टि का विस्तार कामायनी में देखा जा सकता है। आलोचक विश्वनाथप्रसाद तिवारी भी भारतीय संस्कृति के इन महनीय भावों को सदैव महत्त्व देते हैं। वस्तुतः यह संस्कृति को महिमामंडित करके देखने की दृष्टि नहीं है। यह कोरा आदर्शवाद भी नहीं है।

अपने समय का अतिक्रमण करना ही कालजयी रचनाकारों की विशेषता है और यह विशेषता विश्वनाथप्रसाद तिवारी निराला के कवि कर्म में तथा उनके रचना-व्यक्तित्व में देखते हैं। 'आधुनिक हिन्दी कविता' में उनका निराला-विवेचन काव्य कला की उत्तुंगता की सटीक परिचिति है। अपने 'कविता क्या है' शीर्षक आलोचनात्मक ग्रन्थ में आनुषंगिक ढंग से निराला और मुक्तिबोध के कवि-मानस का उल्लेख करके वे लिखते हैं जो 'आधुनिक हिन्दी कविता' के विवेचन को समर्थित करने वाला है। वे लिखते हैं–"निराला ने लिखा है–'गहन है यह अन्धकारा'। और आगे 'खड़ी है दीवार जड़ की घेर कर'। कवि हमेशा अपने को एक प्रकार के बन्धन में पाता है। वह अपने शब्दों से अन्धकार की–जड़ता की दीवार को तोड़ना चाहता है। वह एक बेहतर दुनिया का सपना देखता है। मुक्तिबोध ने कहा है–'जो है उससे बेहतर चाहिए'। एक बेहतर कविता एक बेहतर दुनिया का विकल्प प्रस्तुत करती है।" (पृ. 90) 'आधुनिक हिन्दी कविता' में निराला को वे कालजयी कवि के रूप में देखते हैं। यह निरी प्रशंसा नहीं है। आस्वादन और चिन्तन-मनन के पश्चात ही विश्वनाथप्रसाद तिवारी यह बात उल्लेखित करते हैं : "इतिहास में निराला का सबसे बड़ा योगदान यही है कि उन्होंने आने वाली पीढ़ियों को दिशा और दृष्टि दी। बिना किसी संकेच के साथ कहा जा सकता है कि परवर्ती कविता को जितना अधिक निराला ने प्रभावित किया है, उतना अन्य किसी दूसरे कवि ने नहीं। निराला के काव्य में हिन्दी कविता के तीन युग सुरक्षित हैं– छायावाद, प्रगतिवाद, प्रयोगवाद और नयी कविता (दरअसल समकालीन कविता को भी इसके साथ जोड़ा जाना चाहिए था) (पृ. 56) निराला की रचनात्मकता के

निरालेपन को गहराई में जाकर उसकी गम्भीरता को समेटते हुए ही विश्वनाथप्रसाद तिवारी ने अपना यह निरीक्षण प्रस्तुत किया है।

अक्सर विश्वनाथप्रसाद तिवारी कवियों के बीज शब्दों को रेखांकित करके अपनी बहस शुरू करते हैं। ये बीज शब्द प्रत्येक कविता की रचनात्मकता के अन्तर्जगत के प्रवेश-द्वार को खोल देने वाली चाबी की भूमिका निभाते हैं। अज्ञेय के कवि कर्म की चर्चा शुरू करके वे लिखते हैं–'स्वातन्त्र्य की खोज ही अज्ञेय के काव्य की सही ज़मीन है।" (पृ. 129) आगे उन्होंने अज्ञेय के अन्य बीज शब्दों के साथ उनकी कविता की मनोभूमि को जोड़ा है। यह आलोचक में निहित सहृदय की सहयात्रा है। अज्ञेय के काव्य के बारे में उनका कहना है : "हारिल और 'मछली' के ही समान अज्ञेय-काव्य के अन्य प्रिय प्रतीक हैं–'सागर', 'हरी घास' और 'धूप'। ये प्रतीक अज्ञेय के काव्य-दुर्ग की कुंजी हैं और इन सबका सम्बन्ध मन के एक कोने से है जिसकी चर्चा पहले कर चुका हूँ। 'धूप', स्वच्छता, खुलापन और उस गरमाहट का प्रतीक है जो आलिंगन में प्राप्त होता है।" (पृ. 131) स्वतन्त्रता की इस कवितात्मक अवधारणा ने हिन्दी कविता के परिदृश्य को दूर तक प्रभावित किया है। इसकी बहुरंगी छवियाँ स्वयं अज्ञेय की कविता में मिलती हैं और अन्य कवियों की कविताओं में भी। कविता की इन सूक्ष्मताओं की तरफ़ सहृदय-भूमिका में विश्वनाथप्रसाद तिवारी अपना आलोचना कर्म पूरा करते हैं। इसलिए एक सौन्दर्य चिन्तक का पक्ष भी इनमें से प्राप्त होता है।

विश्वनाथप्रसाद तिवारी का दूसरा आलोचनात्मक ग्रन्थ है 'समकालीन हिन्दी कविता'। केदारनाथ अग्रवाल की कविता से लेकर धूमिल की कविता तक का विश्लेषण इसमें शामिल है। तार सप्तक के कवि (अज्ञेय, मुक्तिबोध, गिरिजाकुमार माथुर) अन्य सप्तकों के कवि (शमशेर बहादुर सिंह, भवानीप्रसाद मिश्र, नरेश मेहता, विजयदेवनारायण साही, धर्मवीर भारती, कुँवरनारायण, रघुवीर सहाय, केदारनाथ सिंह) के अलावा 'सुमन', त्रिलोचन, नागार्जुन, केदारनाथ अग्रवाल जैसे प्रगतिशील कवि और श्रीकान्त वर्मा, राजकमल चौधरी और धूमिल जैसे कवियों का रचना-जगत इसमें विश्लेषित है। मोटे तौर पर नयी कविता के प्रमुख कवि ही इसमें अधिक हैं और समकालीन कविता के शुरुआती दौर के तीन कवि भी हैं। आज जिस कविता को समकालीन कविता के नाम से अभिहित किया जाता है वह धूमिल से शुरू होने वाली कविता है। इसमें नयी कविता के दो-तीन कवि या चार-पाँच (जो इस ग्रन्थ के हैं) कवि समकालीन कविता में भी सक्रिय हुए जैसे रघुवीर सहाय और विशेषकर केदारनाथ सिंह। बाद की पीढ़ी का एक भी कवि इस ग्रन्थ में नहीं है। बावजूद इसके इस ग्रन्थ का शीर्षक समकालीन कविता रखा गया है।

आज समकालीनता मात्र एक विशेषण भर नहीं है। उसकी अपनी सैद्धान्तिकी और सौन्दर्यबोध विस्तार से विवेचित होते हैं। आज की कविता में समकालीनता मात्र काल बोधक शब्द भी नहीं है बल्कि संवेदना बोधक शब्द है। समय को आत्मसात करने की समकालीन कविता की जो ताक़त है वह इसके कम-से-कम पाँच-छह कवियों के पास नहीं है। वे नयी कविता की धुरी से बाहर निकल नहीं सके हैं। उनको भी इसमें स्थान दिया गया है। इसलिए 'समकालीन कविता' जैसा शीर्षक शतशः ठीक प्रतीत नहीं होता है।

जहाँ तक विश्वनाथप्रसाद तिवारी की आलोचना का सन्दर्भ है, उसमें वे अपनी प्रतिभा, सहृदयता और विश्लेषण-क्षमता का परिचय देते ही हैं। लेकिन वे 'समकालीन' शब्द के साथ पूरी तरह से न्याय नहीं कर पाये हैं। यदि इसमें समकालीन कविता के दौर के कुछ कवियों का विश्लेषण भी शामिल होता, जैसे चन्द्रकान्त देवताले, विष्णु खरे, लीलाधर जगूड़ी, अरुण कमल और राजेश जोशी आदि, तो ग्रन्थ के शीर्षक के प्रति ही नहीं बल्कि कविता की अवधारणात्मक पहचान के प्रति भी वे न्याय कर सकते थे।

'समकालीन हिन्दी कविता' शीर्षक ग्रन्थ में शमशेर पर विश्वनाथप्रसाद तिवारी की आलोचना उनकी कविता सम्बन्धी सूक्ष्म दृष्टि का परिचय देती है। शमशेर की कविता अतीव संश्लिष्ट है। इस आलोचक ने संश्लिष्टता के सौन्दर्य का अनावरण सहजतापूर्वक किया है। "वे प्रायः प्रकृति के प्रभावात्मक चित्र प्रस्तुत करते हैं और उसमें भी अपना अवसाद, अपनी पीड़ा, अपनी आकांक्षा, अपनी प्रणयवासना आदि मिला देते हैं।" (पृ. 37) आगे उन्होंने लिखा है, "एक ओर वे प्रणय-जीवन के कोमल चित्र प्रस्तुत करते हैं, तो दूसरी ओर मध्यवर्गीय किसान-मज़दूरों के जीवन-चित्र। एक ओर उनमें सौन्दर्यवादी, रूपवादी रुझान है तो दूसरी ओर उन पर मार्क्सवादी प्रगतिवादी प्रभाव। एक ओर प्रेमाकुलता निराशा और अवसाद है तो दूसरी ओर मामूली आदमी के प्रति सहानुभूति। एक ओर यदि विगलन है तो दूसरी ओर विद्रोह। एक ओर व्यक्तिनिष्ठता है तो दूसरी ओर सामाजिक दायित्व की भावना... दोनों विरोधी प्रवृत्तियाँ शमशेर के काव्य में एक साथ दिखाई पड़ती हैं। (पृ. 37-38) शमशेर की कविता में शब्दों के महत्त्व और उनके मित कथन की प्रवृत्ति पर विश्वनाथप्रसाद तिवारी विचार करते हैं। अन्ततः वे यह भी सूचित करते हैं कि नयी कविता के दौर में शमशेर क्यों दूसरे कवियों से भिन्न हैं? उनकी यह निरीक्षण पटुता भी प्रशंसनीय है : "वे भीतर कहीं बहुत गहरे मृत्यु को, काल की अनन्तता और अनिवार्यता को सृष्टि की नश्वरता को स्वीकार करने वाले कवि हैं। यह बोध उन्हें विनम्र और ख़ामोश बनाता है..." (पृ. 41), शमशेर की कविता की यह ख़ामोशी उनकी सौन्दर्यवादी चेतना को ही

व्यक्त करती है : "बात बोलोगी हम नहीं, भेद खोलेगी बात ही" वाली शमशेर की पंक्तियाँ इस अवसर पर ध्यानार्ह है। नयी कविता के दौर में कविता में नये सौन्दर्यबोध की प्रतीति को उत्प्रेरित करने में शमशेर की महती भूमिका रही है। इन कुछ सूक्ष्म कविता-तत्त्वों और बारीक़ कविता-प्रतीतियों पर विचार करते हुए शमशेर की कविता की आत्मा को जिस तरह विश्वनाथप्रसाद तिवारी ने जीवन्त ढंग से प्रस्तुत किया है, बहुत कम आलोचकों ने किया है।

नागार्जुन हिन्दी के ऐसे कवि हैं जिन पर प्रायः सभी लोगों ने कुछ न कुछ लिखा है। लेकिन बहुत कम आलोचनाएँ ऐसी हैं जिनमें नागार्जुन का कवि-मानस पूरी तरह से अनावृत हुआ हो। विश्वनाथप्रसाद तिवारी नागार्जुन की एक युद्ध विरोधी कविता उद्धृत करके उनके धरती के प्रति विनत भाव को व्यक्त करते हैं। नागार्जुन की यह भाव-भंगिमा सतही नहीं है। आलोचक ने उसी को प्रमुख रूप से रेखांकित किया है। एक साथ यह कविता, उनके अनुसार, किन-किन पहलुओं का स्पर्श करती है वे यह भी दिखाते हैं। अर्थात् कोई भी कविता वर्ण्य विषय तक सीमित नहीं रहती। आलोचना उस सीमातीत वर्णन-वैभव को देख पाती है।

नयी कविता में, पाश्चात्य प्रभाव के कारण तथा किंचित मात्रा में भारतीय परिस्थितियों के कारण मोहभंग से उत्पन्न अवसाद की भावना मिलती है। भवानीप्रसाद मिश्र, जो नयी कविता के कवियों में सर्वाधिक गाँधी दर्शन से प्रभावित रहे, की कविता में अवसाद की जगह श्रम और कर्म के महत्त्व पर बल अधिक है। 'करो या मरो' वाली बात भी शायद उनकी प्रेरणा रही हो। इसलिए अवसाद की दार्शनिकता से वे मुक्त दिखाई देते हैं। भवानीप्रसाद मिश्र पर अपनी आलोचना में विश्वनाथप्रसाद तिवारी ने उनकी कविता की एक मूल बात पर उँगली रखी है– "चारों ओर के अन्धकार के बीच उन्हें आदमी के भीतर प्रकाश दिखाई पड़ता है। बाहर की कीचड़ और बदबूदार सड़ाँध के बीच उन्हें आत्मा की आदिम सुगन्ध महसूस होती है। यह विशेष रूप से उल्लेखनीय है कि भवानीप्रसाद मिश्र की कविता में 'फूल', 'ख़ुशबू' और गन्ध जैसे शब्दों का बार-बार प्रयोग हुआ है। उनकी पंक्ति है– 'एक सुगन्ध के बल पर जी रहा हूँ।' इस पंक्ति को उद्धृत करके विश्वनाथप्रसाद तिवारी ने भवानीप्रसाद मिश्र की कविता की नब्ज़ को ही पकड़ा है। इसमें चिन्तन की सूक्ष्मता एवं कविता के सौन्दर्यात्मक परिदृश्य को अभिव्यक्ति देने की द्विमुखी आलोचकीय प्रतिभा का उल्लास हमें मिलता है। वे सदैव यह चाहते हैं कि आलोचना भाष्य मात्र न रहे। वह सौन्दर्य की सहयात्रा रहे। एक विशेष स्थान पर आकर आलोचना और रचना एकमेव भी हो जाती है। ऐसी आलोचना को ही हम सृजनात्मक आलोचना कहते हैं।

'भीतरी और बाहरी संघर्ष का काव्य' कहकर विश्वनाथप्रसाद तिवारी ने मुक्तिबोध की कविता की आलोचना प्रस्तुत की है। उन्हें वे सबसे अधिक जागरूक कवि भी कहते हैं। इसी जागरूकता ने उनके भीतर तनाव उत्पन्न किया। लेकिन वह कवि का व्यक्तिगत तनाव नहीं था। वह समय का तनाव था जिसे मुक्तिबोध ने पूरी तरह से आत्मसात किया था। इसके आधार पर वे लिखते हैं : "मुक्तिबोध की कविता जिस भयंकर त्रासदीय तनाव में लिखी गयी है उसमें वह अधूरी ही हो सकती है। उनकी कविता सामंजस्य और आनन्द की कविता नहीं है, वह शान्त और सुखी नहीं करती–दहशत पैदा करती है, उभारती है, झकझोरती है और बेचैन कहती है।" (पृ. 47) कविता में से उद्भासित होती यह प्रेरक अवस्था मुक्तिबोध की कविता की आन्तरिकता की है। यही आन्तरिकता आलोचक को प्रलोभित करती है, यानी उसे आस्वादन के भिन्न-भिन्न धरातलों से होकर ले चलती है।

केदारनाथ सिंह की कविता पर विचार करते हुए विश्वनाथप्रसाद तिवारी ने अपने आलोचनात्मक लेख में उनकी बहुत सारी कविताएँ उद्धृत की हैं। कविता की ताक़त को समझने लायक कविताएँ ही विचारणीय हुई हैं। कवि पकते हुए दाने के भीतर शब्दों को तलाशता है। 'रोटी' शीर्षक कविता की पंक्तियों में विश्वनाथप्रसाद तिवारी ने उद्धृत किया है : "चुप रहने से कोई फायदा नहीं/मैंने दोस्तों से कहा और दौड़ा/सीधे खेतों की ओर/कि शब्द कहीं पक न गये हों" ... "पकते हुए दाने के भीतर/ शब्द के होने की पूरी सम्भावना थी" शब्द की इस अर्थ-विराटता की तरफ़ ही आलोचक का इशारा है। इसलिए आलोचक ने लिखा है कि "उनकी कविताओं में एक गहरा काव्यानुशासन और संयत मुद्रा है। मितकथन। केदार की ताकत गोली-बन्दूक की नहीं शब्द की ताक़त है। वे शब्द और आदमी की टक्कर से पैदा होने वाले धमाके को सुनना चाहते हैं।" (पृ. 223) इधर की कविता में शब्द के कई ध्वन्यार्थ हैं। अर्थ की इस आन्तरिकता को विश्वनाथप्रसाद तिवारी हमेशा अपने आस्वादन के केन्द्र में रखते हैं। कविता में ये शब्द अमुखर ढंग से जीवन के विस्तार में विचरते दीखते हैं तो आस्वादक की हैसियत से उन पर विचार करना वे अपना आलोचकीय दायित्व भी समझते हैं।

'रचना के सरोकार' एक ऐसा आलोचनात्मक ग्रन्थ है जिसमें साहित्य से सम्बन्धित कई प्रश्नों पर विचार-विमर्श हुए हैं। रचना के बुनियादी सरोकारों की चर्चा ही इनमें मुख्य रूप से हुई है। अतः सैद्धान्तिक आलोचना का स्वभाव भी इन आलोचनात्मक निबन्धों में मिलता है। इनकी एक अलग विशेषता यह है कि इनमें साहित्येतर विषय ही अधिक हैं। जहाँ तक सम्भव है कि विश्वनाथप्रसाद तिवारी ने उन्हें साहित्य से जोड़कर देखने का भरसक प्रयास भी किया है। अपनी

साहित्यिक सैद्धान्तिकी रचने का कार्य भी उन्होंने किया है क्योंकि आलोचक का धर्म इन रचनाओं का मुख्य प्रतिपाद्य है। विश्वनाथप्रसाद तिवारी की बुनियादी आलोचना-दृष्टि की व्यापकता और सघनता इन रचनाओं में मिलती है। मुख्य बात यह है कि वे साहित्य को किस तरह से देखते हैं। साहित्य क्यों जैसा प्रश्न भी वे उठाते हैं। यद्यपि सदियों से कई आचार्यों एवं विचारकों ने उन सवालों को उठाया है फिर भी विश्वनाथप्रसाद तिवारी आज के सन्दर्भ, आज की चुनौतियों के सन्दर्भ में साहित्य से जुड़े सवालों को उठा रहे हैं। इनमें विचारों की निरन्तरता है और नये विचारों का उत्खनन भी। इनमें उनकी साहित्य एवं संस्कृति तथा मनुष्य एवं जीवन सम्बन्धी चिन्ताएँ ही ज़्यादा व्यक्त हुई हैं।

'रचना : अर्थ और मूल्य' शीर्षक निबन्ध में वे रचना के मूल्य पर विचार करते हैं। उनका मानना है कि "जो रचना पुनः रचना की प्रेरणा नहीं देती उसकी रचनात्मकता अधूरी रह जाती है। साहित्य हमें ज़िन्दगी में शरीफ करता है, उसे जीने और भोगने की प्रेरणा देता है। हमें जगाता है, झकझोरता है, तैयार करता है कि हम उस ज़मीन पर खड़े हो सकें जहाँ कई बार ढह चुके हैं। मुझे वह साहित्य बड़ा ठण्डा और अधूरा लगता है जो पाठक का मनोरंजन करके रह जाता है। रचना में कुछ ऐसा अवश्य होना चाहिए जो पाठक को बेचैन करे, उसमें एक दर्द भरे। वही तो रचना की सबसे बड़ी सार्थकता और सर्जनात्मकता है कि वह पुनःर्रचना की प्रेरणा दे, हमें कल की लड़ाई के लिए तैयार करे।" (पृ. 22) जैसे धूमिल ने कहा था कि 'मेरी बेचैनी आगे की राह है' उसी प्रकार विश्वनाथप्रसाद तिवारी अपनी सैद्धान्तिकी ही गढ़ते हैं कि रचना को प्रेरणाप्रदायी होना है जिसके लिए उसके भीतर वह आग होनी चाहिए जो पाठक को बेचैन कर सके। उनके इस विचार पर लम्बी-चौड़ी बहस मुमकिन है और यही उसकी विशेषता है।

'रचना के सरोकार' में विश्वनाथप्रसाद तिवारी सर्जनात्मक आलोचना पर भी विचार करते हैं। उनका मानना है कि रचना में आलोचना के तत्त्व और आलोचना में रचना के तत्त्व घुले-मिले होते हैं। रचना और आलोचना पर लिखते हुए उनका मानना है कि' "यदि रचना में आलोचनात्मक जागरूकता नहीं है तो रचनाकार की यात्रा एक खास मंज़िल पर ख़त्म होती जाती है पर आलोचक को उसके आगे भी जाना पड़ता है और आलोचना में रचनात्मक दृष्टि नहीं है तो आलोचना भी एक खास मंज़िल पर ख़त्म हो जाती है और रचना उसके आगे निकल जाती है।" (पृ. 147) यह बात उन्होंने रचना और आलोचना की रचनात्मक समकक्षता दिखाने के लिए कही है जो सही है। आलोचना कभी भी रचना के पीछे चलने वाली विधा नहीं है। टिप्पण या भाष्य को हम ऐसा मान सकते हैं। आलोचना हालाँकि पुनर्रचना

है, रचना के साथ या रचना के आगे चलती है। इनमें कौन बड़ी, कौन छोटी वाली बात अर्थहीन हैं। विश्वनाथप्रसाद तिवारी अपना सैद्धान्तिक तर्क यों प्रस्तुत करते हैं - "साहित्य के इतिहास में ऐसा हमेशा होता है कि रचना से टकराकर आलोचना प्रखर होती है और आलोचना से टकराकर रचना जीवन्त।" (पृ. 155) किसी भी भाषा की श्रेष्ठतम सर्जनात्मक आलोचनाएँ इसी तर्क को पुष्ट कर सकती है। वे हमारी संवेदना को गहन बनाती हैं और वे हमारे चिन्तन को उत्प्रेरित करती हैं। विश्वनाथप्रसाद तिवारी ने जब-जब व्यावहारिक आलोचनाएँ लिखी हैं तब इसी सैद्धान्तिकी के आधार पर उन्होंने कविता की समग्रता पर विचार किया है।

'कविता क्या है' शीर्षक विश्वनाथप्रसाद तिवारी का लघु आलोचनात्मक ग्रन्थ कविता के बारे में कई महत्त्वपूर्ण मुद्दे सामने रखता है। कविता की रचना-भूमि, कविता में समाविष्ट होने वाले तत्त्व, कवि का महत्त्व या उसकी विशिष्टता, कविता की भूमिका, कविता और जीवन आदि विषय इस ग्रन्थ में प्रतिपादित हैं। एकाध उदाहरण विचारणीय हैं। कविता एक यान्त्रिक प्रक्रिया से उत्पन्न नहीं हो सकती है। उसके आधारभूत घटक क्या-क्या हैं? इस पर उनका विचार है : "कविता परिवेश की उस प्रकार की उपज नहीं होती जैसे गन्ने से चीनी बनती है। इसमें कवि की सर्जनात्मक भूमिका सक्रिय होती है। उसमें कवि के मनोजगत की बुनावट, उसके संस्कार, उसकी कल्पना शक्ति और उसकी दृष्टि का बहुत योग होता है। अगर ऐसा नहीं होता तो एक परिवेश में रहने वाले रचनाकारों की रचनाएँ भी एक जैसी होतीं। लेकिन हम पाते हैं कि एक ही समय में और एक ही शहर में रहने वाले रचनाकारों की रचनाओं में न केवल अन्तर होता है बल्कि प्रायः विरोध भी होता है।" (पृ. 24) इसका कारण स्पष्ट है। रचना एक सृजन है, अन्तर्गुहा की रासायनिक प्रक्रिया की तरह। वह कोई अदालती बयान नहीं है। न वह अख़बारी विवरण है। सृजन में वस्तुजगत कला में बदलता है। अतः कविता सृजन है, एतदर्थ कला भी।

'सिसृक्षा' पर भी विश्वनाथप्रसाद तिवारी विचार करते हैं। वे यह मानते हैं कि सारे मानवीय विकास के मूल में मनुष्य की चेतना की बेचैनी, उसकी कांक्षा और उसकी इच्छाशक्ति ही है। यही मनुष्य की कला-रचना के भी मूल में है। (पृ. 36) सिसृक्षा दरअसल गम्भीर बहस का विषय है और समय-समय पर कई लोगों ने कई प्रकार की बहसें की हैं। हजारीप्रसाद द्विवेदी ने इसे जड़ता से संघर्ष कहा। इस तरह की कई परिभाषाएँ सम्भव हैं। विश्वनाथप्रसाद तिवारी ने उसे 'मनुष्य की चित्तशक्ति की विशेषता' के रूप में देखा है। इसी विशेषता ने हमें आज अपने इस गंतव्य तक पहुँचा दिया है।

शब्द के महत्त्व और उसके अर्थ विस्तार पर भी 'वागर्थाविव सम्पृक्तौ' शीर्षक अध्याय में विचार किया गया है। शब्द विचार और अर्थविचार से जुड़े कई प्रसंग इसमें विचारणीय हुए हैं। वे कविता की भाषा, को अपनी अनेकार्थता के कारण, विशिष्ट होने का तर्क प्रस्तुत करते हैं। शब्दार्थ का विवेचन भी एक अध्याय में उन्होंने किया है। सहृदय के हृदय को आह्लादित करने वाला (आनन्दवर्द्धन के अनुसार) पक्ष ही काव्य में प्रमुख है। इस ग्रन्थ के अन्त में आचार्यों के मतों के आधार पर काव्य के महत्त्वपूर्ण प्रयोजन पर भी विचार किया गया है। एक तरह से यह आलोचनात्मक ग्रन्थ काव्यशास्त्रीय प्रतिमानों की पुनर्व्याख्या है जिसमें भारतीय परम्परा तथा पाश्चात्य परम्परा समान रूप से समन्वित सी प्रतीत होती है। काव्य की चारुता की व्याख्या ही इसमें मुख्य है।

'आलोचना के हाशिए पर' विश्वनाथप्रसाद तिवारी का आलोचनात्मक ग्रन्थ है। बावजूद इसके इस ग्रन्थ में साहित्य बाह्य विषय भी चर्चित हैं। अधिकतर आलोचनाएँ साहित्य से सम्बन्धित हैं। 'राज्य, धर्म, विचारधारा और साहित्य' शीर्षक आलोचनात्मक निबन्ध में आज की संकीर्ण समस्याओं पर विचार किया गया है। उसको लेकर उनकी अपनी राय भी है। एक छोटे से वाक्य से उनकी विचारात्मक उन्मुखता का पता चल ही जायेगा। वह वाक्य इस प्रकार है : "राजनीति भी ऐसी है, जिससे 'नीति' ग़ायब हो गयी है और दुनिया एक बाज़ार में बदल गयी है।" (पृ. 8) सत्तर के दशक में मलयालम के प्रसिद्ध कवि अय्यप्पा पणिक्कर ने अपनी बहुचर्चित कविता 'कुरुक्षेत्रम्' में इस ओर संकेत किया था कि यह दुनिया ही एक बाज़ार है जहाँ ख़ुद को बेचने और ख़रीदने के लिए हम आये हैं। इस कारण से ही विश्वनाथप्रसाद तिवारी हमसे प्रश्न करते हैं कि 'इस गहन अन्धकार में क्या साहित्य पाठक को कोई रोशनी दे सकता है?' नकारात्मक स्थिति के बावजूद इस चिन्तनशील आलोचक का अभिप्राय प्रायः सकारात्मक है। साहित्य को भी वे उसी परिप्रेक्ष्य में देखते हैं। उनकी प्रसिद्ध कविता, 'फिर भी कुछ रह जायेगा', इस ओर संकेत करती ही है। इस कारण से ही वे यह लिख सके : "रचना की शक्ति सत्य की शक्ति होती है। यही नैतिक शक्ति है। सबसे मज़बूत। जो अकेली भी खड़ी हो सकती है और जो सत् और असत् के संघर्ष में मनुष्यता को राह दिखा सकती है। उसे सामाजिक और चिरन्तन प्रश्नों से रू-ब-रू कर सकती है। जो कुछ मूल्यवान है और मनुष्य के भीतर सो रहा है, उसे जगा सकती है।" (पृ. 8) आज के यथार्थ को गड्ड-मड्ड कर देने वाली कई विचारधाराओं के बीच कुछ पुरानी-सी प्रतीत होने वाली, जब कि वह पुरानी नहीं है, विश्वनाथप्रसाद तिवारी का यह विचार अपनी आन्तरिक सम्पृक्तता से युक्त है और शतशः मनुष्य के भीतरी उन्मेष को जगाने योग्य है।

'मनुष्य ही साहित्य का लक्ष्य है' यह उक्ति हमारे मन में रूढ़ हो चुकी है। वाह्यतः यह उक्ति ठीक भी है। लेकिन उसके स्थान पर विश्वनाथप्रसाद तिवारी अपना एक मौलिक विचार रख रहे हैं : 'मनुष्य ही साहित्य का लक्ष्य नहीं है।' पहली वाली उक्ति के स्थान पर विकल्प के रूप में वे इस विचार को नहीं रख रहे हैं जबकि इसमें उनकी स्पष्ट धारणा भी सामने आती है जो महत्त्वपूर्ण है। विश्वनाथप्रसाद तिवारी के इस विचार से एक नयी आलोचनात्मक दृष्टि उद्भूत होती है और वह है पारिस्थितिकी आलोचना। उनकी 'आरा मशीन' जैसी अनेक कविताओं में यह नयी दृष्टि हमें मिली थी। यह वस्तुतः रचनाकार का प्रकृति प्रेम नहीं है। प्रकृति के साथ व्यापक सहवास की यह भावना है। सब कुछ को अधीन समझने के भाव से मुक्ति की यह भावना है। वास्तविक स्वतन्त्रता की भावना है। इसी आधारभूत अवधारणा से पारिस्थितिकी आलोचना विकसित हुई है। यद्यपि पारिस्थितिकी आलोचना का प्रत्यक्ष उल्लेख इसमें विश्वनाथप्रसाद तिवारी ने किया नहीं है फिर भी उनकी इस आलोचना को हम उसकी आधारभूत सामग्री मान सकते हैं। उसकी सैद्धान्तिकी की कोई चर्चा भी उन्होंने नहीं की है फिर भी इसमें पारिस्थितिकी आलोचना की सैद्धान्तिकी उद्भासित है। वे लिखते हैं– "मनुष्य केन्द्रित चिन्तन की सीमा यह है कि उसने अपने को सर्वोपरि और सर्वश्रेष्ठ मानकर शेष सृष्टि को अपना भोग्य मान लिया है। ऐसे में शेष सृष्टि के साथ उसका सम्बन्ध समता और भ्रातृत्व का नहीं, स्वामी और भृत्य का होगा। कृतज्ञता और विनम्रता का नहीं अधिकार और दम्भ का होगा।" (पृ. 11) पारिस्थितिकी के मूल में यही भाव मुख्य है। इस लिहाज़ से इस आलोचनात्मक लेख के महत्त्व को रेखांकित करना आवश्यक है।

आलोचना की अनिवार्यता पर विचार करते हुए 'पाठक, आलोचक और रचनाकार से' शीर्षक से एक निबन्ध इस ग्रन्थ में है। आलोचना शब्द ज्योति का वाहक है। शब्द की गहराई और व्याप्ति की परख आलोचक को करनी पड़ती है। शब्द आलोचक और रचनाकार के लिए महत्त्वपूर्ण भी है और चुनौतीपूर्ण भी। आलोचना की अबाधित अनिवार्यता पर विश्वनाथप्रसाद तिवारी का विचार इस प्रकार है–"आलोचक बन्धु, आपसे एक विनम्र अनुरोध है। जब तक कोई रचना या वैचारिक द्वन्द्व आपको भीतर से इतना न मथ रहा हो कि आपके पास लिखने के अलावा मुक्ति का अन्य कोई विकल्प न बचा हो, जब तक एक गहन भीतरी दबाव की विवशता आप न महसूस कर रहे हों, तब तक आप आलोचना न लिखें। जैसे बीज को तोड़कर अंकुर फूटता है या त्वचा को झन-झनाकर दमकती है युवावस्था, वैसी ही निकलनी चाहिए आलोचना आपके भीतर से।" (पृ. 228) इस

विचार में आलोचना की सर्जनात्मकता वाली बात स्वयं उभर रही है। जीवन की संलग्नता को ही वे आलोचना की अनिवार्यता मानते हैं। वह यान्त्रिक अभिव्यक्ति नहीं हो सकती है।

'गद्य का परिवेश' शीर्षक ग्रन्थ विभिन्न आलोचकों के गद्य की विशिष्टता पर प्रकाश डालने वाला है। 'गद्य के प्रतिमान' नामक एक ग्रन्थ भी विश्वनाथप्रसाद तिवारी ने लिखा है और यह उसका, उनके अनुसार, पूरक ग्रन्थ है। इसकी भूमिका (कुछ शब्द) में उन्होंने एक बात कही है : "वस्तुतः रचना में अस्पष्टता तो कुछ स्वाभाविक भी है और क्षम्य भी, पर आलोचना में अस्पष्टता बिल्कुल असंगत है। साहस और निर्भयता मनुष्य के गुण हैं, वैसे ही आलोचना के भी।" आलोचना में स्पष्टता मात्र उसकी भाषा से सम्बन्धित मुद्दा नहीं है। वह दरअसल वैचारिक स्पष्टता की बात है। उसमें साहस की जो बात कही गयी है उसमें मौलिक वैचारिकता का मुद्दा है, जो पहले कभी नहीं कही गयी है। इस तरह विश्वनाथप्रसाद तिवारी ने गद्य की सृष्टि के बहाने आलोचना के प्रतिमानों को अन्वेषित करने का कार्य किया है। 'निर्मल वर्मा के वैचारिक गद्य' शीर्षक आलोचनात्मक निबन्ध की शुरुआत ही प्रगतिशील आलोचना के तीखे विरोध के साथ शुरू हुई है–"हिन्दी में प्रगतिशील आलोचना का इतिहास विशिष्ट सर्जनात्मक और प्रखर बौद्धिक प्रतिभाओं के विरोध और बहिष्कार का इतिहास है।" (पृ. 130) आलोचना में विचारधारा के आधिक्य से या यों कहें कि दबाव से रचनाओं का रचनाकारों को बहिष्कृत करना सुविचारित बात नहीं है। वैचारिक मतभेद ठीक हैं। तर्क संगत ढंग से। यहाँ मुद्दा यही है कि कैसे हिन्दी के महत्त्वपूर्ण रचनाकार उनकी चर्चा के बाहर रह गये। यह प्रसंग उन्होंने निर्मल की गद्य रचनाओं के सन्दर्भ में उठाया है। प्रगतिशील खेमे के आलोचकों ने निर्मल वर्मा को व्यक्तिवादी और कलावादी घोषित करके चर्चाओं के बाहर रखा था। इसी का विरोध विश्वनाथप्रसाद तिवारी करते हैं। वे निर्मल वर्मा के गम्भीर गद्य साहित्य की विशेषताओं पर अपने विचार यों प्रकट करते हैं : "सच्चाई यह है कि निर्मल वर्मा के चिन्तनपरक निबन्ध वैश्विक चिन्ता और मानवीय सरोकारों से ओतप्रोत हैं। निर्मल जी अपने समय के ज्वलन्त प्रश्नों से भागते नहीं, उनसे पूरी शक्ति से टकराते हैं। इनमें साहित्य और कला के ही नहीं समाज, राजनीति और सामान्य जीवन के भी गम्भीर प्रश्न होते हैं। सृजन-प्रक्रिया, सौन्दर्य और नैतिकता, सम्प्रेषण, आस्था, प्रासंगिकता, विचारधारा और प्रतिबद्धता, परम्परा और इतिहास-बोध, भाषा, मिथक, भूमंडलीकरण, औद्योगीकरण और आधुनिक विकास, समाज व्यवस्था, साम्प्रदायिकता और धर्मनिरपेक्षता, सभ्यता और संस्कृति, संस्कृति और राष्ट्र, मानववाद, लेखक की स्वतन्त्रता और स्वधर्म

ऐसे विषयों पर उनके गम्भीर निबन्धों से परिचित पाठक क्या उन्हें 'अपने एकान्त का लेखक' कह सकता है?" (पृ. 133) इन तमाम विषयों पर बिना किसी अस्पष्ट ता के साथ निर्मल वर्मा ने अपने विचार व्यक्त किये हैं और उनकी भाषा भी इतनी सृजनात्मक कि ऐसी भाषा बहुत कम रचनाकारों में मिलती है। विश्वनाथप्रसाद तिवारी ने अपने इस आलोचनात्मक निबन्ध में आलोचना में विचारों की मौलिकता और उसके उन्मेष को तथा भाषा की सटीकता एवं उनकी सृजनात्मकता पर ही अधिक बल दिया है।

अशोक वाजपेयी की भाषा अपने में अनूठी है। ऐसी भाषा सिर्फ़ उनके पास है जिसका अनुकरण मुश्किल है। विश्वनाथप्रसाद तिवारी ने अशोक वाजपेयी की भाषा के बारे में सही लिखा है : "कहा जा सकता है कि अशोक वाजपेयी ने अपने समय की आलोचना को जितने नये शब्द दिये, किसी दूसरे आलोचक ने उतने शायद ही दिये हैं।" (पृ. 150) उनके शब्दों की सघनता एवं समानान्तर पारदर्शिता पर किसी आलोचक ने इतने विस्तार से नहीं लिखा है। अशोक वाजपेयी की साहित्य सम्बन्धी दृष्टि पर भी उन्होंने विस्तार से लिखा है : "अशोक वाजपेयी साहित्य की स्वायत्तता में विश्वास रखते हैं। वे साहित्य को किसी राजनीति का पिछलगू या किसी विचारधारा का उपनिवेश नहीं बनते देना चाहते। साहित्य की स्वायत्तता की बात करने वाले को प्रायः कलावादी कहकर जनविरोधी सिद्ध करने की कोशिश की जाती है।" (पृ. 153) स्वायत्तता को अशोक वाजपेयी और विश्वनाथप्रसाद तिवारी बृहत्तर सन्दर्भ में देखना पसन्द करते हैं। इसका मतलब यह नहीं कि वे साहित्य को समाज निरपेक्ष मानने के पक्ष में हैं। स्वायत्तता रचना की ताक़त है जिसे अनावश्यक ढंग से अन्य विचारधाराओं के अधीन समझने की ज़रूरत नहीं है। अध्यात्म शब्द का प्रयोग अशोक वाजपेयी ने किया है। वहीं से विचारधारा प्रेरित आलोचकों का विरोध शुरू हुआ। अज्ञेय के साथ भी यही हुआ है। 'अध्यात्म' अशोक वाजपेयी के लिए विराट भाव है। विश्वनाथप्रसाद तिवारी इस पर अपना विचार यों व्यक्त करते हैं : "अपने चारों ओर की हिंस्र, आक्रामक और अमानवीय परिस्थितियों में उन्हें साहित्य का परिसर ही एकमात्र शरण्य दिखता है जहाँ मनुष्यता को त्राण मिल सकता है। ...मनुष्य के भीतर जो उदात्त सहयोग भाव, सृष्टि के साथ जो परस्पर सम्बन्ध भाव दिखाई पड़ता है वह उसकी आध्यात्मिक चेतना का ही प्रमाण है। वाजपेयी यह सही लक्ष्य करते हैं कि भारत में धर्मनिरपेक्षता के कारगर न होने और धार्मिक उन्माद तथा साम्प्रदायिकता के उभरने के पीछे मुख्य कारण अध्यात्म से अलग होना है।" (पृ. 154) यही वाजपेयी की उच्चतर वैचारिक स्थिति है जिसका हज़म होना औसत हिन्दी समाज के लिए मुश्किल है।

'साहित्य का स्वधर्म' विश्वनाथप्रसाद तिवारी की अब तक प्रकाशित आलोचनात्मक रचनाओं में अन्तिम है। इसमें वे साहित्य के मूल धर्म पर ही विचार करते हैं। इसके पूर्व भी कई प्रबुद्ध व्यक्तियों ने इस विषय पर अपने-अपने विचार व्यक्त किये हैं। तब इसमें क्या नवीनता है? यह सवाल जायज है। यह सही है कि इस विचार की कोई नवीनता नहीं है। लेकिन जब विश्वनाथप्रसाद तिवारी साहित्य के स्वधर्म पर विचार करते हैं तो वे साहित्य को एक विराट ख़ज़ाने के रूप में देखते हैं क्योंकि उसमें कई हीरे-मोती हैं। ये हमारे जीवन मूल्यों के हीरे हैं जिनको पहचानना ही पाठक का धर्म है। इसलिए उक्त विराट ख़ज़ाने के बारे में उनका कथन है : "साहित्य का महाभाव है करुण और न्याय। इनकी रक्षा के लिए उसे अन्याय का प्रतिरोध और क्रोध करना होता है। साहित्य में ये दोनों समाहित हैं। साहित्य हमेश मंगल की बात करता है... यह अजीब है कि किसी राज्यसत्ता या न्यायालय या समाज संगठन ने साहित्यकार को कोई निर्देश नहीं दिया, न उसे किसी ने नियुक्त किया है, फिर भी उसने स्वयं को मानवता का रक्षक, न्याय का प्रवक्ता, अन्याय का विरोधी और पीड़ित का पक्षधर मान लिया है।" (पृ. 17) साहित्य की इन्हीं स्वायत्त उन्मुखताओं को ही हम हीरे-मोती के बराबर मूल्यवान मान सकते हैं। विश्वनाथप्रसाद तिवारी की रचनात्मकता में तथा आलोचना में इन महनीय भावों को, जिन्हें उन्होंने कभी भी यथार्थ से अलग करके नहीं देखा, अर्हता युक्त स्थान प्राप्त हुआ है।

संक्षेप में विश्वनाथप्रसाद तिवारी की आलोचना की ये सारी विशेषताएँ रेखांकित करके विश्लेषण के योग्य मान सकते हैं :

- आलोचना को रचना मानने की प्रवृत्ति सर्वत्र दिखाई पड़ती है।
- आलोचना हमारी मूल्य दृष्टि की अभिव्यक्ति ही है।
- आलोचना और रचना की सहयात्रा पर वे ज़ोर देते हैं।
- आलोचना में मानवीय भावों की अभिव्यक्ति अनिवार्य है।
- उच्चतर आदर्श की नींव पर आलोचना खड़ी हो सकती है।
- विचारधारा आलोचना के लिए बाधक स्थिति उत्पन्न न करे।
- कलावादी और समाजवादी श्रेणियों में आलोचना को विभाजित करने की ज़रूरत नहीं है।
- आलोचक अथ से इति तक आस्वादक होता है।

- एक अच्छा आस्वादक ही अच्छी आलोचना भी लिख सकता है।
- आलोचना कोई यान्त्रिक वृत्ति नहीं है।
- जब कोई अनिवार्यतः बाध्य होता है, लिखे बिना नहीं रह सकता तब आलोचना की ओर प्रवृत्त हो।
- आलोचना न रचना के पीछे चलती है और न रचना आलोचना के पीछे।
- आलोचना और संस्कृति परस्पर पूरक स्थितियाँ हैं।

सामने हिमालय की हिमधवल चोटी चमक रही है प्रातःकालीन रवि किरणों में। अगल-बगल नर और नारायण पर्वत। बीच में कुबेर की अलकापुरी से निकलकर आने वाली अलकनंदा और उसमें मिल रही है नीलकंठ चोटी से बहकर आने वाली ऋषिगंगा। नरपर्वत के बीच से ऊपर हीरक मुकुट सी चमक रही है नीलकंठ चोटी और नीचे तलहटी में बसी हुई यह छोटी-सी बस्ती जिसे बद्रीनाथ कहते हैं। उसके नीचे अलकनंदा बह रही है और सामने खड़ा है नारायण पर्वत। नर के सामने नारायण या नारायण के सामने नर।

यात्राओं की जीवन्तता

यात्राएँ तभी जीवन्त होती हैं जब वे सिर्फ़ आने-जाने का यान्त्रिक विवरण नहीं रहतीं। हम अपने रोज़ की ज़िन्दगी में नज़दीक की और दूर-दराज की यात्राएँ करते हैं। एक तरह से ये यान्त्रिक ही रहती हैं। लेकिन इन्हीं में से कुछ यात्राओं को जीवन्त भी हम बना सकते हैं। तब वे यात्राएँ किसी कार्यवश, किसी से मिलने किसी के काम को निपटाने तक सीमित नहीं रहतीं। उसकी यान्त्रिकता को हम तोड़ रहे होते हैं। ऐसे में हमारी यात्राओं की जीवन्तता बढ़ती है। एक लक्ष्ययुक्त यात्रा लक्ष्यहीन यात्रा की प्रफुल्लता में परिवर्तित होती है। तो फिर वहाँ पर देखी हुई हर चीज़, हर प्रदेश, लोग, रहन-सहन, खान-पान, आचरण, तीज़-त्योहार, मौसम, पूरी प्रकृति, आधुनिकीकृत सुविधाएँ, असुविधाएँ आदि का सांस्कृतिक परिदृश्य हमारे लिए मुख्य हो जाता है। भले ही हम उसका अध्ययन करें फिर भी उसका आस्वादन भी करते हैं। दरअसल यात्राएँ हमारी सांस्कृतिक सम्पदा को विकसित करती हैं। हम अपने से बाहर आते हैं। कुछ दिन के लिए नयी आबोहवा में जीने लगते हैं। हर कोई चीज़ नयी-नयी लगती है। जिस तरह यात्राएँ सदैव निर्बाध हुआ करती हैं उसी तरह हमारी चित्तदशा भी खुली एवं प्रवाहमान होती है। हम किसी भी चीज़ को, किसी भी अवस्था को सरसरी दृष्टि से देखते नहीं हैं। हम यात्री हैं, फिर भी हम अपनी यात्रा के हर पड़ाव को आत्मसात् करने हेतु रुकते हैं। यह प्रक्रिया भौतिक कम और मानसिक अधिक है। इस अर्थ में ही यात्रा की सांस्कृतिक जीवन्तता बढ़ती है। एक तरफ़ आस्वादन और दूसरी तरफ़ मनन और मन्थन। इतिहास से भी हमारी आवाजाही होती है। कल्पनाओं और मिथकों से भी होती है। अपने सीमित दायरे से यह हमारी खुले तरफ़ की हृदय-यात्रा है। रोज़-रोज़ की सामान्य-असामान्य व्यस्तताओं से हमारा निकल जाना है। कई गतिविधियों से, कई परिस्थितियों से, नयी प्रकृति से, नये लोगों से हमारा सम्बन्ध साबित होना भी है। अतः यात्राएँ जीवन की गति से जुड़ती ऐसी प्रवाहमता है जिसमें हम पूरी तरह से मग्न हो जाते हैं। जीवन के प्रति हमारी नयी संलग्नता भी है। इसलिए हम यात्राओं

में बीच में दिखते पहाड़ों, नदियों, समुद्रों, नये जीवन क्रमों और नये खान-पान को सामान्य ढंग से देखते नहीं हैं। इन सबमें एक ताज़गी है जिसका हम आस्वादन भी करते हैं और हमारी संलग्नता भी प्रकट होती है।

कवियों की रचनाओं में, खासक़र कविता में ही, यात्रा से जुड़े कई बिम्ब आ ही जाते हैं। कभी-कभी यात्रा ही कविता बनती है। प्रभाकर माचवे ने अज्ञेय की कविता में प्राप्त यात्रा-बिम्ब पर विचार किया है और अपनी कविताओं में भी यात्रा-बिम्बों का ज़िक्र किया है। विश्वनाथप्रसाद तिवारी की कविताओं में अनेक यात्रा-बिम्ब मिलते हैं। वे यात्रा-विवरण के क्षेत्र में भी चर्चित हैं। उसका मुख्य कारण यही है कि उन्होंने अपनी यात्रा को जीवन्त बनाने का प्रयास किया है। सवाल यही है कि ये कैसे इतने जीवन्त हो गये? पहला कारण इसका यान्त्रिक विवरण न होना है। दूसरा है, हर यात्रा उनके लिए एक सांस्कृतिक देशाटन है। तीसरा है, खुले मन से वे सबों को देखते हैं, आत्मसात् करते हैं। चौथा है, पाठक को वे अपनी यात्रा के सहयात्री बना देते हैं। पाँचवाँ है, उनके यात्रा-विवरणों में कई विषय संग्रथित हुए हैं, जैसे इतिहास, सामाजिकी, संस्कृति, मिथक आदि। इस तरह और भी कारण बताए जा सकते हैं। इन कारणों से उनके यात्रा-विवरण एक व्यापक देशाटन-अनुभव में तब्दील होते हैं। 'आत्म की धरती' की भूमिका (कुछ अलग से) में उन्होंने भारत की विविधता का तथा अन्ततः एकता का उल्लेख किया है : "भारत कोई एक देश नहीं। यह अनेक देशों, अनेक संस्कृतियों, अनेक विचारों का एक महासागर है। इसकी मिट्टी को खुरचते चले जायें तो परत-दर-परत, अनन्त पर्तों का एक सिलसिला मिलेगा। एक ओर रेगिस्तान, दूसरी ओर बर्फीली घाटियाँ, एक ओर तीन समुद्र, दूसरी ओर हिमालय, एक ओर भयानक गर्मी दूसरी ओर भयानक ठण्ड, एक ओर सूखा दूसरी ओर बाढ़, एक ओर अध्यात्म दूसरी ओर भौतिकता, एक ओर ज्ञान दूसरी ओर जड़ता। विचित्रताओं और विरोधाभासों का देश है यह। आधा अन्धकार में डूबता, आधा प्रकाश में चमकता। रूप-रंग, खान-पान, रहन-सहन, वेशभूषा, बोली-बानी सब अलग-अलग मगर भीतरी सोच और दिमाग़ी बनावट एक जैसी।" (पृ. 8) यह विवरण भारत के वैचित्र्यपूर्ण विविधता से सम्बन्धित है। उसकी बहुलता एवं बहुस्वरता को जानने-पहचाने का प्रयास इसमें संकेतित है। इसी भूमिका में उन्होंने यात्राओं के अंशदान पर प्रकाश डाला है : "इन यात्राओं ने मुझे तनाव मुक्त किया है, समृद्ध किया, कहीं तोड़ा है, कहीं भरा है, कहीं खाली किया है, कहीं सोचने पर विवश किया है, कहीं भीतर से बदल दिया है। सम्भव है, पाठकों के साथ भी ये ऐसा ही सलूक करें।" (वही) यात्रा का अंशदान एक रचनाकार के लिए काफ़ी हद तक प्रेरणादायक है।

विश्वनाथप्रसाद तिवारी के अब तक कई यात्रा-विवरण प्रकाशित हो चुके हैं : यथा, 'आत्म की धरती' (1988), 'अन्तहीन आकाश' (2005), 'अमेरिका और यूरप में एक भारतीय मन' (2012) जो दिखता है और जो दिखता नहीं (2014), और 'पतझर में यूरप तथा अन्य यात्राएँ' (2018), 'आत्म की धरती' भारत की यात्रा का वर्णन-वृत्तान्त है। इसका पहला अध्याय, 'कुछ बात है कि हस्ती मिटती नहीं हमारी' में भारत की, भारतीय ज्ञान परम्परा की, भारत के अंशदान की और भारतीयता का विश्लेषण प्रस्तुत किया गया है। पाश्चात्य विद्वानों के शब्दों से, जैसे मैक्सम्युल्लर, शॉपन हावर और रोम्या रोलॉ जैसे विद्वानों को उद्धृत करके उन्होंने भारत के महत्त्व को रेखांकित किया है। इसके बाद विश्वनाथप्रसाद तिवारी अपनी बात रखते हैं : "भारत कश्मीर से कन्याकुमारी और अरुणाचल से सौराष्ट्र तक केवल एक भूखंड नहीं है। न राजाओं और आक्रमणकारियों और विभिन्न जातियों का इतिहास है। अगर केवल इतना ही होता तो उसकी हस्ती कब की मिट गयी होती। भारत और कुछ है और उसकी हस्ती बच गयी तो अपने दर्शन, चिन्तन और अपनी आध्यात्मिक ऊँचाइयों के कारण। उस गहरी अभेद दृष्टि के कारण को सर्वभूतों में एक चैतन्य प्राणधारा की कल्पना करती है। भारत की धरती आत्म की धरती है। (पृ. 14) विश्वनाथप्रसाद तिवारी विदेशी यात्रियों के वृत्तान्तों में प्राप्त भारत की बाहरी दुर्दशा की ओर भी प्रकाश डालते हैं। इतने पर भी इक़बाल को दुहराकर वे लिखते हैं कि 'कुछ बात है कि हस्ती मिटती नहीं'।

'आत्म की धरती' में भारत के विविध प्रदेशों की यात्रा का विवरण संकलित है। बीच-बीच में इन विवरणों में स्थान विशेष के इतिहास को भी वे जोड़ते हैं। खजुराहो का इतिहास इसके लिए एक अच्छा उदाहरण है। वे लिखते हैं : "खजुराहो चंदेल राजाओं की राजनीतिक-सांस्कृतिक राजधानी रही है। चंदेल राजवंश का उदय 10वीं शताब्दी के प्रारम्भ में हुआ और उसका उत्कर्ष 12वीं शताब्दी तक कायम रहा। खजुराहो के मन्दिर इसी काल की निर्मिति है। आज जिसे हम बुंदेलखंड कहते हैं उसका पुराना नाम 'जेजक भुक्ति' है। प्रसिद्ध चंदेल शासक जेजा (जयशक्ति) के नाम पर यह नाम पड़ा था। जयशक्ति के महत्त्वपूर्ण उत्तराधिकारियों में हर्षवर्धन, लक्ष्मणवर्मन, धंगदेव और गंडदेव का उल्लेख किया जाता है। खजुराहो के मंगतेश्वर मन्दिर के निर्माण के सम्बन्ध में हर्षवर्धन का, विष्णु मन्दिर के निर्माण के सम्बन्ध में लक्ष्मणवर्मन का, विश्वनाथ मन्दिर के निर्माण के सम्बन्ध में धंगदेव का तथा जगदम्बा मन्दिर एवं चित्रगुप्त मन्दिर के सन्दर्भ में गंडदेव का नाम लिया जाता है।" (पृ. 86) इस अध्याय का नाम उन्होंने रखा है, 'पत्थर जो बन गये तीर्थ'। विश्वनाथप्रसाद तिवारी के यात्रा-विवरणों को पढ़कर हम भारत की वैविध्यमयी

संस्कृति के अध्येन्ता और विशेषज्ञ बन सकते हैं; लेकिन हर प्रदेश की प्राणमय अन्तर्धारा को जिस बारीकी से उन्होंने प्रस्तुत किया है वह अनन्य और अभूतपूर्व है।

'अन्तहीन आकाश' उनकी दूसरी यात्रा-रचना है। यूरप और मॉरिशस की यात्रा का वर्णन इसमें मिलता है। लन्दन और रूस की यात्रा के दौरान वहाँ की सांस्कृतिक गतिविधियों का भी विश्लेषण प्रस्तुत किया गया है। कई लोगों से बातचीत करके वास्तविक जानकारी से हमें अवगत कराने का कार्य भी किया है।

'जो दीखता है और जो दीखता नहीं' में 'आत्म की धरती' और 'अन्तहीन आकाश' के यात्रा वृत्तान्त पुनः संकलित किये गये हैं। उन रचनाओं के अलावा कुछ नये यात्रा-विवरण भी जोड़ दिये गये हैं? 'देखो वृक्ष को कुछ रच रहा है' कनाडा यात्रा का स्मरण है। कार्ल्टन यूनिवर्सिटी में हुई संगोष्ठियों का विवरण देने के पश्चात् उस विश्वविद्यालय के 'लोगो' (शब्द चिह्न) के बारे में उन्होंने लिखा है जो उनके अनुसार बहुत प्यारा है। सहस्रों चिड़िया आकाश में आमने-सामने उड़ रही हैं और नीचे लिखा है : 'we must never waver but remain stead fast, for ours truly is the task eternal' (हमें कभी भी डगमगाना नहीं बल्कि अटल रहना है, क्योंकि हमारे लिए वास्तव में नियत कर्म शाश्वत और अनन्त है वे यह भी जोड़ते हैं : "कार्ल्टन यूनिवर्सिटी परिसर में इसी महीने गाँधी जी की लाठी वाली प्रतिमा लगाई गयी है।" (पृ. 178) विश्वनाथप्रसाद तिवारी के यात्रा-विवरणों में इस तरह की छोटी-छोटी बातों का ज़िक्र मिलता है। वह मात्र बड़ी बातों का वर्णन नहीं है। चमक-दमक का विश्लेषण करते समय भी वे इतने सन्तुलित रहते हैं और वास्तविकता तक जाने के लिए तैयार रहते हैं। जैसे शूमाकर ने लिखा कि 'स्मॉल ईज ब्यूटीफुल' वैसे ही विश्वनाथप्रसाद तिवारी छोटी-छोटी चीज़ों में निहित सौन्दर्य के वक्ता के रूप में हमारे सामने प्रस्तुत होते हैं क्योंकि वे मनुष्यता के गायक हैं। 'पतझर में यूरप तथा अन्य यात्राएँ' विश्वनाथप्रसाद तिवारी का चौथा यात्रा-विवरण है। इसमें जर्मनी और ऑस्ट्रिया, जापान, दक्षिण कोरिया, कनाडा, चीन, थाईलैंड आदि सुदूर देशों की यात्राएँ सम्मिलित हैं। अलावा इसके असम, वर्धा, कौसानी, भरतपुर, मथुरा आदि देशी स्थानों के यात्रा-वृत्तान्त भी हैं।

कनाडा की यात्रा के दौरान हुई एक मामूली मुलाकात का उल्लेख विश्वनाथप्रसाद तिवारी ने विस्तार से दिया है। ऐसे अनेक विवरण इन यात्रा-विवरणों में हैं। इनके माध्यम से इनके व्यक्तित्व का एक पारदर्शी पक्ष सामने आ जाता है। "29 अक्तूबर। आज दिन भर मैं होटल में ही रहा। बाहर ठण्ड थी, बदली भी और मैं शीत-भीत आदमी हूँ। दोपहर में एक महिला सफ़ाई कर्मचारी आयी। उसका नाम रूप-रंग भारतीय लगा। पूछने पर बताया दक्षिण भारत से। फीज़ी की रहने

वाली है। उसके पूर्वज दक्षिण भारत से फीज़ी गये थे। वह मुझसे हिन्दी में बात करने लगी। इस दूर देश में होटल की एक सफ़ाई कर्मचारी से हिन्दी सुनकर मुझे कितनी ख़ुशी हुई होगी, इसका अनुमान पाठक लगा सकते हैं। उसने अपना नाम सरस्वती, ऐषल सामी बताया। फिर उसने अंग्रेज़ी में 'सरस्वती' का अर्थ बताया बुद्धि की देवी। फिर मुझसे मेरा नाम, धर्म पूछा। फिर यह कि मैं किस देवता को मानता हूँ। मैंने जब उससे शिव, राम और कृष्ण का नाम बताया तो वह बोली, मैं भी शिव की भक्त हूँ। अपनी भाषा और धर्म से दूर पराये देश में भाषा, धर्म और देवता एक दूसरे को कैसे जोड़ते हैं, इसका अनुमान करना कठिन नहीं है। सरस्वती के पति छह वर्ष पहले गुज़र गये। वह अपनी भाभी, ननद आदि के साथ हवाई अड्डे के पास रहती हैं। उसकी तीन बेटियाँ हैं जिनमें सबसे बड़ी की उम्र इक्कीस वर्ष है। मैंने कहा, 'तुम तो स्वयं इक्कीस की लग रही हो'। इस पर उसने 'थैंक यू' कहा। उसकी कुपोषित ग्रस्त काया उसके दुख को व्यक्त कर रही थी। दुख उसके चेहरे और होठों की मुस्कान में था। मनुष्य धरती पर चाहे जहाँ हो, उसकी वेदना का रंग एक जैसा होता है। उसने मुझसे पूछा, 'आप अपनी पत्नी के साथ क्यों नहीं आये?' फिर कहा, 'अगली बार आना तो साथ ले आना।' वह भारत को देखना चाहती है। अपने पुरखों की धरती। उसने दिल्ली, बम्बई, जयपुर और दार्जिलिंग का नाम लिया। उससे बात करके मेरा दिन सार्थक हो गया। लेकिन मन उदास।" (पृ. 50-51) प्रकटतः यह यात्रा-विवरण का मुख्य हिस्सा नहीं है। फिर भी विश्वनाथप्रसाद तिवारी ने यह समर्थित किया है कि प्रदेश विशेषों की खूबसूरती, वहाँ की सामाजिकी, वहाँ का इतिहास, वहाँ की संस्कृति, वहाँ की भाषा, लोगों का आचरण आदि ही यात्रा-विवरण के अंग नहीं हैं। ऐसे अनाथ लोगों के क़िस्से भी यात्रा-विवरण के अंग हैं। मानवीयता की यह तरंग उनके विवरणों को जीवन्तता प्रदान करती है। जीवन्तता की यही सही परिभाषा है।

अद्‌भुत प्रवाह है यह, जिसमें सभी भागे जा रहे– सौरमंडल, आकाश गंगाएँ, नीहारिकाएँ, ग्रह, नक्षत्र, चाँद तारे। महाविस्फोट के समय से ही। स्वयं गतिशील पृथ्वी भी अपनी गति सब को दे रही। वृक्ष-वनस्पति, पहाड़, नदी-निर्झर, पशु-पक्षी, मनुष्य सब पृथ्वी की गति से घूम रहे। इसमें उनकी अलग-अलग अपनी भी गतियाँ हैं। किसी को ज्ञात नहीं, कहाँ जाना है। सभी अनन्त पथ के यात्री। खगोलशास्त्रियों से पूछो, कितने तारे कितने ग्रहपिंड मर चुके। भूगोलवेत्ताओं से पूछो कितने हिम युग आये और गये। कितने पर्वत, समुद्र, नदी-निर्झर, रेगिस्तान बने और मिटे। इतिहासकारों से पूछो, कितने साम्राज्य उठे और गिरे। दार्शनिक, वैज्ञानिक कहेंगे, ब्रह्माण्ड निरन्तर विकसित हो रहा है। लेकिन जो भी विकसित होता है, मृत्यु के ही क़रीब सरकता है। प्रारम्भ का बिन्दु है तो अन्त का भी बिन्दु होना चाहिए। हम यह पूछ कर अपनी जिज्ञासा तो व्यक्त कर सकते हैं, मगर काल प्रवाह में अपने को बहने से रोक नहीं सकते।

अपनी कहानी के बहाने

'अस्ति और भवति' विश्वनाथप्रसाद तिवारी की आत्मकथा है। यह उनकी बेहतरीन रचनाओं में से एक है। कारण स्पष्ट है कि यह आत्मकथा की सामान्य सीमा को पार कर जाती है और सृजनात्मकता के त्वरित भावों को अपने में समेटती है। दूसरा कारण है कि इसमें एक बृहत्तर समय और एक बृहत्तर समाज समाविष्ट है। बहुत कम आत्मकथाएँ रचनात्मक सिद्ध होती हैं। उनमें से यह एक रचनात्मक आत्मकथा है। यह एक तरह से अपने को ढूँढ़ने का प्रयास है। इसमें आत्मज्ञान की बहुत-सी अनगूँजें मिलती हैं।

विश्वनाथप्रसाद तिवारी यह जानते हैं कि 'आत्मकथा लिखना एक प्रकार का अहंकार प्रदर्शन है' हमारे पूर्व मनीषियों ने अपने बारे में मौन रखने का कार्य किया। किसी ने कोई आत्मकथा नहीं लिखी। अतः वे लिखते हैं : "और मैं चला हूँ आत्मकथा लिखने! दो कौड़ी का आदमी और यह अहंकार!" आगे वे अपने बारे में लिखते हैं जिसमें उन्होंने अपने साधारणत्व को ही सूचित किया है : "मेरे भीतर ऐसी कोई असाधारणता नहीं जो महापुरुषों में हुआ करती है, जैसे कि असाधारण प्रतिभा या त्याग या साहस या सेवाभाव। मेरे भीतर सामान्य मनुष्यों की सारी कमज़ोरियाँ जन्म से ही रही हैं–जैसे काम, क्रोध, मद, लोभ और मत्सर आदि। मैं जैसे-जैसे बढ़ता गया, दुनिया में अच्छाइयाँ देखता गया, पुस्तकें पढ़ता गया, धीरे-धीरे अपने दुर्गुणों से मुक्त होने की कोशिशें करता गया।" (पृ. 4) आत्मकथा के बारे में भी उन्होंने लिखा है : "आत्मकथा घटनाओं का विवरण नहीं, घट का विश्लेषण है कि कितनी मिट्टी है उसमें और कितना जल, कैसी धूप और हवा में पकाया गया है उसे, और किन उँगलियों से कैसे गढ़ा गया है।" (पृ. 5) अपने को गढ़ने के सम्बन्ध में लिखते समय भी विश्वनाथप्रसाद तिवारी लोक शब्द का भरपूर प्रयोग करते हैं जो उनके अपने हैं। शुरू से लेकर लोक उनके साथ रहा है। आत्मकथा की चाहे घटनाएँ हों या घट के विभिन्न प्रकार के विश्लेषण, सब में लोक का गहरा प्रभाव हम अनुभव कर सकते हैं। इसलिए वे लगातार अपने को

साधारण श्रेणी के आदमी के रूप में प्रस्तुत करते हैं जिसकी वेदनाएँ, आशंकाएँ और उसके भय और सन्देह साधारण से साधारण लोगों से सम्बन्धित हैं।

वे यह भी मानते हैं कि उनके जीवन में कुछ सनसनीखेज नहीं रहा। सामान्य-सा जीवन जो सामाजिकता की नैतिकता पर चलता रहा। फिर क्यों आत्मकथा? वे अपने हृदय से संवाद करते हैं। साधारणत्व के भीतर से कोई असाधारणत्व निकल आये तो–"सम्भव है तुम्हारे चारों ओर के कूड़े-कचरे में कहीं सत्य के चमकदार कण छिपे हों" (पृ. 6) इस कथन में भी उनका लोक मानस झलकता है। सम्भवतः इसी कारण से 'अस्ति और भवति' पठनीय आत्मकथा बन पायी है।

यह आत्मकथा वास्तव में आत्मकथाकार के आत्मतत्त्व की खोज की अभिव्यक्ति है। इसलिए इसके आरम्भ में एक ऐसी कथा का उल्लेख किया गया है जिसमें भगवान बुद्ध पूछते हैं कि 'अपने को क्यों नहीं ढूँढ़ते'। बुद्ध तथा गाँधीजी का प्रभाव विश्वनाथप्रसाद तिवारी की वैचारिकता में भरपूर मात्रा में मिलता है। दोनों ने आत्मतत्त्व की खोज को प्रमुखता दी है। अतः इस आत्मकथा का कोई भी प्रसंग इसी तत्त्व से प्रत्यक्षतः या परोक्षतः जुड़ा हुआ है।

वैसे आत्मकथाकार का परिवार एक सम्पन्न किसान परिवार है। ग्रामीण परिवेश में पला और बढ़ा। पारम्परिकता का प्रभाव बचपन के दिनों से रहा जो स्वाभाविक था। परिवार के सभी लोगों का सहज चित्रण आत्मकथाकार ने विस्तार से किया है जिसके बिना उनके जीवन का कोई अर्थ नहीं है। पूरी बिरादरी का चित्रण ही नहीं बल्कि अपने ग्रामीण परिवेश को भी विश्वनाथप्रसाद तिवारी ने विस्तार से दिया है। 'सपनों में गाँव' शीर्षक से एक अध्याय ही उन्होंने लिखा है जिसमें एक पेड़ का उल्लेख वे करते हैं। दरअसल उल्लेख नहीं बल्कि गाँव को उसके साथ जोड़ते हुए देखने की उनकी क्षमता अभूतपूर्व है। इस अध्याय से गुजरते समय हम उस गाँव के हो जाते हैं : "मेरे गाँव के बाहर पश्चिम में, एक पाकड़ का पेड़ है। अब वह बूढ़ा से चुका है। उसकी कुछ डालियाँ ठूँठ हो गयी हैं, कुछ तने कट गये हैं और उसकी त्वचा सख्त हो गयी है। वह वृद्धावस्था के रोगों से ग्रस्त और जर्जर हो गया है। मगर आज से पचास-साठ साल पहले वह जवान था। एक घना विशाल वृक्ष। नरम त्वचा वाला और पत्तों से गहमह। मोटी-मोटी भुजाओं वाला, पक्षियों और बटोहियों को शरण देने वाला... पेड़ नहीं था वह, हमारे गाँव की पहचान था। दूर से लोग बताते, 'वह जो पाकड़ का पेड़ दिखाई पड़ रहा है वही गाँव है भेडिहारी'। ....वह पाकड़ का पेड़ एक घटनास्थल है जो साक्षी रहा है मेरे गाँव के एक लम्बे मीठे-खट्टे इतिहास का और द्रष्टा रहा है गाँव की विरह-वेदना

और शोक का भी।" (पृ. 15-17) इस अध्याय में वस्तुतः एक गाँव अवतरित हुआ है। गंडक नदी का भी विस्तार से वर्णन है। यहाँ पर तनिक रुककर सोचने की बात यह है कि आत्मकथाकार अपनी स्मृतियों की चाबी से इन सब को क्यों खोल रहा है? यहाँ एक परिवार की नहीं, अनेको परिवारों की कथाएँ हमें मिलती हैं। विभिन्न लोगों का वर्णन, उनकी चारित्रिक विशेषताएँ आदि, अपने साधारणत्व के बावजूद, आत्मकथा में शामिल हैं।

आत्मकथाकार के परिवार की विस्तृत कथा इस आत्मकथा में उपलब्ध है। यह स्वाभाविक भी है। बाबा, बाबूजी, दादी-बुआ और माँ का विस्तृत चित्रण आत्मकथा के अंग बन गये हैं। अपनी पढ़ाई का विवरण, साहित्य के प्रति आकर्षण आदि का भी विस्तृत वृत्तान्त है। आत्मप्रशंसा, इस आत्मकथा में हमें मिलती नहीं है। जहाँ, जिस ज़मीन पर आत्मकथाकार के पैर टिके हैं, पैरतले की रेत के रिसते देखकर भी वे हिलते नहीं हैं। अपने जीवन की कई कठिन परिस्थितियों का उल्लेख भी विश्वनाथप्रसाद तिवारी ने किया है : "1992 के अन्त से 94 के बीच इतने गहन मनोक्लेश से गुज़र रहा था मैं, कि आत्महत्या कर चुका होता, यदि उससे भी प्रबल ज़िम्मेदारियों और तात्कालिक कर्मों का दबाव न होता। कर्म की भीतरी प्रेरणा नहीं होती थी मगर बाहरी परिस्थितियों द्वारा थोपे गये कर्म जंजाल ही मुझे व्यस्त और सक्रिय बनाकर जीवन की दिशा में खींच रहे थे। कभी-कभी व्यर्थ भी कितना अर्थवान बन जाता है। जैसे कोई शत्रु शरणदाता हो जाये। यह भी एक विचित्र अनुभव है।" (पृ. 266) इस तरह उतार-चढ़ाव वाले अपने जीवन को उसकी असलियत में प्रस्तुत करने का कार्य विश्वनाथप्रसाद तिवारी ने किया है। इसके दो कारण हैं जिनका उल्लेख पहले ही किया था–लोकमानस और आत्मज्ञान की प्रवृत्ति। सादगी और सदाशयता भी इसके साथ जोड़ने योग्य तथ्य है।

'अस्ति और भवति' में विश्वनाथप्रसाद तिवारी ने अपने समय को भी पर्याप्त स्थान दिया है। इन कुछ सामाजिक या राजनीतिक घटनाओं से अलग होकर रहना रचनाकार के लिए सम्भव नहीं है। इसलिए सहजतः वे घटनाएँ आत्मकथा की अंश हो गयी हैं। एक उदाहरण है 'अद्‌भुत अन्धकार' शीर्षक अध्याय जिसमें काँग्रेस की जीत, फिर पराजय और आपात्‌कालीन परिस्थितियों का उल्लेख है। आपात् स्थिति की कड़ी आलोचना उन्होंने की है–'धीर गम्भीर स्वर में आकाशवाणी होती थी–देश में आतंक की स्थिति नहीं है। जनता के मूलाधिकार सुरक्षित हैं'। अख़बारों में छपता था 'भारतीय लोकतन्त्र के ढाँचे में कोई परिवर्तन नहीं हुआ है' मगर मैं परिवर्तन महसूस कर रहा था। (गो मैं चीज़ों को विलम्ब से महसूस कर पाता हूँ) हम कुछ भी बोलने के पहले चारों ओर ताक झाँक लेते थे। किसी आदमी पर

तनिक भी सन्देह हो तो चुप लगा जाते थे। हरदम लगता जैसे कोई पीछा कर रहा है। यदि कोई गाड़ी अपने पास रुकती तो लगता, मुझे ले जाने के लिए रुकी है। इस फोबिया का कारण क्या था? कैसे नहीं था आतंक? हमारी बात अख़बारों में छप नहीं सकती थी, हम न्यायालय में जा नहीं सकते थे। वहाँ ये मूलाधिकार?" (पृ. 151) राजनीतिक घटना के उल्लेख का स्पष्टीकरण भी वे देते हैं : "आत्मकथा के प्रसंग में आपात्काल की घटना पर इतने विस्तार से लिखना अकारण नहीं है। यह घटना देश के साथ जितनी जुड़ी हुई है उतनी ही मेरे 'आत्म' के साथ भी। मेरे व्यक्तित्व और विचारों की बुनियाद में जो कुछ खास शब्द है उनमें सबसे विशिष्ट है 'स्वाधीनता' और 'लोकतन्त्र'।" वे प्रश्न करते हैं–'क्या भारतीय लोकतन्त्र का आपात्काल एक अद्‌भुत अन्धकार नहीं था?' (पृ. 158) स्वाधीनता और लोकतान्त्रिक विश्वासों के लिए विश्वनाथप्रसाद तिवारी प्रतिबद्ध दीखते हैं। ये दोनों तत्त्व उनके व्यक्तित्व के अभिन्न पक्ष हैं। एक स्वाधीन व्यक्ति के नाते, एक रचनाकार के नाते, एक सही नागरिक के नाते इन तत्त्वों के ऊपर खतरे के बादल मँडराते देख वे मौन साध नहीं सकते थे। उस समय की उनकी रचनाओं में इस बात के पर्याप्त संकेत मिलते ही हैं। आत्मकथा में इसलिए ऐसे प्रसंग विश्लेषित हुए हैं।

शुरू से लेकर अन्त तक 'अस्ति और भवति' में भारतीय दार्शनिकता के कई विचारोत्तेजक प्रसंग देखने को मिलते हैं। जीवन के अर्थ और मर्म को जानने की तीव्र इच्छा उनमें रही है और ये उसे जीवन की निरन्तरता भी मानते हैं। ज़रूरी नहीं है कि कोई जीवन के अर्थ का ग्रहण कर सका। जो ग्रहण किया वह सही है या नहीं। अनेक ऐसे प्रश्न हैं जिनसे उनका मन भिड़ता रहता है। अतः भारतीयता का एक परिदृश्य आत्मकथा में तेजोद्‌दीप्त होकर प्राप्त होता है। उस दार्शनिक परिदृश्य से प्रभावित होने के कारण ही विश्वनाथप्रसाद तिवारी अपनी समस्याओं का समाधान स्वयं कर सके हैं। "...मेरे एकान्त में कभी-कभी मुझे एक और अकेलापन घेर लेता है जो बहुत गहरा है और जैसा कि पीछे संकेत कर चुका हूँ, वही मेरी दूसरी दुनिया है। ऐसे क्षणों में अचानक कबीर के निर्गुणों या मीरा के पदों या सूर के भ्रमरगीत की कुछ पंक्तियाँ भीतर से ऐसे फूट पड़ती हैं जैसे बीज से कोई अंकुर या धरती से कोई धार। दुर्लभ होते हैं ये क्षण जब मैं अपनी समस्याओं और तनावों, क्षुद्रताओं और बन्धनों से मुक्त होकर एक ही पंक्ति को अकेले में घण्टों गुनगुनाता हूँ। मैं संगीतकार नहीं हूँ पर ऐसे वक़्त संगीत की जो धुनें भीतर से निकलती हैं वे आत्मा की सहज धुनें होती हैं। पता नहीं मेरे कंठ में कहाँ से आ जाता है अद्‌भुत कँपन और लोच। यह तन्मय क्षण मेरी आत्मा की प्राप्ति का क्षण होता है।" (पृ. 403) यह आत्मा की मुक्तावस्था और सिद्धावस्था

भी है। इसके कारण कर्म पर उनका भरोसा दृढ़तर है। पलायन और वैराग्य को उन्होंने अपने जीवन-कोश से अलग किया है। जीवन में कर्मरत होना ही मनुष्य के नाते महत्त्वपूर्ण क़दम है। वे जीवन को एक कर्म-प्रवाह के रूप में देखते हैं। हेरमन हेस के 'सिद्धार्थ' में यही दृष्टि हमें मिलती है। कोई भी कर्म व्यर्थ नहीं है। उनकी एक कविता है–'जीवन का अर्थ' :

अर्थ नहीं था वह
यदि होता तो आज न लगता व्यर्थ
फिर क्या था वह
मिथ्या या भ्रम
अहंकार या कि आत्मछल
क्या था वह?
मेरे आत्मन!
तलाशता रहा जिसे, जो नहीं मिला जीवन भर
क्या था वह
क्या व्यर्थ में ही नहीं था जीवन का अर्थ?

इस कविता को उद्धृत करने के बाद विश्वनाथप्रसाद तिवारी ने लिखा है : "मानुष सत्य मनुष्य के बीच ही है, किसी निर्जन में नहीं है। मुझे जिस महाप्रकृति ने अपनी मूल्यवान शक्तियों से भरकर पैदा किया है। उसका ज़रूर कोई महत् उद्देश्य होगा। मुझे उसका संधान करना चाहिए। जीवन को अपनी इच्छानुसार जीना हमारी स्वाधीनता है मगर दूसरों की इच्छाओं का आदर करना भी क्या स्वाधीनता का ही स्वीकार नहीं है?" (पृ. 409) आत्मान्वेषण के माध्यम से उन्हें जो पारदर्शी दृष्टि प्राप्त हुई वह शतशः समावेशी है। 'अस्ति और भवति' समावेशी दृष्टि की मनुष्य-गाथा है। इसलिए इसमें 'स्व' का अन्वेषण प्रमुख होते हुए भी 'स्व' को विचारों के शीर्ष से अलग किया है। इस कारण से ही अपने कुकर्मों के लिए, अपनी दुष्प्रवृत्तियों के लिए और अपने दुष्ट विचारों के लिए वे क्षमा माँग सके हैं।

“वास्तविक मनुष्य तो वही है जो पशु-धरातल से ऊपर उठा है। मनुष्य और पशु—दोनों में बहुत समानताएँ हैं। दोनों में ही आदिम सहजात प्रवृत्तियाँ प्रबल हैं। आहार, निद्रा, भय, मैथुन, लोभ, स्वार्थ आदि चीज़ें दोनों में हैं। लेकिन मनुष्य फिर भी मनुष्य है। वह आदिम प्रवृत्तियों से परिचालित नहीं होता। वह दूसरों के लिए अपना सब कुछ उत्सर्ग कर सकता है। उसमें त्याग है, संयम है, दया है, ममता है, करुणा है, सन्तोष है, श्रद्धा है और सबसे ऊपर विवेक बुद्धि तथा संकल्प शक्ति।”

यादों के गलियारे से

'एक नाव के यात्री' विश्वनाथप्रसाद तिवारी के साहित्यकारों पर लिखे गये संस्मरणों का समाहार है। इसमें संस्मरणों के अलावा कुछ साक्षात्कार भी शामिल हैं। यह पुस्तक एक तरह से साहित्यकारों के महत्त्व को संस्मरणात्मक ढंग से पुनर्विश्लेषण करने का कार्य है और साक्षात्कार में साहित्य से जुड़े कई प्रश्न भी विचारणीय हुए हैं। साहित्य का समकालीन परिदृश्य इसमें प्रत्यक्ष रूप से या कभी-कभी परोक्ष रूप से अनावृत हुआ है। लेखक की कोशिश यह रही है कि जिन रचनाकारों के संस्मरण वे प्रस्तुत कर रहे हैं वे विवेच्य रचनाकार के व्यक्तित्व विश्लेषण को बिना किसी लाग-लपेट के साथ प्रस्तुत हो। इसलिए लेखक अपनी तरफ़ से कोई ऐसी सामग्री संस्मरण में जोड़ते नहीं हैं जिससे उनकी सत्यता पर आँच लग जाये।

'मानव ही मानव की तीसरी आँख है' शीर्षक संस्मरण अज्ञेय पर लिखा गया है। इसमें उन्होंने वात्स्यायन जी के अपने घर सीधे पहुंचने तथा वहाँ बिताए लम्बे समय का विवरण बिना किसी दुराव-छिपाव के साथ दिया है। उसमें वात्स्यायन जी के व्यक्तित्व एवं उनकी उन्मुखताओं के कई पक्ष स्वयमेव प्रकटित हुए हैं। वह विवरण इस प्रकार है : "27 मार्च 1978। ग्यारह बजे दिन में मेरी कॉलबेल बजी और जब मैंने दरवाज़ा खोला तो देखता हूँ, वात्स्यायन जी खड़े हैं–हाथ में एक ब्रीफ केस लिए हुए। मैं अवाक्। वह हवाई अड्डे से रिक्शे द्वारा सीधे मेरे घर पहुँचे थे। जैसा सभी शहरों में होता है, यहाँ भी हवाई अड्डा शहर से बाहर है और मेरे घर से छः किलोमीटर दूर। अज्ञेय जी को जितना समय दिल्ली से गोरखपुर आने में लगा लगभग उतना ही हवाई अड्डे से मेरे घर पहुँचने में। दरअसल यह गड़बड़ी इसलिए हुई कि हम लोग अगले दिन उनके आने की आशा कर रहे थे। यहाँ 'भाषा और समाज' शीर्षक संगोष्ठी में उन्हें भाग लेना था। उन्होंने हमें तार दिया था, लेकिन वह समय पर नहीं मिला। इसीलिए कोई हवाई अड्डा नहीं गया। ...रास्ता उनका देखा हुआ था, अतः कोई असुविधा नहीं हुई, पर मेरे यहाँ उन्हें जो असुविधा हुई उसके लिए आज भी सोचता हूँ तो न केवल तकलीफ होती है,

बल्कि अपनी मूर्खता पर गुस्सा भी आता है। वह भोजन का समय था। वात्स्यायन जी ने मेरे साथ भोजन किया। वही सादा भोजन जो हम लोग रोज़ करते हैं। मेरी अक्ल उस समय कहाँ चली गयी थी कि मैंने उनके लिए कुछ विशेष भोजन की व्यवस्था नहीं की। फिर ये सोफ़े पर बैठ गये और लगभग पाँच घण्टे उसी पर बैठे रहे। भोजन के बाद मैं ने उनके आराम की व्यवस्था क्यों नहीं की, यह सोचता हूँ तो अपने को आज भी क्षमा नहीं कर पाता। दरअसल इस रूप में उनके अचानक पहुँच जाने से मैं किंकर्तव्यविमूढ़ हो गया था। वात्स्यायन जी मितभाषी प्रसिद्ध हैं। मैं सोच नहीं पा रहा था कि उनसे क्या-क्या बात करूँ। गोष्ठी अगले दिन होनी थी और उस दिन का पूरा समय खाली था। उनसे कोई व्यक्तिगत बात की नहीं जा सकती थी क्योंकि वे दूसरों के व्यक्तिगत जीवन में न घुसते थे और न ही अपने व्यक्तिगत जीवन में किसी को घुसने देना चाहते थे। उनके सामने लंतरानिया झाड़ी नहीं जा सकती थीं क्योंकि मौन का एक अभेद्य कवच वे लगाये रहते थे। उनके सामने पर निन्दा पुराण सुनाया नहीं जा सकता था क्योंकि वे निजी चर्चा को एक प्रकार की अश्लीलता मानते थे और केवल हल्की मुस्कुराहट मात्र से उसका उत्तर देते थे। कहा जा सकता है कि उनके व्यक्तित्व के अनेक आकर्षणों में गोपनीयता का भी एक आकर्षण था।" (पृ. 15-16) वात्स्यायन जी के व्यक्तित्व के अनेक पक्ष इस संस्मरणात्मक विवरण में आये हैं। उनके व्यक्तित्व की इन विशेषताओं के बारे में कई लोगों ने कहा है और लिखा भी है। विश्वनाथप्रसाद तिवारी के संस्मरण की यह विशेषता है कि वे वात्स्यायन जी का ऐसा रेखाचित्र प्रस्तुत कर रहे हैं जो नितान्त साधारण प्रतीत होता है। उसमें वे एक सधे हुए चित्रकार की तरह रंग भरते हैं तो वह चित्र रेखाचित्र की सीमा को लाँघकर एक रंगीन चित्र बन जाता है जो स्थिर प्रतीत नहीं होता है। विश्वनाथप्रसाद तिवारी का यह चित्र इतना गतिशील है कि वात्स्यायन जी का समग्र व्यक्तित्व उनकी कई ख़ूबियों के साथ प्रस्तुत होता है। यह भी एक विशेषता है कि सहजतापूर्वक उन्होंने ये बातें रखी हैं। हमें कतई ऐसा नहीं लगता कि वे जानबूझकर ऐसा एक बिम्ब हमारे सामने रख रहे हैं। वह इतना अकृत्रिम और ईमानदार शब्दों से गढ़ा हुआ बिम्ब है जो वात्स्यायन जी के व्यक्तित्व के अनुरूप ही है।

अपने संस्मरण के एक प्रसंग में विश्वनाथप्रसाद तिवारी ने वात्स्यायन जी के रूप सौष्ठव पर भी लिखा है क्योंकि उनका रूप आकर्षक रहा है। उसके प्रति किसी का भी आकर्षण सहज ही है। "थोड़ी देर बाद वात्स्यायन जी निकले--श्वेत कुरते-पाजामे में। इनके शरीर पर कोई भी पोशाक बहुत खिलती भी और किसी भी पहनावे में वे सुरुचि और आभिजात्य की विशिष्ट मूर्ति लगते थे। उनके

उठने-बैठने, खाने-पीने सब में एक सलीका दिखाई पड़ता था। कमरे की सजावट से लेकर आसपास की सारी चीज़ों तक में उनकी सुरुचि की छाप होती थी।" (पृ. 17) ये कुछ ऐसी विशेषताएँ हैं जो कम रचनाकारों में मिलती हैं। जहाँ तक वात्स्यायन जी की बात है कि उनकी कुलीनता और अभिजात मनोवृत्ति आरोपित नहीं है। उनके जीवन में, आचरण में, व्यवहार में, प्रतिक्रियाओं में, भाषा में यहाँ तक उनके मौन में समाहित हैं। हिन्दी की औसत दृष्टि इसे पचा नहीं पायी। कम से कम विश्वनाथप्रसाद तिवारी ने उनके व्यक्तित्व के एक-एक सन्दर्भ को बारीक़ी से प्रस्तुत किया और इस कारण से उनका संस्मरण उनकी स्मृतियों का सामान्य समाहार न रहकर व्यक्ति विशेष के आन्तरिक व्यक्तित्व (उसमें बाह्य भी है) की पारदर्शिता की खोज का विस्तृत ब्योरा है।

वात्स्यायन जी के व्यक्तित्व के एक और पक्ष पर भी विश्वनाथप्रसाद तिवारी ने प्रकाश डाला है। वात्स्यायन जी अत्यधिक अनुशासन प्रिय हैं। "उनके भीतर एक गम्भीर अनुशासन था। उनकी उपस्थिति में हर गोष्ठी में एक गम्भीरता बनी रहती थी। लफ्फाजी वहाँ नहीं चल सकती थी। वात्स्यायन जी चीज़ों पर गम्भीरता से विचार करते, धीरे-धीरे बोलते, कम बोलते और विचारों को पचाकर स्पष्ट ढंग से प्रस्तुत करते। उनके वाक्यविन्यास, उनकी प्रस्तुति और सोच में एक नवीनता की चमक बराबर दिखाई पड़ती थी। तार्किक इतने थे कि बहसों में पूछे गये प्रश्नों को ही उलट कर उत्तर बना देते थे। मैंने देखा, पूरे शिविर में उन्होंने किसी वक्ता पर अपने को लादने की कोशिश नहीं की, न किसी बात में कोई हस्तक्षेप किया। बराबर सुनते रहे और जब उनसे अनुरोध किया जाता, तभी बोलते या बहुत ज़रूरी समझते तभी कुछ कहते। किसी प्रकार के ग़ुस्से या आक्रमण की कोई मुद्रा नहीं। हमेशा एक बड़े लेखक की गरिमा के अनुकूल बोलना और व्यवहार करना वात्स्यायन जी को अन्य लेखकों से अलग करता था।" (पृ. 23) अपनी स्मृतियों से दरअसल विश्वनाथप्रसाद तिवारी वात्स्यायन जी के बिम्ब को गढ़ रहे हैं जिसमें प्रशंसा का रंग नहीं के बराबर है। आराधना का भाव ज़रूर है, लेकिन वह इसलिए असहज नहीं लग रहा है क्योंकि उसमें सत्य के अंश ही अधिक हैं। एक संस्मरण तभी सौन्दर्य प्रतीति दे सकता है जब उसमें आकलित स्मृतियों की कई विशिष्टताएँ हों और वे निर्मित न होकर, कल्पित न होकर, यथार्थ से संवेदित होकर निकलें। यही इस संस्मरण की खूबी है। वात्स्यायन जी ने यों ही यह नहीं कहा था कि 'मानव ही मानव की तीसरी आँख है।'

'मृत्योर्माऽमृतं गमय' अमृतलाल नागर पर केन्द्रित संस्मरण है। उनके व्यक्तित्व का सबसे आकर्षक पक्ष उनका सीधापन है। वे अत्यधिक सहज व्यक्ति

हैं। इसलिए विश्वनाथप्रसाद तिवारी ने लिखा : "नागर जी सहज व्यक्ति थे। अत्यन्त सहज। अपने से छोटे लोगों को बहुत स्नेह देते थे। माँ की ममता झलकती थी उनके व्यवहार और बातचीत में। कोई दम्भ नहीं कोई कुंठा नहीं।' (पृ. 30) नागर जी आस्तिक व्यक्ति थे। पूजा-पाठ में उनका विश्वास था। सम्भवतः पूजा से उन्हें सात्विक शक्ति मिलती होगी। इसमें उनका कोई दिखावा नहीं बल्कि ईमानदारी अधिक दिखाई देती थी।

अपने व्यक्तिगत लेटर पैड में नागर जी ने अपना एक मोनोग्राम बनाया था जिसमें गरुड़ अमृत कलश लेकर उड़ रहे हैं। अपने दोनों पंजों में काल (सर्प) को दबाए हुए। हो सकता है कि यह एक प्रतीकात्मक चित्र हो। 'मृत्योर्माऽमृतं गमय' –मृत्यु से अमृत की ओर (अमरता की ओर) ले चलो। अमरता की कामना हर मनुष्य के भीतर रहती है। विश्वनाथप्रसाद तिवारी का कहना है कि एक कलाकार के लिए तो काल के साथ टकराव बहुत ही स्वाभाविक होता है। इस मरणधर्मा संसार में अपनी सर्जनात्मक ऊर्जा से वह काल को ठेलता रहता है। यह आकस्मिक नहीं कि–शमशेर बहादुर सिंह के एक काव्य संग्रह का नाम ही है–'काल तुम से होड है मेरी'। और श्रीकान्त वर्मा भी अपनी एक कविता में कहते हैं–'मेरा सबसे बड़ा दुश्मन है काल'। ...नागर जी अपनी कृतियों के द्वारा काल का उल्लंघन करते हैं। मृत्यु से अमृत की ओर, भय से अभय की ओर। यही कामना थी मृत्योर्माऽमृतं गमय (पृ. 33) सहज व्यक्तित्व के धनी नागर जी की। सहजता से ऊर्जा सम्पन्न सृजनात्मकता की ओर की यात्रा का यह एक संस्मरणात्मक वृत्तान्त है।

श्रीकान्त वर्मा के साथ विश्वनाथप्रसाद तिवारी का साहित्यिक स्तर पर घनिष्ठ सम्बन्ध था। लेकिन उनके राजनीतिक सरोकारों के प्रति वे आकृष्ट नहीं थे। अपने संस्मरण–'राजनीति के जलसाघर में भटका मेघ'–में श्रीकान्त वर्मा की जिजीविषा को संस्मरणकार ने पूरी आत्मीयता से प्रस्तुत करने का कार्य किया है। साहित्य ही उनका अहम क्षेत्र रहा जब कि वे राजनीति के क्षेत्र में सक्रिय भी थे। शायद इसलिए विश्वनाथप्रसाद तिवारी ने उनके बारे में लिखा कि 'वे अत्यन्त सरल भी थे और बहुत स्नाब भी' यह वैरुद्ध्य उनके व्यक्तित्व में रहा है। बावजूद इसके उनका लेखकीय व्यक्तित्व असाधारण रहा। यही असाधारणत्व उनकी मूल्यवान थाती है। विश्वनाथप्रसाद तिवारी लिखते हैं : श्रीकान्त ने मुझे लिखे गये लगभग अपने हर पत्र में 'लिखने' की तड़प व्यक्त की है। ऐसा लगता है कि जैसे वे बहुत कुछ लिखना चाहते थे–और भी बेहतर लिखना चाहते थे, मगर किन्हीं व्यस्तताओं के चलते उसे शब्द न दे सके।" (पृ. 41) रोगग्रस्त तथा अल्पायु में मृत्यु ने उनकी कामनाओं पर पानी फेर दिया। संस्मरणकार श्रीकान्त वर्मा में एक सम्भावनापूर्ण

रचनाकार और एक सहृदय व्यक्ति को ही देख रहे हैं। साहित्यिक बिरादरी के प्राप्त उनकी आत्मीयता का भी वे विशेष उल्लेख करते हैं।

नामवर सिंह की 'रहनि' ही वह कारण है जिससे विश्वनाथप्रसाद तिवारी नामवर सिंह के प्रति आकृष्ट हुए थे। दोनों गाँव के, पिछड़े प्रदेश से, भोजपुरी संस्कृति में पले हुए आदि। दूसरा कारण है कि नामवर सिंह के लेखन का वैशिष्ट्य। तीसरा कारण है नामवर सिंह की सरलता। उनकी निर्भीकता के भी वे प्रशंसक हैं। उनकी 'विचारधारा' पर वे लिखते हैं : "नामवर जी जड़ मार्क्सवादी नहीं हैं और अपने व्याख्यानों को प्रायः विचारधारा और मार्क्सवाद के आग्रह को भी झटककर दूर कर देते हैं। 8 मार्च 83 को गोरखपुर विश्वविद्यालय में 'विचारधारा और साहित्य' विषय पर बोलते हुए उन्होंने कहा कि विचारधारा से कोई कला महान नहीं बनती। लेखक अपने वर्ग की आइडियोलॉजी का भी अतिक्रमण कर जाता है।" (पृ. 58) नामवर सिंह की एक ऐसी विशेषता पर संस्मरणकार लिखते हैं कि तमाम व्यस्तताओं के बावजूद वे पढ़ने के लिए समय निकालते थे।

परमानन्द श्रीवास्तव विश्वनाथप्रसाद तिवारी के सहयोगी रहे। उसके पूर्व वे परमानन्द जी के छात्र भी रह चुके हैं। अध्यापक के रूप में परमानन्द श्रीवास्तव अच्छे ही थे। लेकिन एक और उनकी विशेषता है जिसकी तरफ़ वे प्रकाश डालते हैं : "दरअसल विधाता ने परमानन्द जी को मंच पर बोलने के लिए ही बनाया है। मेरी स्मरण शक्ति चाहे कितना भी धोखा दे, लेकिन यह तो मैं गीता पर हाथ रखकर कह सकता हूँ कि जिस विशेष चीज़ ने परमानन्द जी की ओर पहली बार आकर्षित किया, वह है उनकी आवाज़ और उनकी वाग्मिता।" (पृ. 71) उनका धारदार भाषण, नयी भाषा और नयी शैली के साथ उनकी अच्छी आवाज़ में हर किसी को आकृष्ट करने की क्षमता थी। वे अपने कंठ से ही नहीं पूरे शरीर के साथ बोलते थे।

परमानन्द जी की दूसरी विशेषता, विश्वनाथप्रसाद तिवारी के अनुसार, उनकी सहनशीलता है। क्रोध पर उनका पूरा नियन्त्रण था। वे अत्यन्त सक्रिय और कर्मठ व्यक्ति भी रहे। उनके साथ के रिश्ते को लेकर विश्वनाथप्रसाद तिवारी खुले ही रहते हैं। बीच में थोड़ा वैमनस्य तो हुआ, फिर भी वे एक ही नाव के यात्री हैं।

हजारीप्रसाद द्विवेदी के साहित्य, उनके व्यक्तित्व और उनके विचारों के प्रति किसी भी हिन्दी पाठक का आकृष्ट न होना मुश्किल है। उनका व्यक्तित्व अभौम था और विचार इतने पारदर्शी थे कि हम स्वयमेव आकृष्ट होते जाते हैं। उनके द्वारा परिकल्पित मनुष्य (न मानुषात् श्रेष्ठतरं हि किंचित) के बारे में प्रश्न किये जाने पर द्विवेदी जी बताते हैं : "भाई, वास्तविक मनुष्य तो वही है जो पशु-धरातल से ऊपर

उठा है। मनुष्य और पशु दोनों में बहुत समानताएँ हैं। दोनों में ही आदिम सहजात प्रवृत्तियाँ प्रबल हैं। आहार, निद्रा, भय, मैथुन, लोभ, स्वार्थ आदि चीज़ें दोनों में हैं। लेकिन मनुष्य फिर भी मनुष्य है। वह आदिम शक्तियों से परिचालित नहीं होता। वह दूसरों के लिए अपना सबकुछ उत्सर्ग कर सकता है।" (पृ. 82) द्विवेदी जी के अनुसार 'जड़ से चैतन्य, चैतन्य से मन-बुद्धि और मन-बुद्धि से मनुष्यत्व का विकास एक चकित कर देने वाली घटना है।' अपने को निःशेष भाव से दे देना ही आत्मदान है। उनके अनुसार 'एकत्व की अनुभूति ही मनुष्य की चरम मनुष्यता है।' इस तरह द्विवेदी जी के विचार सब के मनन और मन्थन के विषय हो जाते हैं। यही उनकी प्रासंगिकता है।

इस संस्मरणात्मक ग्रन्थ में सेठ गोविन्द दास, अज्ञेय, अमृतलाल नागर, रामविलास शर्मा आदि के साथ विश्वनाथप्रसाद तिवारी की भेंटवार्ता शामिल है। साहित्य, समाज और संस्कृति सम्बन्धी उनके प्रश्नों पर इन महत्त्वपूर्ण रचनाकारों के विचार इनमें अंकित हैं। लेकिन यह प्रश्न उठ सकता है कि एक संस्मरणात्मक ग्रन्थ में साक्षात्कार क्यों? यह कहा जा सकता है कि संस्मरण को पुख्ता बनाने में बातचीत सहायक है।

"मैं गाँधी को पिछली शताब्दी के भारत के सबसे बड़े व्यक्तित्व महानायक के रूप में देखता हूँ। पिछली सदी में अनेक महापुरुष हुए, विचारक हुए किन्तु स्वयं से शुरू करने वाला विचारक गाँधी से बड़ा कोई नहीं है। इस समय दुनिया जितनी तरह के वादों, मसलन, बाजारवाद, उपभोक्तावाद आदि से आतंकित है, उसमें गाँधी ही एकमात्र विकल्प के रूप में दिखाई देते हैं। संयम और सादगी का उनका मूल्य ही उसका प्रतिरोध कर सकता है। यों तो सभी विचारक कहीं न कहीं अपर्याप्त होते हैं, गाँधी भी इसका अपवाद नहीं हैं। उनकी भी सीमाएँ होंगी, किन्तु इन सीमाओं में भी गाँधी मुझे प्रासंगिक और सच्चे अर्थों में सहस्त्राब्दी के महानायक लगते हैं।"

गाँधीजी को जीवित रखना है

आज गाँधी-चिन्तन की आवश्यकता बढ़ती दिखाई दे रही है। हमारे देश के भीतर तथा अन्तरराष्ट्रीय स्तर पर जो अशान्ति है, वैश्वीकरण का जो दुर्भेद्य कवच है और असहिष्णुता की जो अलंघ्य दीवार है, इन समस्याओं के समाधान हेतु यदि कोई विचारधारा हमारी मदद कर सकती है तो वह गाँधीवाद है। लेकिन दुखद स्थिति यह है कि भारत में भी गाँधी जी की प्रासंगिकता को गम्भीरतापूर्वक नहीं लिया जा रहा है। जब हमारी उन्मुखताएँ तेज़ रफ्तार से बदलती जा रही हैं तो सतही तौर पर हमें गाँधीवाद मूल्यवान प्रतीत नहीं हो सकता है। लेकिन जब हम एक-एक चीज़ पर गम्भीरतापूर्वक विचार करेंगे जैसे धार्मिक असहिष्णुता हो, जाति केन्द्रित सामाजिकी हो, आज के विकास की अवधारणाएँ हों, अन्तरराष्ट्रीय सम्बन्ध हो, उन सम्बन्धों की वास्तविकताएँ हों, मूल्यों की आज की स्थितियाँ हों, तो हम पायेंगे समाधान ढूँढ़ने के बजाय स्थितियों को जटिल बनाने की दिशा में सभी ध्यानरत हैं। यह शुभ संकेत है कि भारत में तथा विदेश में अब भी कई ऐसे विद्वान हैं जिन्हें गाँधीवाद में सकारात्मक सोच की झलक मिलती है और उसके बारे में उन्होंने लिखा भी है। जहाँ तक हिन्दी का समकालीन लेखन है उसमें विश्वनाथप्रसाद तिवारी गाँधीजी से प्रभावित रचनाकार हैं। उनकी कविताओं में परोक्ष रूप से गाँधी चिन्तन का संस्पर्श अनुभव किया जा सकता है। 'महात्मा गाँधी : सहस्राब्द का महानायक' नाम से उन्होंने एक ग्रन्थ (2011) सम्पादित किया है। गाँधी दर्शन के विभिन्न पक्षों पर इसमें आलेख सम्मिलित हैं। इस ग्रन्थ-सम्पादन से भी मुख्य है कि उन्होंने अपनी पत्रिका (दस्तावेज़) का 100वाँ अंक गाँधीजी पर केन्द्रित किया है। उसका सम्पादकीय, आज के सन्दर्भ में, कई दृष्टियों से महत्त्वपूर्ण है। एक साहित्यिक पत्रिका के गाँधी पर केन्द्रित अंक निकालने का स्पष्टीकरण भी उन्होंने दिया है : "गाँधी के बारे में कुछ नया देने के लिए नहीं बल्कि गाँधी को एक बार और स्मरण करने के लिए। सत्य को जितनी बार दुहरा सकें, दुहराते रहना चाहिए। शायद उसका कोई कण अपने भीतर भी उतर जाये।" (दस्तावेज़-100, जुलाई-सितम्बर 2003) सत्य को

मूल्य के रूप में गाँधीजी ने देखा था जिसका आज एकदम अभाव है। इसलिए उस निष्ठाभाव के बारे में और उनके द्वारा किये गये प्रयोगों के बारे में विचार करना सर्वथा उचित ही है। 'दस्तावेज़' के सम्पादकीय में गाँधी दर्शन के विभिन्न पक्षों पर प्रकाश डाला गया है। आत्मा में गाँधी जी की गहरी आस्था है। विश्वनाथप्रसाद तिवारी लिखते हैं : "वे सृष्टि के प्रत्येक कण में चैतन्य के दर्शन करते हैं इसलिए सारा अस्तित्व उनके लिए एक है। 'जो आप अपने लिए चाहते हैं, वही दूसरे के लिए करें'–यही उनकी दृष्टि में धर्म और इसी के वे प्रवक्ता हैं। ईश्वर उनके लिए सत्य का ही दूसरा नाम है।" (वही) उन्होंने अपने को धार्मिक घोषित किया है। उनके द्वारा प्रयुक्त धार्मिक शब्द का बृहत्तर अर्थ है। वे धार्मिक आस्था से प्रतिबद्ध हैं जिसके तहत वे मनुष्य को ही प्रतिष्ठित करते हैं। अपने को धार्मिक मानने से उन्हें यह फ़ायदा हुआ कि वे सभी धर्मों के पक्षधर भी हुए। रूढ़ियाँ उन्हें छू न सकीं। आस्थाएँ उनका बल रहीं। इन कुछ तथ्यों पर विश्वनाथप्रसाद तिवारी विचार करते हैं।

गाँधी और मार्क्स के विचारों को भी विश्वनाथप्रसाद तिवारी विचारार्थ लेते हैं। मार्क्सवादियों के लिए गाँधी अप्रिय विषय है। इसका कारण मार्क्सवादियों की सीमित दृष्टि है। इन दो महान व्यक्तियों के आदर्शों की तारतम्यता भी वे करते हैं। "गाँधी और मार्क्स का अन्तर दो जीवन दृष्टियों का अन्तर है। गाँधी चिन्तन में मनुष्य के सामाजिक, आर्थिक और राजनीतिक आयामों के साथ एक आध्यात्मिक आयाम भी है। मार्क्स के लिए आध्यात्मिक क्षेत्र वर्जित है। गाँधी ईश्वर में, आत्मा मे, धर्म मे और व्यक्ति की निजी नैतिकता में विश्वास रखते हैं। मार्क्स ईश्वर, आत्मा, धर्म का निषेध करते हैं और व्यक्तिगत नैतिकता की उनकी अवधारणा गाँधी से बिल्कुल अलग है। गाँधी साधन और साध्य दोनों की पवित्रता में विश्वास करते हैं जब कि मार्क्स साध्य के लिए साधन की पवित्रता को तिलांजलि दे सकते हैं। मार्क्स का सिद्धान्त शोषक वर्ग के प्रति घृणा और ग़ुस्से में पैदा हुआ था। गाँधी के भीतर वह ग़रीबों और शोषितों के प्रति करुणा से उत्पन्न हुआ था। ...मार्क्स का सबसे प्रिय शब्द है 'संघर्ष'। गाँधी के सम्पूर्ण जीवन का निचोड़, जिस एक शब्द में व्यक्त हुआ है, वह शब्द है सत्य या सत्याग्रह।" (वही) इस कारण से गाँधीजी अपने निजी जीवन और सामाजिक जीवन में कोई अन्तर नहीं मानते हैं। निजी जीवन का प्रभाव सार्वजनिक जीवन पर पड़ता ही है। इस कारण से नैतिकता पर उनका ज़ोर रहता है। आर्थिक या राजनीतिक स्वतन्त्रता से ज़्यादा महत्त्व वे नैतिक दृष्टि को देते हैं। आज उसका उल्टा हो रहा है। इसे नैतिक ह्रास ही कहा जायेगा। इसलिए हमारी लोकतांत्रिक अवधारणा इतनी खोखली और अर्थहीन हो गयी है।

गाँधीजी के स्वदेशी आन्दोलन का भी विस्तृत विवेचन विश्वनाथप्रसाद तिवारी ने किया है। "गाँधी के लिए 'स्वदेशी' केवल विदेशी कपड़ों का बहिष्कार नहीं। एक विराट धर्म नीति है जिसका उद्देश्य था विद्वेषपूर्ण द्वन्द्व से संसार का त्राण करना, मनुष्य को मुक्ति देना। गाँधी के अनुसार पश्चिमी अर्थव्यवस्था बाज़ार के लिए उत्पादन करती है, जबकि उत्पादन अपनी ज़रूरत के लिए होना चाहिए। पश्चिमी उत्पादन ज़रूरत पैदा करता, जबकि गाँधीजी अपनी ज़रूरतों को सीमित करने और सादगी पर ज़ोर देते थे।" (वही) आज के बाज़ारवाद के सन्दर्भ में गाँधीजी के विचार कितने मूल्यवान हैं। वैसे वैश्वीकृत समाज का हर सदस्य बाज़ारवाद की चपेट में आ चुका है। ऐसे में गाँधीजी के विचार उनके दिमाग़ में घुस ही नहीं सकते। भले ही हम बाज़ारवाद के दुष्परिणामों के शिकंजे में हैं फिर भी गाँधीजी के सिद्धान्तों को विकल्प के रूप में नहीं ले रहे हैं। यही भारतीय समाज की दिक्कत है। इस अर्थ में विश्वनाथप्रसाद तिवारी का गाँधी के प्रति झुकाव और उनके विचारों को निरन्तर रेखांकित करते रहने की उनकी प्रवृत्ति अत्यन्त सराहनीय है। यह प्रवृत्ति विश्वनाथप्रसाद तिवारी में शुरू से रही है। अपने एक साक्षात्कार में उन्होंने इस बात का विवरण दिया है। "गाँधी ने जिस साधन की पवित्रता तथा 'कथनी और करनी की एकता' पर बल दिया, वह उनके विरोधियों के लिए एक चुनौती है। गाँधी ने जो कुछ कहा, उसे अपने जीवन में उतारकर दिखाया। इसलिए उन्होंने अपनी आत्मकथा को 'सत्य का प्रयोग' कहा। इस प्रकार का प्रयोग पश्चिम में किसी विचारक ने नहीं किया। विचार के साथ आचार की बात करना गाँधी की विशेषता है। अन्य विचारक केवल 'विचार' की बात करते हैं। गाँधी ने भंगी मुहल्ले में पाखाने की टोकरी भी सिर पर उठाई और अपनी पत्नी से शूद्र की जूठन भी साफ़ करायी। गाँधी ने व्यक्तिगत सम्पत्ति त्याग दी। उनका बैंक में कोई खाता नहीं था। आप किसी मार्क्सवादी का नाम बताइए, जिसका बैंक में खाता न हो। किसी दलित नेता का नाम बताइए, जिसने पाखाने की टोकरी अपने सिर पर उठाई हो... आज उपभोगवादी, सुखवादी, शरीरवादी, साम्राज्यवादी, व्यक्तिवादी प्रवृत्तियाँ, मनुष्य को इस कदर अविवेकी बनाये हुए हैं कि यह अपने स्वार्थ से सम्पूर्ण सृष्टि के साथ हिंसा पर उतारू है। इस महाविनाशी यान्त्रिक, अर्थ केन्द्रित अन्धकार में सिर्फ़ गाँधी के विचार रास्ता दिखा सकते हैं।" (मेरे साक्षात्कार : पृ. 17-18) यह पहचान पश्चिमी विचारकों के पास हैं। इसलिए वे गाँधीजी को महत्त्व देते है। कई महत्त्वपूर्ण पुस्तकें भारत के बाहर के लोगों ने लिखी हैं। हमारे यहाँ दलगत राजनीति ने हमें एक खंडित दृष्टि ही प्रदान की है। आपसी घृणा और दुश्मनी इसकी देन है जब कि गाँधी दर्शन में इसके लिए कोई स्थान नहीं है। इसलिए जो भी आज गाँधी

जी को महत्त्व देना चाहते हैं उनका कर्तव्य है कि गाँधी को कैसे ज़िन्दा रखा जाये। हर चौराहे पर गाँधीजी के पुतले बनाने से कोई फ़ायदा नहीं है। उनके आदर्शों के बहाने एक वैकल्पिक समाज की अवधारणा को विकसित करना आज हमारा लक्ष्य होना चाहिए। उस समाज में दुश्मनी की जगह मित्रता, पाशविकता के स्थान पर करुणा और तमाम संकीर्णताओं की जगह खुली विचारधाराओं को 'स्पेस' देना हमारा कर्तव्य होना चाहिए। इस अर्थ में हमें गाँधीजी को ज़िन्दा रखना है। गाँधीजी को ज़िन्दा रखते हुए हम भारतीयता को भी ज़िन्दा रख सकते हैं।

"रचनात्मक साहित्य ज्ञान के अन्य अनुशासनों की तुलना में इसलिए विशिष्ट होता है कि वह भावदीप्त सत्य को प्रकट करता है। यथार्थ को राग से पकड़ना, उसे अनुभूति का विषय बनाना और अस्तित्व की गहराइयों से प्राप्त भाषा से उसे व्यक्त करना - यही रचना की विशिष्ट प्रक्रिया है। इसलिए वह वैचारिक भाषणों, बौद्धिक स्थापनाओं और मान्यताओं से अधिक संवेद्‌य हो जाता है। जो साहित्य पाठक के भीतर करुणा पैदा कर सके, मनुष्यता के सोए भाव को जगा सके, वह बेहतर है उस साहित्य से, जो पाठक में सिर्फ़ विचार पैदा करके रह जाये। करुणा ही कर्म में प्रवृत्त करती है और जब वह कर्म का रूप धारण करती है तो बुद्ध और गाँधी के रूप दिखाई पड़ती है।"

अन्तानं किन्न गवेसेय्याथ

बुद्ध ने कहा था : 'अन्तानं किन्न गवेसेय्याथ'–'अपने को क्यों नहीं ढूँढ़ते'। इधर विवेकानंद और नारायण गुरु जैसे मनीषियों ने भी अपने ढंग से बुद्ध की बात को दुहराया है। गाँधीजी ने भी इसी बात पर बल दिया है। चिन्तन के नैतिक आधार पर ज़ोर देने वाले सभी अपने आत्म की तलाश को रेखांकित करते हैं। इसमें आत्ममुग्धता की प्रवृत्ति लेश मात्र भी नहीं है। दरअसल इसमें आत्म और परत्व की पारस्परिकता पर आस्था व्यक्त की गयी है। इसे आत्मविस्तार भी कहा जा सकता है। जो अहं से मुक्त हो सकता है वही आत्मविस्तार कर सकता है। इसलिए बुद्ध के कथन में आत्म की जो खोज है वह वस्तुतः आत्मविस्तार है। यह एक आस्थावादी दृष्टि है जो सदैव नैतिकता पर ज़ोर देती है। यह नैतिकता व्यक्ति सापेक्ष कम और समाज सापेक्ष अधिक है। इसे एक विशिष्ट नागरिक बोध भी कहा जा सकता है। आजकल अकेले होते व्यक्तियों से हमारा सामना होता है जो अपने संकीर्ण दायरे को मूल्यवान समझता है। वह परत्व को अनदेखा करता है। वह नागरिक होता नहीं है। नागरिक बोध से ओतप्रोत व्यक्ति-मानस अपने को तलाशता है ज़रूर, जिसके माध्यम से वह पर को अपने साथ-समाविष्ट करता है। यह समावेशी चरित्र है। उसी से समाज प्रगति कर सकता है। विश्वनाथप्रसाद तिवारी के विचारक पक्ष में यह गतिशील चरित्र सर्वत्र दृश्यवत् होता है। समय की सुइयों के प्रति सजग रहना वे अपना दायित्व समझते हैं। वैचारिक निबन्ध हो या साहित्यिक, दोनों में उनकी सजगता दिखाई देती है। साथ ही वे आत्मज्ञान को सर्वाधिक महत्त्व देते हैं। अपनी डायरी–'दिन-रैन' में एक जगह वे लिखते हैं : "कुछ लेखक-विचारक कहते हैं कि भारत की परलोकवासी और संसार को असार मानने वाली जीवन-दृष्टि ने उसे विकास गति में पीछे छोड़ दिया है। उनकी जो विकास की अवधारणा है उसके सन्दर्भ में यह बात सही है। पर विकास की अवधारणा का एक दूसरा पहलू भी है जो चेतना के परिष्कार से सम्बन्ध रखता है। उक्त भारतीय जीवन-दृष्टि इस परिष्कार में उपकारक भी साबित हुई है। जो

सचमुच भीतर की गहराई से परलोक में विश्वास करता है और संसार को नश्वर मानता है वह बहुत सारे लौकिक प्रपंचों, पाखण्डों और प्रदर्शनों से अपने को मुक्त रखना चाहता है। वह निष्करुण होकर दूसरों को रौंदता हुआ आगे नहीं निकलना चाहता बल्कि अपनी मानवीय कमज़ोरियों से मुक्त होकर अपनी चेतना को निर्मल बनाने की कोशिश करता है। उसे विश्वास है कि इस लोक से परे भी कोई लोक है जिसमें उसे अपने कर्मों का हिसाब देना है। जिसके लिए यही संसार सब कुछ है, उसकी परिणति ऐन्द्रिक सुख-भोग में हो जाने की अधिक सम्भावना है। जिस दिन मनुष्य ने ईश्वर की हत्या कर दी उस दिन से वह निरा मनुष्य है–काम, क्रोध, मोह, लोभ में लिथड़ा एक जीव। मनुष्य के जीवन में कुछ तो ऐसा होना चाहिए, जो उसे न केवल स्वयं से बल्कि मनुष्य से बड़ा प्रतीत हो, जो उसे मात्र 'सोशल एनिमल' होने से बचा सके।" स्पष्ट है कि भौतिक सुख-भोग ही मनुष्य का लक्ष्य नहीं होना चाहिए क्योंकि मनुष्य उससे परे जा सकता है जो मनुष्य मात्र की क्षमता है। उसी को आत्मज्ञान कहते हैं। विश्वनाथप्रसाद तिवारी के सृजनात्मक व्यक्तित्व में आत्मज्ञान का महत्त्व सर्वाधिक है। इसलिए वे उच्चतर नैतिक मूल्यों के पक्षधर हैं। यह कोरी आदर्शवादिता नहीं है। आत्मज्ञान आत्मविस्तार का पथ प्रशस्त करता है। उन्होंने लिखा भी है कि "विराट् सृष्टि के साथ रचनात्मक रिश्ता बनाने में सबसे बड़ी बाधा है मनुष्य का अहं।" ('अस्ति और भवति'–पृ. 230) इस आशय का विस्तार वे अपनी रचनात्मकता में हू-ब-हू करते नज़र आते हैं।

कवि और आलोचक के रूप में विश्वनाथप्रसाद तिवारी का अच्छा-खास स्पेस है। 'दस्तावेज़' के सम्पादक की हैसियत से उन्होंने अपने सम्पादक-व्यक्तित्व को विकसित करने का कार्य भी किया और बीच-बीच में अपनी प्रखर वैचारिकता का भी परिचय दिया है। अपने यात्रा-वृत्तान्तों के माध्यम से हम उनकी निरन्तर विस्तृत होती जीवन दृष्टि से परिचित हो पाते हैं। कविताएँ इस बात की साक्ष्य ही हैं। उनके निबन्धों का वाचन पाठक-समाज के लिए एक नया अनुभव प्रदान करता है। कारण स्पष्ट है। उनके प्रत्येक निबन्ध में मानवीयता की खोज के लिए प्रमुखता दी गयी है। यह कैसी मानवीयता है? सवाल का उठना सहज है। विश्वनाथप्रसाद तिवारी की मानवीयता अपने आत्म की धरती पर टिकी है। ज़मीनी यथार्थ को तलाशती उनकी मानवीयता ऊहापोहों से निर्मित नहीं है बल्कि अपने लोक में वास करने वाले जीवित मनुष्य से बनी है। अपनी कविताओं के बारे में लिखते समय उन्होंने व्यक्त किया है जो इस सन्दर्भ में विचारणीय है–"यह कहने में संकोच तो होता है पर सच यही है कि मैं एक संवेदनशील आदमी हूँ। भय जहाँ भी दिखता है, जिन आँखों में भी, मुझे रचनात्मक बनाता है और कुछ कहने के लिए प्रेरित करता

है। ख़ास तौर से जो बेज़ुबान हैं, पराधीन हैं और अपने विरुद्ध किये जा रहे उत्पीड़न का विरोध नहीं कर सकते, उनके ऊपर होने वाले अत्याचार मुझे विचलित करते हैं। इसलिए पशुओं, बच्चों और स्त्रियों से सम्बन्धित बिम्ब मेरी कविता में प्रायः आते हैं। ये पराधीन जीव हैं जो स्वतन्त्रता का स्वाद नहीं जानते। काश, इस सृष्टि में हर जीवधारी बिना किसी दूसरे की भावना को आहत किये एक स्वतन्त्र, स्वाधीन जीवन जी सकता! मैं जानता हूँ, यह एक सपना है पर सपना देखना कोई बुरी बात नहीं है। मेरी कविता के मूल में जो करुणा है, वह उत्तेजित नहीं ख़ामोश करती है। शायद किसी को भीतर झाँकने के लिए प्रेरित भी करे।" (चुनी हुई कविताएँ, विश्वनाथप्रसाद तिवारी, 'कुछ और', पृ. 9) यह ज़रूर है कि उनकी रचनाएँ भीतर झाँकने के लिए प्रेरित करती हैं। उनके निबन्ध भी हमें सचेत अवस्था में ला देते हैं। और हमें पुनः भीतर झाँकने के लिए प्रेरित करते हैं।

'राज्य, धर्म, विचारधारा और साहित्य' विश्वनाथप्रसाद तिवारी का ऐसा एक निबन्ध है जिसमें उन्होंने समाज की बहुलतावादी दृष्टि को तरजीह दी है। कई मुद्दे, जैसे उक्त निबन्ध के शीर्षक से ज़ाहिर होता है, एक साथ विचारणीय हो गये हैं। निबन्धकार की विशेषता इस बात में है कि उनके विचार अतीव स्पष्ट और मनुष्य केन्द्रित हैं। सर्जक रचनाकार की रचनात्मकता पर विचार करते समय वे लिखते हैं : "अन्ततः सभी लेखक किसी न किसी राज्य व्यवस्था में, समाज में, धर्म में साँस लेते हैं और कोई-न-कोई पार्टी विचारधारा भी उनकी हो सकती है, पर वे इन सबका अतिक्रमण करके सम्पूर्ण सृष्टि की वेदना को अपनी वेदना बना लेते हैं। तभी सभी उनकी रचना में सहभागी बनते हैं। रचनाकार जिस सत्य की तलाश करता है, वह ज़्यादा व्यापक होता है, ज़्यादा गहरा होता है। क्योंकि वह नीति-अनीति, श्लील-अश्लील, पाप-पुण्य के सतही विधि निषेधों की नहीं, बल्कि उनके मूल स्रोतों की खोज करता है।" (संकलित निबन्ध, पृ. 2) रचनाकार की स्वायत्तता, रचना की स्वायत्तता, रचना का उद्देश्य और रचना की गतिमयता आदि एक साथ विचारणीय हो जाती हैं।

राज्य व्यवस्था और धर्म व्यवस्था सामाजिक संरचना के अभिन्न अंग हैं। उन्हीं में हर किसी की तरह लेखक भी साँस लेता है। पर उसकी रचना सबका अतिक्रमण करती है। साहित्य को तमाम विधि निषेधों का उल्लंघन इसलिए करना पड़ता है कि वह सतही प्रक्रिया की परिचिति मात्र नहीं है। विश्वनाथप्रसाद तिवारी ने 'सृष्टि की वेदना को अपनी वेदना बना लेने' की बात कही है जो साहित्य की बुनियादी मूल्य दृष्टि है। यहीं पर मनुष्य साहित्य के केन्द्र में आता है अपने ठोसपन के साथ। अपने प्रति अकारुणिक होकर यह लेखक समाज के लिए करुणा प्रदान

करता है। 'रुदितानुसारी कवि' वाली उक्ति इस निबन्धकार/रचनाकार के सन्दर्भ में चरितार्थ होती है।

महिमामण्डित करके मनुष्य को उदात्तीकृत करना इस निबन्धकार का लक्ष्य नहीं है। राज्य, धर्म और विचारधारा अपनी-अपनी सांस्थानिक स्थिति में यदि किसी को बहिष्कृत या तिरस्कृत करती है तो वह मनुष्य को है। इसलिए साहित्यकार इन तीनों से अलग हटकर मनुष्य को महत्त्व देता है। निबन्धकार का कथन इस प्रकार है : "राज्य, धर्म, विचारधारा और साहित्य : इन चारों का अन्तिम लक्ष्य एक ही है अर्थात् मनुष्य। उनका जन्म एक ही लक्ष्य के लिए हुआ है, पर कालान्तर में इनकी दिशाएँ अलग हो जाने के कारण इनमें स्पष्ट और गहरा विरोध हो गया है। राज्य, धर्म और विचारधारा–इन तीनों ने अपनी-अपनी सत्ताएँ कायम कर ली हैं और जैसा कि सत्ता का मूल चरित्र होता है ये अपनी-अपनी रक्षा में लगी हैं। इसलिए व्यवहार में अब इनका मनुष्य के साथ रिश्ता उलट गया है। दुनिया के किसी भी राज्य, किसी भी धर्म और और किसी भी विचारधारा का आप उदाहरण ले सकते हैं। सब अपनी ही सत्ता की लड़ाई लड़ रहे हैं और मनुष्य को अपने हथियार की तरह इस्तेमाल कर रहे हैं।" (संकलित निबन्ध–पृ. 6) इस प्रकरण में निबन्धकार विश्वनाथप्रसाद तिवारी ने मानवाधिकार पर स्पष्टतः विचार नहीं किया है। यह दरअसल मानवाधिकार का मामला है। दुनियाभर के देशों के इतिहास को देखा जाये, वहाँ की राजनीतिक व सामाजिक गतिविधियों को देखा जाये या फिर हमारे ही देश में होने वाले हादसों को नज़दीक से देखा जाये तो विश्वनाथप्रसाद तिवारी के अर्थसम्पुष्ट एवं गहन विचारों की प्रासंगिकता स्वयमेव स्पष्ट होती है क्योंकि वे मनुष्य विरोधी हरकतों पर ही अंकुश लगा रहे हैं। मानवाधिकार का हनन, उनके अनुसार, एक सामाजिक विषय भी है और साहित्य का विषय भी है। उनके कथन में यह तथ्य छिपा है कि व्यवस्थाएँ जब अपनी-अपनी सत्ता की लड़ाइयाँ लड़ रही हैं तो साहित्य मानवाधिकार को सुरक्षित रखने की लड़ाई लड़ रहा है। शुरू से साहित्य का यही लक्ष्य रहा है। निबन्धकार उसी पर ज़्यादा जोर दे रहे हैं।

किसी भी व्यवस्था को सरसरी दृष्टि से देखा जा सकता है। ऐसे में कोई ख़तरा दिखाई नहीं देता है। लेकिन जो चीज़ों को नज़दीक से देखकर विश्लेषणात्मक ढंग से परखता है उसे बहुत कुछ दिखाई देता है। वह जवाबदेही से कतराता भी नहीं है। विश्वनाथप्रसाद तिवारी ऐसे निबन्धकार हैं जो सदैव अपने भीतर झाँकता है। वे आत्मलिप्त होकर अपने बौनेपन का परिचय नहीं दे रहे हैं। आत्मविस्तार को वे सदैव प्रमुखता देते हैं। इसलिए वे 'सद्युग के दीर्घकाय मनुष्य' की तरह तमाम बौनी संस्कृतियों का पर्दाफ़ाश करते हैं। मलयालम के प्रसिद्ध कथाकार वैक्कम मुहम्मद

बशीर का चर्चित उपन्यास है 'दीवारें'। अडूर गोपालकृष्णन ने इसी उपन्यास पर केन्द्रित फ़िल्म भी बनायी है, जिसमें प्रस्तोता पात्र-रचनाकार स्वतन्त्रता-संग्राम में भाग लेने के कारण जेल पहुँच जाता है। जेल की चारों तरफ़ की ऊँची-ऊँची दीवारें प्रतीकात्मक ढंग से अवतरित हैं। महीनों पश्चात जेल से रिहा होने की ख़बर सुनकर वह ख़ुश नहीं होता है। ऊँची दीवारों से युक्त जेल के बाहर भी, प्रस्तोता पात्र-रचनाकार के अनुसार, कई प्रकार की ऊँची-ऊँची दीवारें हैं–जाति की, धर्म की तथा नस्ल की दीवारें हैं। इसलिए रिहा होने का मतलब वह जेलर से पूछता है। विश्वनाथप्रसाद तिवारी के निबन्ध में इन्हीं दीवारों की चर्चा है जो मनुष्य के जीवन को अर्थहीन बनाती हैं : "राज्य, धर्म और विचारधाराएँ अनन्तकाल से चारों ओर दीवारें ही खड़ी करती आ रही है–सम्प्रदाय की, जाति की, धन की, पद की, लिंग की, कितनी कितनी दीवारें।" (संकलित निबन्ध–पृ. 6) इन्हीं दीवारों ने मनुष्य व समाज को यान्त्रिक बना छोड़ा है। 'दुनिया बाज़ार में बदल गयी है'। इस घोर अन्धकार में, निबन्धकार का सवाल है कि, साहित्य पाठक को रोशनी दे सकता है? यह एक मामूली सवाल नहीं है। साहित्यकार होने से वे यों ही साहित्य का पक्ष नहीं ले रहे हैं। नवउपनिवेशवादी संस्कृति की बढ़त के इस काल में निबन्धकार के सवाल प्रासंगिक लगते हैं।

हिन्दी में पारिस्थितिकी आलोचना का उतना विकास नहीं हुआ है जितना अपेक्षित है। 'मनुष्य ही साहित्य का लक्ष्य नहीं है' शीर्षक निबन्ध में विश्वनाथप्रसाद तिवारी ने पारिस्थितिकी संवेदना का विश्लेषण प्रस्तुत किया है। पर यह कोई सैद्धान्तिक निबन्ध नहीं है। जिस निबन्ध का विश्लेषण इसके पहले हुआ है उसमें मनुष्य को केन्द्र में रखा गया है। तब क्या इस निबन्ध में मनुष्य को केन्द्र से अलग किया गया है? विषय साहित्य सम्बन्धी है। इसलिए निबन्ध में साहित्य की समग्रता, गहनता और सघनता के कई आयाम विचारणीय हुए हैं। इस समग्रता में मनुष्य एवं मनुष्येतर वस्तुएँ भी शामिल हैं। यह मात्र एक आनुषंगिक संश्लेषण नहीं है। उनका कहना है कि मनुष्य के पहले उपस्थित प्रकृति को अनदेखा करके मनुष्य को केन्द्र में रखना अधूरा जीवन दर्शन है। मनुष्य का दम्भ भी उसमें है। इसलिए वे आगे कहते हैं : "मनुष्य केन्द्रित चिन्तन की सीमा यह है कि उसने अपने को ही सर्वोपरि और सर्वश्रेष्ठ मानकर शेष सृष्टि को अपना भोग्य मान लिया। ऐसे में शेष सृष्टि के साथ उसका सम्बन्ध समता और भ्रातृत्व का नहीं, स्वामी और भृत्य का होगा। कृतज्ञता और विनम्रता का नहीं, अधिकार और दम्भ का होगा।" (संकलित निबन्ध, पृ. 11) इस तरह अपनी पारिस्थितिकी संवेदना की निबन्धकार की, चर्चा मनुष्य में निहित एक महाभाव की ओर बढ़ती है और वह महाभाव है करुणा जो

साहित्य का मूल स्रोत भी है। विश्वनाथप्रसाद तिवारी की सभी रचनाओं में करुणा का यह महाभाव व्यापक तौर पर उपलब्ध है।

रचना और विचारधारा पर आधारित अपने निबन्ध में स्पष्टतापूर्वक वे यह बताते हैं कि रचना की विचारधारा से बढ़कर उसकी संवेदना पाठक को आकृष्ट करती है। विचारधारा का, साहित्य में, जड़ मतवाद की तरह रूपांतरित होना सम्भव है। जब तक वह एक गतिशील जीवन दर्शन नहीं बन पाती तब तक वह रचना की प्रेरक स्थिति भी नहीं बन सकती। इसलिए इसी निबन्ध संकलन में शामिल 'सोवियत संघ का पतन और मार्क्सवादी चिन्तन' शीर्षक निबन्ध में वे मार्क्सवादी विचारधारा का विरोध करते हैं। विरोध प्रकट करते समय उन्हें यह पता है कि उनके मार्क्सवादी मित्र तथा अन्य कड़े शब्दों में उनका सामना करेंगे। वस्तुतः विश्वनाथप्रसाद तिवारी इसको व्यक्तिगत प्रसंग के रूप में प्रस्तुत करते हैं, लेकिन समान्तरतः वे एक प्रमुख मुद्दा भी उठा रहे हैं जो विचारधारा की कमज़ोरी से सम्बन्धित है। वे लिखते हैं : "मैं अनुभव कर सकता हूँ, इस लेख पर मार्क्सवादी लेखकों की क्या प्रतिक्रिया होगी। वे अपने अहंकार या हीनताबोध में इसकी खिल्ली उड़ायेंगे। मुझे प्रतिक्रियावादी, टुटपुंजिया, बुद्धिजीवी, वर्गशत्रु, पूँजीवादियों का एजेंट आदि न जाने क्या-क्या कहेंगे? स्वयं मेरे मित्रों में मार्क्सवादी लेखकों की संख्या बहुत अधिक है, जो मुझ पर कुपित होंगे। मगर एक काम जो वे नहीं करेंगे, वह है–आत्मालोचन। इसकी आज़ादी उन्हें नहीं है। जो व्यावहारिक मार्क्सवाद का दुखद पक्ष है।" हर नया विचार मनुष्य को नवीकृत करे न कि उसे अधीन में रखे। हर विचारधारा समाज में सांस्कृतिक परिवर्तन लाने के हेतु हो न कि जड़ता फैलाने के लिए। वैसे समाज के लिए नयी-नयी विचारधाराओं की ज़रूरत है। परन्तु उसे पुनर्नवा की तरह मनुष्य को जाग्रत, गतिशील, रूढ़िमुक्त करना चाहिए। मार्क्सवादी दृष्टि की जड़ता निबन्धकार के अनुसार, मनुष्य के समग्र विकास में बाधक हो रही है। उनका मानना बस यही है कि आत्मालोचन के अभाव में कोई भी चिन्तन दीर्घायु नहीं हो सकता। जो चिन्तन मनुष्य के आत्मविस्तार में सहायक है वही समाज के लिए प्रेरक हो सकता है।

विश्वनाथप्रसाद तिवारी पर महात्मा गाँधी का प्रभाव सर्वाधिक है। समय-समय पर उन्होंने इस प्रभाव को स्वीकार किया है। यह उनकी व्यक्तिपूजा का कोई उदाहरण नहीं है। गाँधीजी की नैतिक ऊर्जा के वे प्रशंसक हैं। गाँधी जी समाज व देश को बदलना चाहते थे। "बदलना सबसे पहले अपने से शुरू होता है। 'अत्तानं किन्न गवेसेय्याथ' (अपने को क्यों नहीं ढूँढ़ते) कहा था बुद्ध ने। सारी दुनिया उनके महात्याग, महाभिनिष्क्रमण और महाकरुणा से वाक़िफ़ है। गाँधी की आत्मकथा के

पाठक भी जानते हैं किस प्रकार उन्होंने स्वयं को गढ़-गूढ़, छील-छालकर तराशा था और सबसे बड़ी लड़ाई स्वयं अपने से और अपनों से लड़ी थी...” इसलिए गाँधीजी विकास या परिवर्तन, स्वराज या आज़ादी पर विचार करते समय उस 'अन्तिम आदमी' को प्रस्तुत करते हैं। गाँधीजी के इस विचार को विश्वनाथप्रसाद तिवारी क्यों रेखांकित करते हैं? इसका मुख्य कारण उनके व्यक्तित्व में निहित लोक मानस है। उत्तर भारत के जीवन और वहाँ की संस्कृति में पलने-बढ़ने के बावजूद उनकी भारतीय दृष्टि उनके चिन्तन को भास्वर बना देती है। इसलिए उनका नैतिकता सम्बन्धी चिन्तन, सत्य पर अनियन्त्रित आग्रह, महाप्रकृति के सम्मुख विनत होने की भावना, गतिशील अध्यात्म पर गहरी आस्था, धर्म को मूलवाद से अलग करने की त्वरित इच्छा, गहरी मानवीयता, साहित्य व कला में निहित वैश्विक बोध की पहचान, समाज के उस 'अन्तिम आदमी' को प्रश्रय देने की दृष्टि, अहं से मुक्ति, आत्मालोचन की प्रवृत्ति तथा आत्मविस्तार के लिए निरन्तर प्रयत्नशील रहना आदि उनकी भारतीय दृष्टि के प्रेरक घटक हैं। इसलिए विश्वनाथप्रसाद तिवारी के निबन्धों को भारतीय मानस की विकास-यात्रा के सन्दर्भ में विश्लेषित किया जा सकता है। एक गहन आस्था उनकी वैचारिकी को वलयित करती रहती है। उनकी एक कविता है : 'फिर भी कुछ रह जायेगा' जिसकी कुछ पंक्तियाँ यहाँ पर प्रासंगिक प्रतीत होती हैं :

क्या तुम्हें यक़ीन है
मर जायेंगी जिजिविषाएँ
झर जायेंगी आस्थाएँ
सूख जायेंगे सपने
व्यर्थ हो जायेंगे शब्द

....

....

नहीं, ज़रूर कुछ रह जायेगा

'राजसत्ता और साहित्यकार' विश्वनाथप्रसाद तिवारी का एक प्रमुख निबन्ध है। उसमें उन्होंने विषय की गहराई में जाकर अपने विचार व्यक्त किये हैं। इसी विषय को केन्द्र में रखकर मोहन राकेश ने अपना पहला नाटक : 'आषाढ़ का एक दिन' लिखा था। इस विषय की विशेषता यही है कि यहाँ सृजनात्मक संवेदना और सत्ता के सम्प्रभुत्व के बीच संघर्ष अनिवार्य है। कारण स्पष्ट है। दोनों के लक्ष्य अलग-अलग हैं। इसलिए टकराहट का होना भी अनिवार्य है। साहित्य की ज़मीन मनुष्य के संघर्ष की सुदीर्घ गाथा से सम्बन्धित है। राज्यसत्ता का एक ही लक्ष्य है

कि वह अपनी सत्ता को बनाये रखना चाहती है। उसमें कुटिलताओं, क्रूरताओं का संश्लेष होता है। एक में अधिकार को प्रमुखता प्राप्त है तो दूसरे में मनुष्य की स्वतन्त्रता ही सदैव चिह्नित होती रहती है। अधिकार के विषम वृत्त में मनुष्य प्रायः बहिष्कृत ही रहता है। साम्राज्यवादी शासन व्यवस्था से लेकर आज की हमारी तथाकथित लोक-तान्त्रिक व्यवस्था तक में ऐसी मनुष्य विरोधी हरकतें ही अधिक उद्भासित मिलती हैं। 'राज्यसत्ता और साहित्यकार' शीर्षक निबन्ध में विश्वनाथप्रसाद तिवारी इन कुछ मुद्दों पर विचार करते हैं : "राज्य और साहित्य में एक बुनियादी अन्तर है। राज्य का आधार है शक्ति और प्रभुत्व। साहित्य का आधार है मूल्य। जिस दिन मूल्यों की सत्ता स्थापित हो जायेगी उस दिन राज्य की सत्ता समाप्त हो जायेगी। न केवल तुलसी ने रामराज्य की कल्पना की है, बल्कि मार्क्स ने भी राज्यविहीन समाज की कल्पना की है। राज्य मनुष्य की आवश्यकताओं को पूरा करता है, अमन-चैन और व्यवस्था क़ायम करता है। लेकिन कभी-कभी वह जनाकांक्षा के विपरीत आचरण करता है। अपने नागरिकों की स्वतन्त्रता को हड़पना भी चाहता है। ऐसी स्थिति में लेखक जनाकांक्षा के साथ होता है। वह नागरिक स्वतन्त्रता को हड़पने वाली सत्ता का विरोध करता है।" (संकलित निबन्ध, पृ. 59) साहित्यकार की इस वांछित प्रवृत्ति का विरोध सत्ता में सर्वसुलभ है। यह कभी-कभी अमानवीयता की हद पार कर जाता है। इसमें वस्तुतः संस्कृति और अपसंस्कृति की रस्साकशी ही हम अनुभव कर सकते हैं और त्रासदी यही है कि अक्सर अपसंस्कृति की जीत होती है। निरंकुशता के पास ताक़त होती है। धनबल और भुजबल उसे आगे बढ़ाता है। साहित्य संवेदना को केन्द्र में रखकर अपनी मानवीयता ही प्रदर्शित करता है। लेकिन अमानवीय माहौल में मानवीय होना और उसके लिए संघर्षरत होना मामूली बात नहीं है। हमारी सामाजिक चिन्तन की व्यापक रंगस्थली में, लोकतान्त्रिक उन्मुखताओं में साहित्य की इस दृष्टि का सर्वाधिक महत्त्व रहा है।

सामाजिक प्राणी होने के नाते साहित्यकार राज्यसत्ता से मुँह मोड़कर जी भी नहीं सकता है। राज्यसत्ता के प्रति साहित्यकार की कौन-सी दृष्टि काम्य है, इसका कोई सुनिश्चित निर्धारण सम्भव नहीं है। यह विदित है कि साहित्य की अन्तर्वस्तु जन-पक्ष धर्मी ही होती है। इसलिए निबन्धकार का मानना है कि, "साहित्यकार को अपने विवेक से छान-बीनकर, वस्तुपरक दृष्टि और तर्क के आधार पर पूरी तरह परखकर सरकार के प्रति अपना आचरण निश्चित करना पड़ेगा। वरना राजनीति में तो अवसरवादी, पाखण्डी भरे ही पड़े हैं। साहित्यकार भी उन्हीं में एक हो जायेगा।" (पृ. 61) आजकल इन दृश्यों की कोई कमी हमारे बीच में नहीं है।

इसे ही मुक्तिबोध ने दुमुँहेपन की संस्कृति (भूल-गलती) कहा था। राज्यसत्ता बहुत जल्द किसी को भी अधीनस्थ कर सकती है। लेकिन साहित्यकार में यदि आत्मिक बल है तो उसे कोई अधीन नहीं कर सकता; राज्य सत्ता भी।

विश्वनाथप्रसाद तिवारी ने पुरुष वर्चस्ववादी समाज में स्त्री की बहुविध समस्याओं पर जो निबन्ध लिखा है (तुम भूल गए पुरुषत्व मोह में कुछ सत्ता है नारी की) उसमें वे समाज व्यवस्था की अन्दरुनी स्थितियों का विस्तृत विश्लेषण प्रस्तुत करते हैं। यह विदित बात है कि उनकी दो प्रकार की कविताएँ स्त्री के पक्ष में लिखी गयी हैं। पहली है, माँ केन्द्रित और दूसरी है, स्त्री केन्द्रित। दोनों में वे स्त्री समाज के प्रति उदार और अपार करुणा ही प्रदर्शित करते हैं। समानता के मामूली तत्त्व को हमारी सामाजिक व्यवस्था ने तृण समझ लिया है और उसके लिए अपने तर्क भी ढूँढ़ लिए हैं। इन कविताओं में हमारी कुटिल मानसिकता का पर्दाफ़ाश ही हुआ है। विश्वनाथप्रसाद तिवारी का प्रस्तुत निबन्ध वस्तुतः हमारे समाज का बेबाक विश्लेषण है : "स्त्री होना, अनेक दुर्लभ गुणों का स्रोत होना है। स्त्री संवेदनशीलता, कोमलता, करुणा, प्रेम, ममता आदि का आगार है। स्त्री हृदय शाश्वत माँ का हृदय है। इसीलिए हिन्दुओं ने मातृरूपा देवियों की कल्पना की है और जगत जननी, मातेश्वरी आदि नामों से स्मरण किया है। उनके शिव अर्द्धनारीश्वर हैं। आधा पुरुष, आधा नारी। कोई भी पुरुष जब तक नारी के गुणों से समृद्ध नहीं होता, महान नहीं बन सकता है। वह महाप्रतापी हो सकता है, महान योद्धा, महापण्डित, मगर महानात्मा तो तभी होगा, जब नारीत्व से युक्त हो।" (पृ. 22-25) लेकिन होता क्या है? शत-प्रतिशत उल्टा। स्त्री के शोषण के विविध तौर-तरीकों का विश्लेषण निबन्धकार ने प्रस्तुत किया है। एक तरह से यह निबन्ध पुरुष वर्चस्ववादी सामाजिक संरचना का समाजशास्त्रीय विश्लेषण है। निबन्धकार का विचारक पक्ष इस निबन्ध में छाया हुआ है। स्त्री के लिए वे वैसी ही समानता के पक्षधर हैं। अतिवादों से बचने का कार्य भी उन्होंने किया है। लेकिन स्त्री की, समाज में, जो अर्हता है वह उसे मिलनी ही चाहिए। वे लिखते हैं :

"स्त्री-स्वाधीनता का अर्थ उसको वे सभी अवसर उपलब्ध कराना है, जो पुरुष को प्राप्त हैं और स्त्री होने के कारण वह जिनसे वंचित की जाती है। उसे समान मताधिकार, समान नागरिक अधिकार, शिक्षा और रोज़गार के समान अवसर तथा सम्पत्ति पर समान अधिकार प्राप्त होना चाहिए। उसे प्रेम और विवाह की स्वतन्त्रता तथा प्रजनन की स्वतन्त्रता मिलनी चाहिए। उसका क्षेत्र घर के भीतर सीमित नहीं होना चाहिए। और सबसे बुनियादी बात यह है कि उसे निर्णय का अधिकार प्राप्त होना चाहिए। यह नारी का वास्तविक सम्मान होगा और यही

पितृसत्तात्मक व्यवस्था से उसकी मुक्ति होगी"। (पृ. 32) हमारी न्याय व्यवस्था में इन सबके लिए प्रावधान है। बावजूद इसके इन प्रावधानों को जड़ से उखाड़कर फेंकने की प्रवृत्ति ही अधिकतर देखी जा सकती है। इसलिए स्त्री हत्याएँ और घरेलू उत्पीड़न की घटनाएँ हमारे समाज में सुलभ हैं। सही नागरिक बोध का विकास ही वस्तुतः अभीष्ट है। निबन्धकार उसी की ओर ही संकेत कर रहे हैं।

'संकलित निबन्ध' के अन्तर्गत साहित्यिक निबन्धों को भी निबन्धकार ने शामिल किया है, यथा 'रामचन्द्र शुक्ल की आलोचना', 'महादेवी वर्मा के संस्मरण और रेखाचित्र', 'विचारक जैनेंद्रकुमार', 'अज्ञेय का आलोचक व्यक्तित्व', 'जन्मशती पर हज़ारीप्रसाद द्विवेदी का स्मरण', 'नर के भीतर नारायण की व्यथा : रेणु', 'निर्मल वर्मा का वैचारिक गद्य', 'भीतरी और बाहरी संघर्ष का काव्य : मुक्तिबोध' आदि। इन निबन्धों को आलोचना की कोटि में भी रखा जा सकता है। लेकिन इनकी संरचनात्मक रीति निबन्ध विधा के अनुकूल है। अतः ये रचनाएँ अधिकाधिक निबन्ध ही हैं।

विश्वनाथप्रसाद तिवारी की निबन्ध-कला की सबसे बड़ी विशेषता यही है कि वे विषय विस्तार और विषय गहनता को बरकरार रखते दिखाई पड़ते हैं। सबसे मुख्य बात है कि उनमें निबन्धकार ने अपने आत्म का अन्वेषण किया है। भीतरी यात्रा का नैरन्तर्य उनके निबन्धों को मूल्यवान बनाता है।

"हफ्ताभर पहले शहर में एक ऐसा व्यक्ति मिला था जो जयपुर (राजस्थान) का रास्ता पूछ रहा था। पहले तो मैंने उसे रेलवे स्टेशन का रास्ता बता दिया। लेकिन तब मेरे आश्चर्य का ठिकाना न रहा जब उसने कहा कि उसे पैदल ही जयपुर जाना है। उसके साथ उसकी पत्नी और एक छोटा बच्चा भी था। उसने बताया कि वह सोनौली पोखरा रोड (नेपाल) पर पत्थर ढोने का काम कर रहा था। ठेकेदार ने उसकी मज़दूरी नहीं दी और उसकी वर्षभर की कमाई लेकर भाग गया। वह वहीं से पैदल आ रहा था। लगभग 150 किलोमीटर चलकर, और अभी लगभग 500 किलोमीटर जाना है। उसकी पत्नी के चेहरे पर इस कठिन क्षण में भी लाज भरी मुस्कान थी। कई दिनों तक उस राजस्थानी दम्पति का चेहरा तकलीफ़ देता रहा। कुछ चेहरे मन की गहराइयों में ऐसे बैठ जाते हैं जो समय-कुसमय मन को उदास बनाते रहते हैं।"

आत्म का स्वतन्त्र अनावरण

प्रत्येक भाषा में डायरी को साहित्यिक विधा का दर्जा प्राप्त है। वह रचनाकार के आत्म का स्वतन्त्र अनावरण है। अन्य गद्य विधाओं की तरह उसका स्वतन्त्र अस्तित्व है। यद्यपि आत्मकथा के अंशों के आधिक्य के कारण सहजतः उसे आत्मकथा के साथ जोड़कर भी देखा जाता है। लेकिन डायरी आत्मकथा नहीं है। वह अलग-अलग समयावधि में अलग-अलग प्रसंगों, घटनाओं, स्मृतियों, पुस्तकों, साहित्यकारों, यात्राओं, प्रभावों, कलाकारों, विचित्र दृश्यों, मानसिक संघर्षों, एकान्त क्षणों, गोष्ठियों और संवादों पर लिखी जाने वाली प्रतिक्रियाएँ है। उसकी विशेषता यही है कि वह रचना की अनिवार्यता की अभिव्यक्ति है। कोई भी प्रसंग हो, उसका जो प्रभाव रचनाकार पर पड़ता है, सम या विषम, जिससे वह मुक्त नहीं हो पाता, वह प्रसंग उसका पीछा करता रहता है। उसके लिए वह एक 'होडिंग' अनुभव होता है। उस पर कुछ न कुछ लिखने की अनिवार्यता से वह वशीभूत होता है। डायरी इस तरह लिखी जाती है। डायरी की रूप सम्बन्धी कोई सीमा न होने से वह अलग-अलग समय पर अपना रूप स्वयं अर्जित करती है। उसकी लघुता या गुरुता की भी कोई सीमा नहीं है।

डायरी में रचनाकार का आत्मपक्ष अत्यन्त मुख्य है। वह औरों के बहाने नहीं लिखता है बल्कि अपने में मग्न होकर लिखता है। अन्ततः वह अपने से मुक्त भी होता है। यह कैसे सम्भव होता है? डायरी की रचना की वेला रचनाकार के लिए अपने एकान्त का समय है। चाहे वह जिस किसी प्रभाववश रचनारत हो, रचते समय अपने भीतर की ओर ही झाँकता है। लेखन के उपरान्त वह पूरी तरह से मुक्त हो जाता है। जो लिखा गया है उसमें अपने 'आत्म' के साथ-साथ 'परत्व' का समावेश अधिक दिखाई देता है। परांश के अभाव में डायरी-लेखन असम्भव है। आत्मांश उसमें सदैव सदानीरा की तरह प्रवहमान रहता है। डायरी में आत्मांश और परांश का सन्तुलित समावेश रहता है। वह एक ही समय दो ध्रुवों का अन्वेषण है।

अकाल्पनिक गद्य विधा की श्रेणी में ही डायरी आती है। उसकी वस्तुनिष्ठता डायरी को प्रामाणिक बना देती है। डायरी लेखक के रचना-व्यक्तित्व की गहराई और गम्भीरता उसे मूल्यवान बनाती है। उसमें उसकी सौन्दर्य दृष्टि का परिचय मिलता है। डायरी रचनाकार की प्रतिक्रियाओं का परिच्छेद मात्र नहीं है। वह एक गम्भीर लेखक की आत्मविज्ञप्ति है और वस्तुनिष्ठ दृष्टि-सम्पन्नता का आकलन भी। इस कारण से ही डायरी साहित्यिक विधा के रूप में अपना स्वतन्त्र अस्तित्व प्रस्तुत कर पाती है। 'दिन रैन' विश्वनाथप्रसाद तिवारी की डायरी है। 1968 से लेकर 2013 तक की डायरियाँ इसमें शामिल हैं। कुछ कारणवश 1990 से 2001 तक की डायरियाँ इसमें शामिल नहीं हैं। बीच में भी नियमित रूप से डायरियाँ लिखी नहीं गयी हैं, यानी प्रतिदिन के हिसाब से नहीं हैं। लेकिन जो सामग्री इन डायरियों के माध्यम से प्रस्तुत है वह एक रचनाकार के जीवन के विभिन्न अध्यायों, रुझानों, अभिरुचियों, तेजोदीप्त चिन्तन के स्फुरणों, ऊष्मल रिश्तों, दार्शनिक मुद्राओं, साहित्यिक दृष्टिकोणों और उनकी संवेदना की पूरी विस्तृति का हम अनुभव कर पाते हैं। इन डायरियों में विश्वनाथप्रसाद तिवारी के बहुमुखी व्यक्तित्व के विभिन्न पक्ष अनावृत हुए हैं। सन्तोषजनक बात यह है कि इनमें आत्मप्रशंसा का पुट कहीं भी नहीं है, आत्मांश भरपूर मात्रा में उपलब्ध है। साथ ही परांश का भी आधिक्य है। परांश की कसौटी पर ही उन्होंने अपने को कसा है। इस तरह अपने को निरन्तर विसर्जित करते रहने की प्रवृत्ति भी मिलती है। चिन्तन-क्षणों के विविधवर्णी परिच्छेद भी इनमें मिलते हैं जो जीवन के अर्थ को आसानी से अवतरित करते हैं। लेकिन वे क़तई बोझीले नहीं हैं। लघुता के प्रति भी उनका अपार आकर्षण है जिसे उन्होंने आत्मीय भाषा में व्यक्त किया है। लोक जीवन, लोक दृष्टि, लोक संस्कृति और लोक भाषा में वे अपने कई प्रसंगों को चारुता भी प्रदान करते हैं। अपनी समग्रता में 'दिन रैन' के अनुभव खण्ड गतिशील एवं पारदर्शी जीवन के महत्त्व को उजागर करते हैं। डायरी के विभिन्न पृष्ठों में दिये गये अनुभवों को उद्धृत करके ही विश्वनाथप्रसाद तिवारी के रचनाकार व्यक्तित्व और मानवीयता के लिए समर्पित उनके मनुष्योचित आचरण को नज़दीक से देखा जा सकता है।

25 मई 1960 को उन्होंने डायरी में एक प्रसंग प्रस्तुत किया है : "हफ्ता भर पहले शहर में एक ऐसा व्यक्ति मिला था जो जयपुर (राजस्थान) का रास्ता पूछ रहा था। पहले तो मैंने उसे रेलवे स्टेशन का रास्ता बता दिया। लेकिन तब मेरे आश्चर्य का ठिकाना न रहा जब उसने कहा कि उसे पैदल ही जयपुर जाना है। उसके साथ उसकी पत्नी और एक छोटा बच्चा भी था। उसने बताया कि वह सोनौली पोखरा

रोड (नेपाल) पर पत्थर ढोने का काम कर रहा था। ठेकेदार ने उसकी मजदूरी नहीं दी और उसकी वर्षभर की कमाई लेकर भाग गया। वह वहीं से पैदल आ रहा था। लगभग 150 किलोमीटर चलकर, और अभी लगभग 500 किलोमीटर जाना है। उसकी पत्नी के चेहरे पर इस कठिन क्षण में भी लाज भरी मुस्कान थी। कई दिनों तक उस राजस्थानी दम्पति का चेहरा तकलीफ़ देता रहा। कुछ चेहरे मन की गहराइयों में ऐसे बैठ जाते हैं जो समय-कुसमय मन को उदास बनाते रहते हैं।" (पृ. 10) हमारे समाज में कई तबकों के लोग रहते हैं। उनमें से बहुसंख्यक लोग ग़रीबी-रेखा के नीचे गुज़र-बसर करने वाले हैं। झोंपड़-झुग्गियों में रहकर वे अपने जीवन को आगे बढ़ाते रहते हैं। हमारे बीच कुछ लोग ऐसे भी हैं जो अपनी शादी इटली में या अन्य विदेशी शहरों में धूम-धाम से करा लेते हैं जिसके लिए सैकड़ों करोड़ रुपये पानी की तरह बहाते हैं। इस अन्तर को देखकर मन एकदम बैठ जाता है। विश्वनाथप्रसाद तिवारी ने अपनी डायरी के पृष्ठ में जिस घटना का विवरण दिया है वह हमें उदासी के गर्त में फेंक देता है। उनके द्वारा प्रस्तुत यह घटना एक उदाहरण मात्र है। ऐसे लाखों-करोड़ों उदाहरण मिल सकते हैं। इतने पर भी हमारी सामाजिक परिघटना में न कोई फ़र्क़ आता है और न ग़रीबों की ग़रीबी का अन्त। वे जीवन की अनन्त यात्रा के निरालम्ब पथिक हैं जिन्हें चलते जाना पड़ रहा है। बिना किसी पाथेय के साथ वे चलते रहते हैं।

जीवन के अर्थ के बारे में सोचना-विचारना मनुष्य का स्वभाव है। जब हम दुनिया की विचित्रता से गुज़रते हैं तो मन में मन्थन शुरू होता है–कौन सही है और कौन सही नहीं है। जीवन का लक्ष्य क्या है और क्या हम उस दिशा में बढ़ रहे हैं? परन्तु एक जागरूक व्यक्ति के सामने न्याय-अन्याय को लेकर, नीति-अनीति को लेकर, ग़लत-सही को लेकर कई सवाल आते रहते हैं। विश्वनाथप्रसाद तिवारी की डायरी में दार्शनिक अन्दाज़ से युक्त कई प्रसंग पढ़ने को मिल जाते हैं। वे जीवन को अगम्भीर नहीं समझते हैं। उसे सरलीकृत करके देखना उनका स्वभाव नहीं है। पूरी गम्भीरता से जीवन के अन्तसंघर्ष को वे देखते हैं। इसलिए वे लिखते हैं : "भारतीय सन्तों-भक्तों ने मनुष्य में जो छह कमज़ोरियाँ बताई हैं–काम, क्रोध, मद, लोभ, मोह और मत्सर–इनसे मुक्त हुए बिना वास्तविकता को देख पाना सम्भव नहीं है। ये व्यक्ति की आँखों को अन्धा कर देते हैं। जो इनसे जितनी मात्रा में मुक्त होता है, यथार्थ और सत्य के उतने ही अंश को देख पाता है। जो मोह से ग्रस्त है वह 'पर' को कैसे देख सकता है? आत्ममोह का शोधन आत्मालोचन से होता है। पहले देखने वाली आँख कीचड़ से मुक्त हो तब तो दृश्य स्पष्ट होगा"। (पृ. 11-12) जीवन का अर्थ सम्बन्धी यह विश्लेषण दार्शनिक चर्चा के तहत उन्होंने प्रस्तुत

नहीं किया है। इस प्रसंग के दूरगामी प्रभाव को आज हम अपने आसपास महसूस कर सकते हैं। आज के वैश्वीकरण के दौर में जीवन-दृष्टि का यान्त्रिक हो जाना सहज हो गया है। मुनाफ़े पर केन्द्रित जीवन-यापन में ऊपर सूचित छह कमज़ोरियाँ प्रबल दिखती ही हैं चाहे वह व्यक्ति सम्बन्ध में हो या सामाजिक सम्बन्ध में या अन्तरराष्ट्रीय सम्बन्धों में। आत्ममोह का अनुपात आजकल इतना बढ़ा है कि आत्मालोचन की सम्भावनाएँ ख़त्म-सी दीखती हैं।

विश्वनाथप्रसाद तिवारी का यह डायरी-प्रसंग हमें अपने आत्ममन्थन के लिए प्रेरित करता ही है। सुभाषित की तरह वह हमारे दिमाग़ में जमी हुई काई को निकालने की कोशिश कर रहा है। अज्ञेय की कविता 'बावरा अहेरी' में कवि सूरज से अनुरोध करता दिखाई देता है कि उसकी किरणों से (आलोक की अनी से) दिमाग़ की कलौंस को दूर करें।

प्रत्येक देश ने अपनी भौगोलिक सीमाएँ निर्धारित की हैं। इन सीमाओं के आसपास या सीमावर्ती इलाक़ों में लोगों की घुसपैठ होती रहती है। उसके कई कारण हैं। ग़रीब लोगों की घुसपैठ के पीछे उनके अन्न की समस्या है। राजनीतिक घुसपैठ भी है जिसके पीछे पड़ोसी देश को बरबाद करने का षड्यन्त्र है। उसके कई आयाम भी हैं। यदि हम इन तमाम क़ायदे-क़ानूनों को कुछ समय के लिए भूल जायें तो हमें देशों की सीमाओं का भौगोलिक निर्धारण फालतू प्रतीत हो सकता है। विश्वनाथप्रसाद तिवारी भी ऐसा सोचते हैं। सवाल है क्यों? उनका यह सवाल हमारे सभ्य समाज से है : "मैंने अपनी मेज़ पर एक ग्लोब रखा है। छोटे-से इस ग्लोब पर जब हाथ फेरता हूँ तो इसका घूमना अच्छा लगता है। जैसे पृथ्वी घूम रही हो अपनी धुरी पर। मगर जब देखता हूँ प्रकृति के अलावा मनुष्य ने भी खण्डित कर दिया है इसे, तो उदास हो जाता हूँ। हर देश ने अपनी सीमाएँ खींच दी हैं। क्यों उसे लेना पड़ता है प्रकृति की दी हुई इस धरती पर वीजा और पासपोर्ट? क्या आदमी की पहचान के लिए ज़रूरी है किसी देश, जाति, धर्म, सम्प्रदाय का बिल्ला? क्या आदमी का आदमी होना मात्र पर्याप्त नहीं है? पिछले कुछ वर्षों से यह विचार मेरे मन में उठता रहा है मगर क्या कभी साकार हो सकेगा?" (पृ. 16) कभी नहीं, क्योंकि आजकल इसके नियम इतने कड़े कर दिये हैं कि हम किसी भी देश की सीमा के अन्दर यों ही जा नहीं पायेंगे। व्यावहारिक दृष्टि से देखें तो लेखक की यह इच्छा ऊटपटाँग प्रतीत होती है। लेकिन नैतिक दृष्टि से उनकी इच्छा सार्थक है। उसमें मानवीयता को प्राथमिकता दी गयी है। उसके सामने भौगोलिक सीमाओं का कोई महत्त्व नहीं। बाइबिल का एक कथन है कि आकाश में विचरण करने वाला पंछी न बीज बोता है न फसल काटता है। खलिहानों में भण्डार घर भी वह नहीं बनाता है। मूल रूप से मनुष्य भी इसी तरह स्वतन्त्र हैं। लेकिन उसने स्वयं अस्वतन्त्रता की श्रृंखलाएँ

बनायी हैं और उन श्रृंखलाओं में अपने को बाँध दिया है। यह उसकी स्वरचित अस्वतन्त्रता है जिसके पीछे उसके मद-मात्सर्य का बोध ही कार्यरत है। अहं इतना प्रखर है कि वह दूसरे को नरक मान रहा है। उसी ने ऐसी पाबंदियाँ बनायी हैं। अब इस नये माहौल में ये पाबंदियाँ स्वीकार्य हो गयी हैं। विश्वनाथप्रसाद तिवारी उसमें निहित मानवीयता के लोप को ही देख रहे हैं। मनुष्य का मनुष्य के विरोध में जाना सभ्य कहे जाने वाले समाज की नैतिक दृष्टि के अनुकूल नहीं है। सवाल यह रह जाता है कि क्या हम सभ्य हुए हैं?

उर्दू के मशहूर शायर फ़िराक़ के एक भाषण का प्रसंग अपनी डायरी में विश्वनाथप्रसाद तिवारी ने प्रस्तुत किया है। उसमें शायरी (कविता) के महत्त्व का प्रतिपादन है। एक सार्थक कवि ही ऐसा कह सकता है। फ़िराक़ ने कहा : "उर्दू शायरी की एक कमज़ोरी है कि उसका अधिकांश केवल गुदगुदी ही पैदा करके रह जाता है। शायरी एक सीरियस चीज़ है। बड़ी ज़िम्मेदारी की चीज़ है। शायरी में एक आग होनी चाहिए। मैत्थू अर्नाल्ड ने एक जगह लिखा है कि शायरी की दुनिया में सेकेंड क्लास के लिए कोई जगह नहीं है। उसमें हमेशा 'दी बेस्ट' के लिए ही जगह होती हैं।" (पृ. 24) फ़िराक़ ने दरअसल कविता सम्बन्धी एक शाश्वत बात कही है। वह एक सनातन सत्य है। कई प्रकार की कविताएँ एक ही समय में लिखी जाती हैं। कुमारन आशान ने एक बार अपने समय के कवि के बारे में कहा था : "वह आज के कवि हैं, वह कल (आनेवाला कल) के कवि नहीं हैं।" फ़िराक़ भी यही कह रहे हैं। 'दी बेस्ट' के लिए शायरी में जगह है। बाक़ी टिक नहीं सकती। कविता में अगम्भीरता के लिए स्थान नहीं है। अगम्भीरता वास्तव में सरलीकरण का नमूना है। सरलीकरण के दौरान कविता में से कई सच ओझल हो जाते हैं।

अपनी डायरी के पृष्ठों में विश्वनाथप्रसाद तिवारी ने अपने पारिवारिक जीवन का उल्लेख कम ही किया है। अगस्त 1973 में लिखी डायरी में उन्होंने अपने परिवार का एक प्रसंग भावोष्मल ढंग से प्रस्तुत किया है। भले ही यह पारिवारिक प्रसंग है फिर भी इसमें सम्बन्धों में आये परिवर्तनों पर बल दिया गया है। पीढ़ियों के बीच जो फासला है उसके कारणों की तह तक जाने का कार्य उन्होंने किया नहीं है फिर भी इस ओर एक सशक्त संकेत किया है। प्रसंग इस प्रकार है : "मेरे बाबा (ग्रैंड फ़ादर) गाँव से यहाँ दवा कराने आये हैं। महीनेभर से मेरे पास हैं। स्वस्थ हो चले हैं। बगल के कमरे में उनका बिस्तर लगा है। उनके खाने-पीने-सोने की अच्छी व्यवस्था है। मैं भी कुछ समय निकालकर उनके पास बैठ जाता हूँ। पर हमारे साथ संवाद नहीं हो पाता। वे मुझसे उम्र में पचास वर्ष बड़े हैं, पढ़े-लिखे नहीं हैं, उनका सारा जीवन गाँव में बीता है। हम दोनों का अनुभव और भाषा-संसार अलग हो

गया है। हम दोनों बातचीत करें तो किस विषय पर? उन्हें अकेलेपन की पीड़ा सता रही है। दो दिन पूर्व जब मेरे पिताजी उन्हें देखने आये थे तो बाबा की आँखें डबडबा गयी थीं। सम्भवतः उन्होंने पिताजी को मेरी अपेक्षा निकट महसूस किया होगा। शायद मैं भी पिताजी को उनकी अपेक्षा निकट महसूस करता हूँ। उस दिन मैं कुछ देर तक उदास हो गया था और सोच रहा था कि मैं बाबा से अलग हो गया हूँ या वे मुझसे। नहीं, वे अपनी जगह हैं। मुझे ही मेरी परिस्थितियों, ज़रूरतों और नये सम्बन्धों ने उनसे कुछ अलग कर दिया है। इसी तरह आने वाली पीढ़ियाँ अलग होती जाती हैं।" (पृ. 32) इस पारिवारिक प्रसंग में दरअसल अवहेलना का प्रश्न नहीं है। बावजूद इसके गाँव से आये बाबा नये माहौल में अकेला महसूस करता है। बाबा और पोते के बीच संवाद सम्भव नहीं हो पाता। दोनों की जीवन परिस्थितियाँ अलग-अलग हैं। एक अनपढ़ और ग्रामीण व्यक्ति अपने को शहरी वातावरण में सहजतः अकेला महसूस करते है। उनकी सीमाएँ हैं। वे खुल नहीं पाते जिस तरह खुलते हैं अपने लोक में। इस कारण से ही वे अपने बेटे को नज़दीक पाकर भावुक होते हैं। यही पोते की समस्या है। अपने बाबा के लिए सुविधाएँ जुटाने में वह ध्यानरत है। समय निकालकर उनके पास बैठ भी जाता है। फिर भी संवादात्मकता का वातावरण नहीं बन पाता। किस विषय पर वे बात करें। पोते के जीवन में भी कई परिवर्तन आ गये हैं। उसकी परिस्थितियाँ अलग हैं; ज़रूरतें भिन्न हैं। इसलिए वह उसी के मुताबिक़ जीवन बिताता है। यहीं पर समस्या है। तीसरी पीढ़ी बुज़ुर्ग पीढ़ी के लिए सहज प्रतीत नहीं होती। ऊपर से असहज शहरी आबोहवा जिसमें एक ग्रामीण व्यक्ति का असहज हो जाना सहज है। लेकिन इस प्रसंग की विशेषता यही है कि विश्वनाथप्रसाद तिवारी अपना आत्ममन्थन खुलकर करते है। वे अपना तर्क प्रस्तुत नहीं कर रहे हैं। सिर्फ़ आत्ममन्थन कर रहे हैं।

विश्वनाथप्रसाद तिवारी की रचनात्मक उन्मुखता में लोक अत्यन्त प्रबल है। उनकी कविता में यह बात अधिक स्पष्ट दीखती है। उनकी वेशभूषा में भी यह सादगी मिलती है। ऐसा लग सकता है कि यह कोई बड़ी बात तो नहीं है। यह ऐसा नहीं है। रचनाकार के व्यक्तित्व को दिशा देने में उनके जीवन के कुछ पक्ष मददगार साबित होते हैं। यहाँ विश्वनाथप्रसाद तिवारी में हम उनके गाँव को देख सकते हैं। उस अर्थ में वे भारतीय कवि हैं जिनमें गाँव की अनेकानेक भंगिमाएँ मिलती हैं और ग्रामीण जीवन का यथार्थ उनमें लबालब भरा दीखता है। डायरी के एक प्रसंग में उन्होंने इस ओर संकेत किया है : "गाँव छोड़े लगभग 30 वर्ष हो गये। यहीं शिक्षा-दीक्षा हुई। यहीं मेरे बच्चों का जन्म हुआ। ज़मीन ख़रीदी। मकान बनवाया। सुख-दुख झेले। पर हाय रे, गाँव मेरे अन्तर्मन से आज तक नहीं निकला,

प्रमाण यह कि आज भी रात में सपने देखता हूँ तो सारा परिवेश गाँव का होता है। वही घर, खेत, खलिहान, रास्ते, बगीचे, गाँव के ही लोग, गाँव से यह आत्मिक जुड़ाव आश्चर्य में डालता है।" (पृ. 71) वस्तुतः उसमें आश्चर्य की कोई बात नहीं है। उनका समूचा व्यक्तित्व ग्रामीण है। संयोगवश शहर आ गये, बस गये, नौकरी की, शहर से दूसरे शहर तीसरे शहर...शहर-दर-शहर यात्राएँ कीं। पुस्तकें लिखीं, संगोष्ठियों में हिस्सेदारी की, महत्त्वपूर्ण लेखकों के साथ आत्मीय सम्बन्ध हुआ। इन सबके बावजूद विश्वनाथप्रसाद तिवारी एक ग्रामीण व्यक्ति हैं।

तुलसीदास की रचनाओं का गहरा असर हम विश्वनाथप्रसाद तिवारी के व्यक्तित्व में अनुभव कर सकते हैं। यथास्थान वे तुलसी पर विचार करते हैं सन्दर्भोचित ढंग से। एक महत्त्वपूर्ण कवि के साथ का उनका तादात्म्य बोध भक्तिवश नहीं है। तुलसी की काव्य चेतना में जो समावेशी तत्त्व है उसी ने उन्हें प्रभावित किया है। लोकमंगल की भावना का भी प्रभाव उन पर पड़ा है। इसलिए वे यथासन्दर्भ तुलसी का विश्लेषण करते हैं और जीवन के व्यापक धरातल पर भी सूझ-बूझ के साथ चिन्तन करते हैं। उनकी चिन्तन रीति में यदि पारदर्शिता उद्‌भासित मिलती है तो वह तुलसी की व्यापक लोक दृष्टि के प्रभाववश है। डायरी के एक स्थान पर (फरवरी 2003) उन्होंने लिखा है : 'रामचरितमानस' के उत्तरकाण्ड में गरुड़ ने काकभुसुंडि से सात प्रश्न पूछे। वे प्रश्न मानवीय अस्तित्व के बुनियादी प्रश्न हैं और उनके उत्तर भी उतने ही अर्थवान। जितने संक्षिप्त प्रश्न उतने ही सारगर्भित उत्तर। जैसे तुलसी अपने जीवनभर के अनुभवों का निचोड़ दे रहे हों। गरुड़ का एक प्रश्न है : 'बड़ दुख कौन, कौन सुख भारी'। अर्थात् सबसे बड़ा दुख और सबसे बड़ा सुख क्या है? काकभुसुंडि एक ही चौपाई में इसका जो उत्तर देते हैं, वह तुलसी जैसा बड़ा कवि ही लिख सकता था। वे कहते हैं : "नहिं दरिद्र सम दुख जग माही, सन्त मिलन सम सुख जग नाही।" अर्थात् दारिद्र्य के समान कोई दुख नहीं और सन्त मिलन के समान कोई सुख नहीं है। विचार करें कि यदि दारिद्रय सबसे बड़ा दुख है तो उसका उलटा अर्थात् आर्थिक सम्पन्नता को सबसे बड़ा सुख कहना चाहिए। मगर तुलसी ऐसा नहीं कहते हैं...आर्थिक सम्पन्नता से भोग का क्षणिक सुख तो मिल सकता है, मन को शान्ति प्राप्त नहीं हो सकती।" (पृ. 86) जीवन सम्बन्धी एक महत्त्वपूर्ण तथ्य ही तुलसी प्रकट कर रहे हैं। हमारे कई सन्तों ने इस ओर संकेत किया है। गाँधी ने भी विचार किया है। हमारे यहाँ सद्‌वचनों और उच्च विचारों की कमी नहीं है। लेकिन उनका प्रभाव अल्प संख्यकों पर ही पड़ता है। बहुसंख्यक भोग को, पद को, अहं को, ईर्ष्या को महत्त्वपूर्ण मानते हैं और तदनुसार जीवन बिताते हैं। यह अन्तर्विरोध हमारी सुदृढ़ परम्परा और

कमज़ोर आधुनिकता में दर्शित होता है। यह समस्या एक लघु समाज तक सीमित नहीं है। यह सर्वत्र व्याप्त है। इसलिए अशान्ति बढ़ती है। कुमारन आशान के सम्पूर्ण काव्य जगत को मलयालम के मूर्द्धन्य समीक्षक एम.के. सानु ने 'अशान्ति से शान्ति की ओर की यात्रा' के रूप में देखा है। बड़े कवि में ये गुण सदैव मिलते हैं। सुख और शान्ति सम्बन्धी तुलसी की उक्ति को विश्वनाथप्रसाद तिवारी इसलिए महत्त्वपूर्ण मानते हैं क्योंकि शाश्वत वही है। महात्मा बुद्ध की अनेक उक्तियों में यह तत्त्व विस्तार पाता दिखाई देता है। जीवन के अर्थ की अनवरत खोज में सम्भवतः विश्वनाथप्रसाद तिवारी भी इसी गन्तव्य तक पहुँचते हैं।

उपरोक्त तथ्य को वे आधुनिक सन्दर्भ में भी देखते हैं। इसलिए अपनी डायरी में उन्होंने लिखा है– "मेरे समय में दो बड़ी अहिंसक क्रान्तियाँ हुईं। एक 1947 में देश आज़ाद हुआ और 1977 में जिसे जयप्रकाश नारायण ने 'सम्पूर्ण क्रान्ति' का नाम दिया। दोनों का लक्ष्य रही 'स्वाधीनता'। एक ब्रिटिश शासन के विरुद्ध और दूसरी आपात्कालीन तानाशाही के। अब तीसरी क्रान्ति के लिए देश तैयार है जिसका मुद्दा होगा 'भ्रष्टाचार से मुक्ति'। जनता अब ऊब चुकी है। लेकिन इसका नेतृत्व कौन करेगा? आत्मोत्सर्ग के लिए तैयार कोई गाँधी जैसा ईमानदार व्यक्ति दिखाई नहीं देता। मगर भ्रष्टाचार से मुक्ति के बाद भी मनुष्य के सामने एक मुद्दा बचा रहेगा और वह होगा शान्ति का। जब तक दुनिया में एक भी हथियार रहेगा, शान्ति नहीं होगी। जो मनुष्य अपने बचाव का शस्त्र त्याग देगा वह अपनी दुष्प्रवृत्तियों के विसर्जन के लिए धीरे-धीरे स्वयं को तैयार कर लेगा।" (पृ. 95-96) क्या ऐसा कोई व्यक्ति हो सकता है? ऐसा कोई समाज हो सकता है? ऐसा कोई देश हो सकता है? दुनियाभर के देशों के बीच सबसे बड़ा कारोबार हथियारों का है। प्रत्येक देश का रक्षा-बजट हमें चकित कर देता है। एक तरफ़ हथियारों का धन्धा चलता है और दूसरी तरफ़ न्यूक्लियर हथियारों से मुक्त होने की बात पर गम्भीर बहसें चलती हैं। ऐसे में शान्ति का मन्त्र कौन जपेगा? यहाँ पर सवाल यह है कि क्या विश्वनाथप्रसाद तिवारी ने मूर्खता की बात कही है? नहीं, बिल्कुल नहीं। उन्होंने मनुष्यता को प्राप्त करने योग्य नैतिक मेरु शिखर की बात कही है। तमाम विरोधाभासों से परिचित इस रचनाकार-सम्पादक ने नैतिकता के आदर्श को सबसे बड़ा मूल्य माना है। मनुष्य उसे रौंद सकता है। लेकिन मनुष्य के लिए, उनके अनुसार, वही अत्यन्त आवश्यक है। आइंस्टीन से जब तीसरे विश्व महायुद्ध में प्रयुक्त होने योग्य हथियारों के बारे में पूछा गया तो उन्होंने बताया कि तीसरे विश्व महायुद्ध के बारे में बताना मुश्किल है, लेकिन चौथे विश्व महायुद्ध में प्रयुक्त होने वाले हथियार होंगे पत्थर। आइंस्टीन ने सही बताया था क्योंकि तब तक दुनिया में

पत्थर ही बचे होंगे। ऊसरता, सर्वत्र ऊसरता। इस भयानक आशंका के रहते हिन्दी का एक रचनाकार-सम्पादक अपना एक विकल्प प्रस्तुत कर रहा है और वह है शस्त्र त्याग। शस्त्र त्याग एक कर्म नहीं बल्कि वह हमारा नैतिक आदर्श बने। तभी हम अपनी तरह दूसरों को देख पायेंगे। आज की स्थितियों को देखते हुए, नैतिक ह्रास की गहनता को भाँपते हुए, तमाम त्रासदियों की गिरफ़्त में रहते हुए हम बस यही कह सकते हैं कि शान्ति के लिए सम्पूर्ण शस्त्रत्याग अनिवार्य है। अपने बचाव के लिए हमें अपने पास शस्त्र रखना चाहिए। विश्वनाथप्रसाद तिवारी का यह भरोसा सम्भवतः उन्हें गाँधी दर्शन से प्राप्त हुआ है। उसे वे अपना आदर्श मानकर चलते हैं। गाँधी दर्शन के विरोधी इस नैतिक आदर्श की खिल्ली उड़ा सकते हैं। लेकिन उनसे एक ही प्रश्न पूछना है कि आख़िर शस्त्रबल से क्या हासिल होगा? ताक़त? किसके ऊपर हम अपनी ताक़त दिखा रहे हैं? इसके लिए कोई भी देश क्या सही उत्तर दे पायेगा?

कालिदास ने कवि के बारे में कहा कि 'रुदितानुसारी कवि'। यही कवि की विशेषता है। कवि दुख की आवाज़ सुनकर आने वाला है। दुख के प्रति कवि की यह दृष्टि उसके मानवीय होने का लक्षण है। सच्चा मनुष्य दूसरे मनुष्य के दुख को पहचान सकता है। इसलिए विश्वनाथप्रसाद तिवारी लिखते हैं : "दूसरों के दुख देखने से अपना दुख कम होता है। दूसरों का सुख देखने से अपना सुख कम होता है। दूसरों के दुख में सहयोगी बनने से आत्मसन्तोष होता है। दूसरों के सुख में सहभागी बनने से असन्तोष होता है। दूसरों का दुख संवेदनशील बनाता है। दूसरों का सुख ईर्ष्यालु और कुण्ठित।" (पृ. 102) दुख की आग हमारे अन्तर्मन की दुष्प्रवृत्तियों को जला डालती है। जिस तरह आग में तप हुआ सोना चमकता है उसी तरह। दुख की आग में तपा हुआ हृदय संवेदना से भर जाता है। विश्वनाथप्रसाद तिवारी ने दुख पर कई कविताएँ लिखी हैं। सब में मनुष्यता को रेखांकित किया है। दुखी जनों के बीच सालों तक जीवन बिताने के बाद, उनकी चिकित्सा के लिए अपने को न्योवातर करने के बाद डॉक्टर एलबर्ट श्वैट्सर ने जीवन को भक्ति के लिए समर्पित माना है। दुख को पहचानने का तात्पर्य है मनुष्य को पहचानना।

अपने यथार्थ से हमें विलगित नहीं होना चाहिए। आरोपित यथार्थ हमारा मार्ग दर्शक नहीं हो सकता। अपने यथार्थ के प्रति यह आस्था हमें आस्थावादी ही नहीं बनाती बल्कि सत्यव्रती भी बनाती है। विश्वनाथप्रसाद तिवारी अपने जीवन के दो भिन्न ध्रुवों की कथा प्रस्तुत करके एक बहुत बड़े सच को प्रतिपादित करते हैं। जब वे साहित्य अकादमी के अध्यक्ष पद के लिए चुने गये, उस पद के लिए प्राप्त होने वाली सुविधाओं को देखकर वे उन पुराने दिनों की याद करते हैं जब कोई सुविधा

नहीं थी। "दिल्ली की अपनी उन यात्राओं को मैं भूला नहीं हूँ जब भीड़ भरी बसों में लटककर या अधिक से अधिक ऑटो रिक्शों में चला करता था। अब रेलवे स्टेशन या हवाई अड्डे पर अकादमी की गाड़ी ले जाने और छोड़ने के लिए तैनात रहती है। जब राजधानी की प्रशस्त सुन्दर सड़कों से गुज़रता हूँ और गाड़ी के सामने घूँघट काढ़े राजस्थानी ग्रामीण स्त्रियाँ या पग्गड बाँधे काठियावाड़ी गुजराती वृद्ध झुण्ड में घबराते-डरते सड़क पार करते दिखते हैं तो मुझे अपने वे दिन याद आते हैं जब इन्हीं की तरह मैं भी ये डरावनी सड़कें पार किया करता था और महज़ एक सौ फ़ीट चौड़ी सड़क पार कर लेने पर मुझे ऐसी आश्वस्ति महसूस होती जैसे एक कंटकाकीर्ण ज़िन्दगी पार कर ली हो। उन दिनों की स्मृति से मेरी आँखें डबडबा जाती हैं। कोई व्यक्ति चाहे जितनी दूर निकल जाये या जिस भी ऊँचाई पर पहुँच जाय, उसे उस जगह को नहीं भूलना चाहिए जहाँ से वह चला था।" यह एक यथार्थ दृष्टि है। वे अपनी ज़मीन पर खड़े दीखते हैं। अब तो सुविधाएँ प्राप्त हैं। गाडी है, गाड़ीवान है। सड़क पार करने की दुविधा नहीं है। ऐसे लोगों को देखकर वे अपने पुराने दिनों की याद करते हैं। वे अवहेलना के पात्र नहीं हैं। स्वयं को वे उनके साथ मिला लेते हैं। विश्वनाथप्रसाद तिवारी की यह ज़मीनी दृष्टि उनके रचनाकार होने की गवाही देती है।

'दिन रैन' डायरी विधा के क्षेत्र की एक अनुपम रचना है। यह निरी प्रशंसा नहीं है। इसमें एक पारदर्शी व्यक्तित्व के रचनाकार का बृहद समय समाहित है। अपने समय के बहुसंख्यक रचनाकारों के महत्त्व को रेखांकित करने वाले वृत्तान्त हैं। जीवन सम्बन्धी कई-कई सूक्ष्म निरीक्षण हैं। कई दार्शनिक चर्चाएँ हैं। इन डायरियों की भाषा लालित्यमय है; पर इन में गुम्फित जीवन दृष्टि को देखकर कहने का मन होता है कि 'धर्मस्य तत्त्वं निहितं गुहायाम्'।

“गाँधी ने भारत को जिन मूल्यों के आधार पर सभ्य कहा था वे कृषि सभ्यता के मूल्य थे। कृषि सभ्यता का सबसे बड़ा मूल्य है अपने ‘स्व’ के बाहर ‘पर’ की भी स्वीकृति। इसलिए ग्रामीण किसान अपने अतिरिक्त अन्य मनुष्यों को ही नहीं मानवेतर प्राणियों को भी स्वीकार करता है तथा उससे भी आगे सम्पूर्ण जगत को भी। यह सभ्यता की सर्वोच्च और सर्वोत्तम धारणा है। इसी धारणा से प्रेम, करुणा, त्याग, उत्सर्ग, अतिथि-सत्कार आदि मूल्य पैदा हुए हैं तथा नीति-अनीति और पाप-पुण्य आदि की कसौटियाँ निर्मित हुई हैं।”

एक सार्थक साहित्यिक यात्रा का प्रतिफल

साहित्य और संस्कृति के गतिशील विकास में पत्रिकाओं की महती भूमिका है। साहित्य का इतिहास इसका साक्षी है। हिन्दी-साहित्य के आधुनिक काल के शुरुआती दौर में ही भारतेन्दु हरिश्चन्द्र और बालकृष्ण भट्ट जैसे रचनाकार-सम्पादकों ने पत्रिकाओं के महत्त्व से हमारा परिचय कराया है। आगे चलकर महावीरप्रसाद द्विवेदी ने साहित्य और संस्कृति के परिमार्जन में अपनी पत्रिका 'सरस्वती' को सशक्त माध्यम बनाया। 'सरस्वती' मात्र एक पत्रिका नहीं बल्कि एक युग की संवाहिका रही। अनेकानेक पत्रिकाओं ने हिन्दी साहित्य को गतिशील बनाने का सृजनात्मक कार्य किया है और यह सिलसिला आज भी जारी है।

विश्वनाथप्रसाद तिवारी द्वारा सम्पादित पत्रिका है 'दस्तावेज़'। सन् 1978 से यह पत्रिका निकल रही है नियमित रूप से। पिछले इकतालीस वर्षों से 'दस्तावेज़' अपने महनीय सान्निध्य का परिचय देती आ रही है। सवाल यही है कि 'दस्तावेज़' का सान्निध्य महनीय क्यों है? इसका प्रमुख कारण पत्रिका में प्रकाशित सामग्री की स्तरीयता ही है। समकालीन लेखन के अनेकानेक परिच्छेदों का विश्लेषणात्मक परिचय इनमें से हमें प्राप्त होता है। पत्रिका के साथ-साथ सम्पादक का सान्निध्य भी मूल्यवान होता है दस्तावेज़ के प्रत्येक अंक के सम्पादकीय में विश्वनाथप्रसाद तिवारी ने कई महत्त्वपूर्ण मुद्दे उठाये हैं। वे साहित्य से सम्बन्धित हैं विश्वनाथप्रसाद तिवारी ने अपने देशकाल की विस्तृति को इन सम्पादकीय टिप्पणियों में समेटा है। उनकी चुनी हुई सम्पादकीय टिप्पणियों का संग्रह है 'देशराग' शीर्षक ग्रन्थ। "देश और उसमें गूँजने वाली प्रशस्त सामाजिकता के राग को चीन्हने के लिए 'देशराग' बहुमूल्य पुस्तक है।" इन सम्पादकीय टिप्पणियों में एक ईमानदार रचनाकार-सम्पादक से हमारा परिचय होता है। रचना प्रत्येक रचनाकार के एकान्त की अभिव्यक्ति है। अपने एकान्त में रचित होने के बावजूद समकाल के मौन एवं मुखरता की भी अभिव्यक्ति उसमें समाहित होती है। जब रचनाकार सम्पादक की भूमिका में प्रस्तुत होते है तो वे सिर्फ़ रचनाओं का संकलन मात्र नहीं कर रहे हैं।

सांस्कृतिक दृष्टि-सम्पन्नता से युक्त रचनाओं का ही वे समाहार करते हैं। समय की बौद्धिक स्थिति के लड़खड़ाने पर समाज की रुचि सत्य से विचलित हो जाती है। असत्य का कोहरा छा जाता है। बौद्धिक स्वतन्त्रता की खोज में लगी रचनाओं का समाहार एक ईमानदार सम्पादक यान्त्रिक ढंग से कर नहीं सकता। सबसे पहले वे अपने समय के संकट को पहचानते हैं। इसलिए वे अपने समाहरण में समय के संकट से सम्बन्धित रचनाओं को ही प्राथमिकता देते हैं। विश्वनाथप्रसाद तिवारी इन बातों से बेख़बर नहीं हैं। अपनी पत्रिका के प्रवेशांक के सम्पादकीय में ही वह इस सच से टकराये हैं। पत्रिका के स्वरूप को लेकर जो प्रश्न उठाया गया उसके बारे में विश्वनाथप्रसाद तिवारी लिखते हैं : "आपकी पत्रिका का स्वरूप क्या होगा?–यह प्रश्न मेरे एक लेखक मित्र ने पूछा था। 'स्वरूप' से उनका मतलब 'विचारधारा' से था। विचार के बिना जीना मुश्किल है। सो मेरा भी अपना एक विचार है। पर मेरी पत्रिका में वह सब भी छपेगा जो मेरे विचारों के विरुद्ध है। सम्पादकों और आलोचकों की गुटबन्दियों तथा लेखकों की अतिवादी रुझानों से बहुत अहित हो चुका है रचना-आलोचना का। समकालीन लेखन से जुड़े हुए पाठकों को बताने की ज़रूरत नहीं कि आज बहस के केन्द्र में रचना के स्थान पर रचनाकार स्थापित हो गया है... बहरहाल, दस्तावेज़ के पन्ने विचार और हर विचारधारा के लिए खुले हैं।" (देशराग, पृ. 9) 'विचारधारा' को अक्सर यहाँ एक विशेष विचारधारा से जोड़ा गया है। उस विशेष विचारधारा तक सम्पादक अपने को सीमित नहीं रखना चाहते हैं। उन्होंने अपनी पत्रिका को एक खुला मंच माना है। अपना विचार चाहे जो भी हो उसकी विपरीत दिशा में जो विचार है उसे भी वे स्वीकार करने के लिए तैयार दीखते हैं। इसलिए उन्होंने उसी सम्पादकीय में यह भी सूचित किया है : "यह पत्रिका इस प्रकार का संवाद क़ायम करेगी–आपके और हमारे अर्थात् लेखक और पाठक के बीच। 'दस्तावेज़' का भाव कुछ 'देने' से अधिक कुछ 'ढूँढ़ने' और 'पाने' का है।" (वही पृ. 11) यह एक ऐसा खुलापन है जो साहित्य के लिए अत्यन्त प्रीतिप्रद है। इस खुलेपन की एक और विशेषता है कि अपनी पत्रिका के आरम्भिक अंक में ही विश्वनाथप्रसाद तिवारी ने यह खुलासा किया है कि साहित्य को समावेशी होना है। एक विशेष विचारधारा पर आधारित चिन्तन और सृजन भी स्वीकार्य है। लेकिन रचना केन्द्रित साहित्यिक दृष्टि की भी प्रासंगिकता है। वह एक तरह से सौन्दर्य चिन्तन का रूप है। उसका भी मूल्य है। देखना बस यही है कि जो भी दृष्टि हम अपनाते हैं उसमें जीवन यथार्थ का सही प्रतिपादन हुआ है या नहीं।

इसी दृष्टि का विस्तार उनके दूसरे सम्पादकीय में मिलता है। पाकिस्तान के प्रधानमन्त्री भुट्टो को फाँसी दिये जाने पर विश्वनाथप्रसाद तिवारी ने यह

सम्पादकीय लिखा है। इसमें मुख्य यही है कि वह सम्पादक मानवाधिकार के मूल्य को नागरिक बोध का परमोत्कृष्ट मूल्य मानते हैं। इस प्रसंग में उन्होंने मारिस क्रैंसटन की पुस्तक 'मानवाधिकार क्या है' से सोफोक्लीज़ के नाटक 'एंगीगोन' के सबसे मुख्य सन्दर्भ को उद्धृत किया है :

"सोफोक्लीज़ के नाटक 'एंटीगोन' में थीब्स का राजा क्रिओन यह आदेश देता है कि पोलीनीसेज़ (जो एक देशद्रोही है और युद्ध में मारा गया है) को दफनाया नहीं जायेगा बल्कि उसके शव को गिद्धों और कुत्तों के खाने के लिए रख दिया जायेगा। पोलीनीसेज़ की बहन एंटीगोन राजा के इस आदेश के विरुद्ध विद्रोह करती है। वह यह सवाल उठाती है कि 'राजा को अधिकार किस प्रकार प्राप्त हुआ कि वह मेरे भाई को दफ़नाने से रोके?' उसका दावा है कि प्रत्येक व्यक्ति को दफ़नाये जाने का अधिकार है। वह अपने भाई के शव को दफना देती है। इसके लिए उसे गिरफ्तार करके क्रिओन के दरबार में पेश किया जाता है। राजा पूछता है :

'क्या तुम्हें क़ानून की जानकारी है?'

'हाँ' वह उत्तर देती है।

'तो तुमने क़ानून को क्यों तोड़ा?'

एंटीगोन उत्तर देती है कि उसने जिस क़ानून की अवज्ञा की है उसे उसके अन्तकरण को मान्यता प्राप्त नहीं है। यह राजा का क़ानून हो सकता है पर न्याय के विरुद्ध है : " (वही पृ. 12)

मानवाधिकार को सबसे बड़ा मूल्य समझने के कारण ही विश्वनाथप्रसाद तिवारी ने 'एंटीगोन' नाटक के प्रसंग को उद्धृत किया है। मनुष्य का अधिकार लेखक के लिए अहम है। "एक लेखक 'क़ानून' की तुलना में न्याय का पक्षधर होता है और 'राज्य' की तुलना में 'अन्तकरण' का। संसार का इतिहास गवाह है कि राज्यों ने क़ानून के नाम पर अनेक बार न्याय की हत्याएँ की हैं।" (वही पृ. 12) यह सही है कि भुट्टो को फाँसी दिये जाने पर उन्होंने यह मुद्दा उठाया। पर असली मुद्दा अपनी वैचारिकता के 'स्व' का है। इसलिए 'एंटीगोन' की न्याय केन्द्रित दृष्टि को विश्वनाथप्रसाद तिवारी ने प्रमुखता के साथ प्रस्तुत किया है।

वैचारिकता के ऊपर वे न्यायोचित दृष्टि को स्थापित करते हैं जो मनुष्य के अधिकार को ज़्यादा महत्त्व देती है। मनुष्य ही साहित्य का लक्ष्य है। प्रत्यक्षतः इस विचार के पीछे यही उक्ति मुख्य है। लेकिन एक सवाल यह उठता है कि कौन-सा मनुष्य? उसका कौन-सा समाज? उसकी कौन-कौन-सी परिस्थितियाँ? ये सवाल इसलिए जायज़ हैं कि मनुष्य को हम युटोपिया में खड़ा नहीं कर सकते। जब हम मनुष्य के बारे में कहते हैं तो हम उसके यथार्थ के बारे में ही बताते हैं।

उसके अभाव में मनुष्य को हम परिकल्पित नहीं कर सकते। मनुष्य के उस यथार्थ को या यथार्थ वलयित मनुष्य को विचारधारा के तहत भी देखा जा सकता है। यानी मार्क्सवादी विचारधारा के तहत। लेकिन वही एकमात्र विचारधारा नहीं है। विश्वनाथप्रसाद तिवारी अपनी 'विचारधारा' इस तरह रखते हैं : "इस सन्दर्भ में इतना ही निवेदन है कि संसदीय लोकतन्त्र, महात्मा गाँधी और भारत की वैश्विक चेतना वाली मूल्यवादी परम्परा मेरी विचारधारा के केन्द्र में है, जोकि 'दस्तावेज़' की भी विचारधारा है।" (वही, पृ. 15) स्पष्ट है कि 'दस्तावेज़' मार्क्सवादी विचारधारा से प्रेरित पत्रिका नहीं है। परन्तु वह मार्क्सवादी विरोधी पत्रिका भी नहीं है। वह मानवीय पक्षधरता की पत्रिका है। इसलिए इस पत्रिका ने समय-समय पर मनुष्य विरोधी दृष्टि का डटकर विरोध भी प्रकट किया है।

लोकतन्त्र की खामियों पर विश्वनाथप्रसाद तिवारी सख़्त भाषा में विचार करते हैं। 'दस्तावेज़' के 19वें अंक में उन्होंने अपने ये विचार रखे हैं : "वास्तविकता यह है कि जिस अनुपात और जिस तेज़ी से राजनीति पर अपराधियों का दबदबा बढ़ रहा है उससे इस बात की आशंका है कि एक दिन लोकसभा में नब्बे प्रतिशत अपराधी होंगे और दुनिया के इस सबसे बड़े लोकतन्त्र की पूरी कैबिनट अपराधियों की होगी।" (पृ. 58) अपने इस विचार का विस्तार से विश्लेषण उन्होंने प्रस्तुत किया है। कई प्रकार के आँकड़ों और कई प्रकार की सूचनाओं के आधार पर उन्होंने अपना विश्लेषण प्रस्तुत किया है। धन मोह और अधिकार मोह ने राजनीति को पूरी तरह भ्रष्ट कर दिया है। भ्रष्ट राजनीति स्वस्थ समाज का निर्माण नहीं कर सकती। यहाँ राजनीति ही नहीं बल्कि हमारे देश की कई संस्थाएँ, कई समूह भ्रष्ट हो चुके हैं। एक उदाहरण वे यह भी दे रहे हैं : "ऐसे में आशा की एक किरण थे लेखक और बुद्धिजीवी। वे सच को सच और झूठ को झूठ कह सकते थे। वे जनता को मूल्यों का विकल्प दे सकते थे। मगर सत्ता की राजनीति ने उन्हें भी भ्रष्ट कर दिया। वे भी अलग-अलग राजनीतिक खेमों में बँटकर अपने उद्धार के अवसर ढूँढ़ने लगे। उनकी निगाह भी कुर्सियों पर टिकी रही कि उनकी पार्टी सत्तासीन हो और उन्हें मिल-बाँटकर खाने का सुख मिले। राजनीतिक दलों और पूँजी समूहों के साथ जुड़कर उन्होंने अपनी विश्वसनीयता और नैतिक क्षमता समाप्त कर दी।" (पृ. 60) विश्वनाथप्रसाद तिवारी के इन शब्दों में एक ईमानदार लेखक का बिम्ब ही उभरता है। लेखक वही है जो मनुष्य विरोधी नियमों का विरोध करे। अधिकार मोह का विरोध करे। सत्ता लोलुपता का विरोध करे। इसलिए वे लिखते हैं "राजनीति ही नहीं जहाँ-जहाँ सत्ता है वहाँ-वहाँ लेखक को उसके विरोध में खड़ा होना होगा। चाहे वह कोई व्यक्ति हो, सरकार हो, पूँजी समूह हो, धर्म हो, विचारधारा हो या

स्वयं ईश्वर ही क्यों न हो। लेखन एक शाश्वत सत्ता-विरोध का नाम है।" (पृ. 61) सत्ता का विरोध इसलिए अनिवार्य है क्योंकि वह मनुष्य का विरोध करता है। मनुष्य का विरोध न राजनीति में अभीष्ट है, न लोकतन्त्र में और न साहित्य में। समाज के स्वस्थ विकास के लिए मानवीय आकांक्षाओं का प्रफुल्लित होना अनिवार्य है। अफ़सोस इस बात का है कि हमारे समाज में उसके लिए कोई महत्त्वपूर्ण स्थान नहीं है। यहाँ पर विश्वनाथप्रसाद तिवारी की एक कविता की याद हो आ रही है–'कानॉट प्लेस'। सबको इतनी जल्दी है कि सब के सब भागे जा रहे हैं। इतनी जल्दबाज़ी क्यों? किसी के पास कोई जवाब नहीं। अधिकारग्रस्त आचरण में, अधिकारग्रस्त भाषा में और अधिकारग्रस्त संस्थाओं में सभी इतने व्यस्त हैं कि उनके पास सच को सुनने के लिए समय नहीं है। सच जब अनसुना रह जाता है तो मानवीयता लुप्त हो जाती है। यही हमारे समय का सबसे बड़ा सच है। इसलिए विश्वनाथप्रसाद तिवारी ने सत्ता का, माने अधिकारग्रस्त थल, काल और भाषा का, विरोध किया है। उनके इस विचार को किस विचारधारा के अन्तर्गत रखकर विश्लेषित किया जाये? वे एक सही मानवतावादी रचनाकार और सम्पादक हैं। इसलिए वे मानवता के पूजक के रूप में प्रस्तुत होते हैं। मानवता का पूजक होना सामान्य अर्थ में आदर्शवादी होना नहीं। आदर्श ही उनके यहाँ जीवन यथार्थ बन जाता है।

'दस्तावेज़' शतशः एक साहित्यिक पत्रिका है। विशेष अर्थ में कविता केन्द्रित पत्रिका है। उसका साहित्यिक पत्रिका होना कोई सीमा-निर्धारण नहीं है और न कविता केन्द्रित होना। ये दोनों बातें पत्रिका के बुनियादी स्वभाव को सूचित करती हैं। लेकिन जैसे विश्वनाथप्रसाद तिवारी ने सूचित किया है कि यह पत्रिका सभी प्रकार के विचारों और प्रवृत्तियों से युक्त सामग्री को प्रकाशित करती है। उसके साथ-साथ यह हमारे समय की संकटजन्य स्थितियों को भी उजागर करती है। विशेषकर सम्पादक की हैसियत से विश्वनाथप्रसाद तिवारी अपने सम्पादकीय में महत्त्वपूर्ण मुद्दों को उठाते हैं। 'दस्तावेज़' के अंक 114 (जनवरी-मार्च, 2007) में इन्होंने भारत के एक त्रासद प्रसंग को उठाया है और वह है किसानों की आत्महत्या की समस्या। उसी सम्पादकीय में दो अन्य मुद्दों पर भी उन्होंने अपने विचार रखे हैं यथा, लोकतन्त्र में कार्यपालिका और संसद बनाम न्यायपालिका। ये तीनों मुद्दे समय-समय पर विचाराधीन होते हैं जिनसे हम मुँह मोड़ नहीं सकते। इन समस्याओं पर सख्त भाषा में विचार करने वाले सम्पादक विश्वनाथप्रसाद तिवारी के प्रतिबद्ध व्यक्तित्व का एक पारदर्शी रूप हमें प्राप्त होता है। किसानों की आत्महत्या पर लिखे सम्पादकीय में उनका पहला वाक्य ही सूक्ष्मदर्शी समाजवैज्ञानिक का है : "भारत जैसे कृषि प्रधान देश में किसानों की आत्महत्या स्वयं भारत की आत्महत्या है।

भारत दुनिया का सबसे बड़ा लोकतन्त्र है। अतः यह लोकतन्त्र की भी आत्महत्या है।" (पृ. 67) एक प्रकार का उत्तेजक शब्द उच्चरित करना उनका उद्देश्य नहीं है। भारत के सन्दर्भ में किसानों की आत्महत्या ऐसी त्रासद घटना है जिसका निवारण क्यों नहीं हो पा रहा है? हमारे विकास की नीतियाँ देश के बुनियादी तबके के लोगों को लक्ष्य करके बनायी नहीं गयी हैं। वे पूँजी समूहों के हित में परिकल्पित और कार्यान्वित हैं। बैंकों से पूँजी समूह को करोड़ों रुपये क़र्ज़ के नाम पर मिलते हैं। उसकी अपनी बृहद् कथा है, चाहे वह विजयमाल्या हो, चन्दा कोचर हो या नीरव मोदी हो...। हज़ारों-हज़ार करोड़ रुपये वे न वापस करते हैं और न सरकार उन्हें गिरफ़्तार कर पाती है। वे आराम से विदेशों में ऐश कर रहे हैं। लेकिन बेचारे हमारे किसान भी बैंकों से क़र्ज़ लेते हैं। एकाध हज़ार या एकाध लाख। पर फसल यदि ठीक नहीं आयी तो उसकी आमदनी चौपट हो जाती है। वह क़र्ज़ की अदायगी नहीं कर सकता है।

मामूली किसान के लिए पचास हज़ार से लेकर दो लाख तक की राशि बड़ी होती है। क़र्ज़ की अदायगी दो-तीन साल तक नहीं हुई तो यह राशि बढ़ जाती है जो उसके लिए भारी भरकम प्रतीत होती है। उसे समाज का डर है, इज़्ज़त का डर है और अन्त में वह आत्महत्या करने का निश्चय कर लेता है। सैकड़ों-हज़ारों किसानों की आत्महत्या यों ही नहीं हो रही है। बैंक की अफ़सरशाही उन्हें डराती है। खेतों को ज़ब्द करने की धमकी दी जाती है। यही अफ़सरशाही बड़े-बड़े किरदारों को दिये गये क़र्ज़ को लेकर मौन है। इस तरह किसानों के विरुद्ध कई लोग हैं। मनुष्य विरोधी, यहाँ पर किसान विरोधी, रवैया बहुआयामी है। इस बहुआयामी मुद्दे पर विश्वनाथप्रसाद तिवारी ने विस्तार से विवेचन किया है। उनके विश्लेषण की समाजशास्त्रीय सूझबूझ विशेष प्रशंसनीय है। इस प्रकरण में एक महत्त्वपूर्ण तथ्य की तरफ़ भी वे हमारा ध्यान आकृष्ट कर रहे हैं और वह है गाँधीवाद का महत्त्व। हमने स्वतन्त्रता प्राप्ति के बाद गाँधीजी के पुतले बनाये और चौराहों पर खड़े कर दिये। उनके दर्शन के महत्त्व को उसकी प्रासंगिकता को पूरी तरह से हम भूल गये। गाँवों के विकास के सम्बन्ध में, किसानों के जीवन की तरक्की के सम्बन्ध में गाँधीजी ने गहराई से विचार किया है जिसका यथास्थान विश्वनाथप्रसाद तिवारी उल्लेख करते हैं। यह सही है कि वे एक गाँधीवादी विचारक और साहित्यकार हैं। अतः किसानों की त्रासदी पर विचार करते समय मात्र आँकड़ों को प्रस्तुत करने से कोई फायदा नहीं है। उस समस्या का समाधान आवश्यक है। उनका मानना है कि गाँधी दर्शन एक हद तक इसके लिए समाधान ला सकता है।

भ्रष्ट समय में कार्यपालिका के महत्त्व को कैसे सुनिश्चित किया जा सकता है। इस प्रश्न पर विस्तार से विचार करने के उपरान्त अन्त में विश्वनाथप्रसाद तिवारी लिखते हैं–"क्या कार्यपालिका सरकार के ग़लत आदेशों का विरोध नहीं कर सकती? अगर एक ज़िले के दो अधिकारी, कलेक्टर और पुलिस कप्तान निर्भय हो जाये अर्थात् अपने को लोभ से मुक्त कर लें तो उस ज़िले में 40 प्रतिशत भ्रष्टाचार ख़त्म हो जायेगा। यदि कार्यपालिका के उच्च अधिकारी ईमानदार और नैतिक हो जायें तो अन्ततः धनबल और बाहुबल पर टिकी विधायिका को भी घुटने टेकने पर मजबूर होना पड़ेगा और निठारी जैसा बर्बर घृणित काण्ड घटित नहीं होगा।" (पृ. 75) यह एक उम्मीद जगाने वाली बात है। सही है। पर उम्मीद के बल पर ही समाज आगे बढ़ता है। कार्यपालिका की वास्तविक भूमिका पर वे बल देते हैं। वह यूटोपिया नहीं है। हमारा यथार्थ है। बार-बार उसका ढिंढोरा पीट ते रहने से कोई फायदा नहीं है। जबकि एक ठोस दृष्टि यदि हम सामने रख सकें तो कोई बात बन सकती है। दरअसल विश्वनाथप्रसाद तिवारी का यह कथन एक विकल्प है। हमारी जनता को, कार्यपालिका को, मोटे तौर पर हमारे समाज को, इस विकल्प पर विचार करना और उसे आत्मसात करना चाहिए। उसके लिए आत्मबल चाहिए। क्या ऐसा आत्मबल हम अर्जित कर पायेंगे? अन्ततः हमें अपनी बर्बर संस्कृति से बचना ही है।

आगे वे संसद बनाम न्यायपालिका पर भी विचार करते हैं। हमारी लोकतान्त्रिक व्यवस्था में इस मुद्दे पर हमेशा चर्चा होती आयी है कि संसद मुख्य है या न्यायपालिका। लेकिन मुख्य मुद्दा यह नहीं है। मुख्य यही है कि हमारे यहाँ अपराधीकरण का जो सिलसिला चल रहा है उसके लिए क्या किया जाये? इसके बारे में विश्वनाथप्रसाद तिवारी दो टूक बात कहते हैं : "लगभग डेढ़ वर्ष पूर्व 'दस्तावेज़' 109 के सम्पादकीय में राजनीति और संसद के अपराधीकरण के आँकड़े पेश करते हुए मैंने माँग की कि मन्त्रिमण्डल से अपराधी मन्त्रियों को निकाला जाये। न्यायालय ने शिबू सोरेन को उम्रकैद की सज़ा सुनाकर इस माँग को प्रमाणित कर दिया। अब क्या अन्य अपराधी मन्त्रियों और सांसदों को सज़ा से बचाने के लिए संसद बनाम न्यायपालिका का मामला बनाने की कोशिश चल रही है? इस घृणित षड्यन्त्र में हमारे तथाकथित बुद्धिजीवी भी शामिल हैं।" (पृ. 76) स्पष्ट है कि जिस समाज की पारदर्शिता सन्दिग्ध है वह गतिशील समाज में तब्दील नहीं हो सकता। जहाँ अपराधीकरण न्याय और अन्याय के कुतर्कों के जाल में फँसकर कुछ समय के बाद भुला दिया जायेगा, वह पारदर्शी समाज नहीं है। यह महज़ भुलावा नहीं है। यह जनता को, जिनका लोकतन्त्र में, संसद में, न्यायपालिका

में पूरा भरोसा है, बेवकूफ़ बनाने का षड्यन्त्र है। दस्तावेज़ के सम्पादक जब इस तरह के मुद्दों पर गम्भीरतापूर्वक विचार करते हुए दिखते हैं तो इस बात की तसल्ली होती ही है कि ईमानदार साहित्यकार सच की तरफ़ हमें लिए चल रहे हैं।

विश्वनाथप्रसाद तिवारी के कई ऐसे सम्पादकीय हैं जिनमें गलत को ग़लत कहने का साहस हम देख सकते हैं। 'वाक्' पत्रिका के प्रवेशांक के सम्पादकीय की भाषा को लेकर वे चिन्ताधीन होते हैं। उनका मानना है कि, "भाषा का भाव से, विचार से, संस्कार से और समाज से अटूट सम्बन्ध होता है। इसलिए भाषा जब भ्रष्ट होती है तो भाव, विचार, संस्कार और समाज भी भ्रष्ट हो जाता है।" (पृ. 93) भाषा के साथ हमारी मूल्य दृष्टि का भी सम्बन्ध है। हमारा एक लोक शब्द मूल्य दृष्टि को ही नहीं हमारी सौन्दर्य दृष्टि को भी अभिव्यक्ति देता है। जीवन यथार्थ की सघनता के प्रति हमारी प्रतिबद्धता को भाषा अपनी पूर्णता में व्यक्त करती है। इसलिए भाषा का भ्रष्ट होना माने मामूली भाषिक मिलावट तक सीमित समस्या नहीं है। उसे मूल्य विघटन के तहत देखा जाना चाहिए।

तुलसी जयन्ती के सन्दर्भ में विचार करते हुए उन्होंने तुलसी की प्रासंगिकता को रेखांकित किया है। वस्तुतः वे तुलसी के काव्य जगत की आन्तरिक व्याप्ति पर ही प्रकाश डाल रहे हैं। तुलसी और उनके काव्यों के प्रति विश्वनाथप्रसाद तिवारी ने हमेशा सकारात्मक दृष्टिकोण अपनाया है जिसके पीछे उनके अपने तर्क भी हैं जो सतही नहीं हैं। दस्तावेज़ अंक-117 में उन्होंने तुलसी के महत्त्व को प्रख्यात इतिहासकार विंसेंट ए. स्मिथ की पुस्तक 'अकबर, द ग्रेट मुगल' से उद्धृत किया है : "फारसी के अधिकांश छन्दकारों की तुच्छता और अशुद्धता से एक महान हिन्दू की सशक्त शुद्ध रचनाओं की ओर अभिमुख होने से बड़ा सुख प्राप्त होता है–वह जो मध्यकालीन काव्य-कला के जादुई उद्यान का सबसे ऊँचा वृक्ष था। उसका नाम आइन-ए-अकबारी में अथवा किसी मुसलमान इतिहासकार के पृष्ठों में अथवा फारसी इतिहासकारों के विवरण पर आधारित यूरोपीय लेखकों की पुस्तकों में नहीं मिलेगा। तथापि वह हिन्दू अपने युग का भारत में महानतम व्यक्ति या - स्वयं अकबर से महान, इसलिए कि उसके द्वारा लाखों नर-नारियों के हृदय और मस्तिष्कों पर प्राप्त की गयी विजय अकबर द्वारा युद्ध में प्राप्त की गयी किसी भी विजय अथवा समस्त विजयों से कहीं अधिक स्थायी और महत्त्वपूर्ण थी।" (पृ. 100) तुलसी के काव्य सृजन में प्राप्त जीवन-विस्तार के कारण ही इतिहासकार स्मिथ ने ऐसा लिखा है।

'दस्तावेज़' के अंक 124 में भूमि अधिग्रहण की समस्या पर विस्तार से विश्वनाथप्रसाद तिवारी ने विचार किया है। यह कार्य वे एक सचेत नागरिक के कर्तव्य के रूप में करते हैं। साहित्यकार अन्ततः एक सचेत नागरिक है। उसी रूप

में ऐसा सम्पादकीय लिखा गया है। वे लिखते हैं–"गाँधी ने भारत को जिन मूल्यों के आधार पर सभ्य कहा था वे कृषि सभ्यता के मूल्य थे। कृषि सभ्यता का सबसे बड़ा मूल्य है अपने 'स्व' के बाहर 'पर' की भी स्वीकृति। इसलिए ग्रामीण किसान अपने अतिरिक्त अन्य मनुष्यों को ही नहीं मानवेतर प्राणियों को भी स्वीकार करता है तथा उससे भी आगे सम्पूर्ण जगत को भी। यह सभ्यता की सर्वोच्च और सर्वोत्तम धारणा है। इसी धारणा से प्रेम, करुणा, त्याग, उत्सर्ग, अतिथि सत्कार आदि मूल्य पैदा हुए हैं तथा नीति-अनीति और पाप-पुण्य आदि की कसौटियाँ निर्मित हुई हैं।" (पृ. 140) सरकारों द्वारा किसानों की ज़मीन को छीनने की नीति के पीछे अमानवीय संस्कृति ही कार्यरत है। वहाँ न करुणा है न प्रेम। किसान को कोई महत्त्व भी नहीं मिलता है। हमारी वास्तविक सभ्यता के विरुद्ध यान्त्रिक दृष्टि ही इसमें देखने को मिलती है। कभी-कभी ऐसा भी प्रतीत होता है कि हमारी सुसभ्य रीति को यान्त्रिक दृष्टि ने ग्रस लिया है। सिंगूर, नंदीग्राम और लालगढ़ का उदाहरण देकर भूमि अधिग्रहण की गम्भीर समस्या पर विश्वनाथप्रसाद तिवारी विचार कर रहे हैं। कई सम्पादकीयों में इस समस्या का उल्लेख और विस्तृत विश्लेषण उन्होंने प्रस्तुत किया है। उड़ीसा के आदिवासी बहुल क्षेत्र सुन्दरगढ़ के भूमि अधिग्रहण के मामले में उच्चतम न्यायालय की एक टिप्पणी वे उद्धृत करते हैं : "जो लोग सदियों से ज़मीन के सहारे अपना गुज़र-बसर करते आ रहे हैं उनका आधुनिक बाज़ार की अर्थव्यवस्था से सामंजस्य मुश्किल है। ...इस वजह से लाखों लोग विस्थापित हो रहे हैं। (पृ. 154) क्या हमारी सरकारें इस ओर ध्यान दे रही हैं? उनका मानना है कि साहित्यकारों को भी इस ओर ध्यान देना चाहिए क्योंकि भूमि अधिग्रहण के पीछे अविकास को विकास के रूप में समर्थित करने की साज़िश है; साथ ही पूँजी समूहों की समृद्धि को बढ़ावा देने की अमानवीय दृष्टि भी है।

'दस्तावेज़' एक साहित्यिक पत्रिका है। हिन्दी साहित्य का वैविध्य उसके केन्द्र में है। भारतीय साहित्य को भी विश्वनाथप्रसाद तिवारी ने निरन्तर प्रमुखता दी है। साहित्येतर विषयों की चर्चा भी दस्तावेज़ में प्रकाशित होती रही है। सबसे प्रमुख बात यह है कि सम्पादक विश्वनाथप्रसाद तिवारी अपने सम्पादकीयों में समसामयिक मुद्दों पर भी विचार करते हैं। उनके सम्पादकीयों में विश्लेषित मुख्य विषय है देश का सामाजिक एवं सांस्कृतिक संकट। उसके कई रूप हैं और उसकी कई पर्तें हैं। उसके जितने मुख्य पक्ष हैं सब पर जागरूक सम्पादक की दृष्टि पड़ी है और बेबाकी से उन्होंने अपनी बात रखी है। उस अर्थ में 'दस्तावेज़' एक प्रामाणिक दस्तावेज़ बन गया है। 'देशराग' में संकलित सम्पादकीय हमारे कठिन समय का दस्तावेज़ भी है।

अब भी बहुत कुछ हो सकता है
तुम अपने हाथों में
मुट्ठीभर मिट्टी उठा सकते हो
और उसमें देख सकते हो
अपना भविष्य

बातचीत की निरन्तरता

रचनाकारों से बातचीत का महत्त्व आजकल बढ़ता जा रहा है। यह इसलिए कि पाठक रचनाकारों को सुनना चाहते हैं। वैसे उनकी रचनाएँ अपने आप में स्पष्टप्रतिक्रियाएँ हैं। लेकिन विभिन्न मुद्दों पर–साहित्यिक, सांस्कृतिक, सामाजिक, राजनीतिक, अन्तरराष्ट्रीय विषयों पर रचनाकारों के अपने अभिप्राय होते हैं। उनको क़रीब से सुनने-जानने के लिए बातचीत अत्यन्त उपयोगी है। समय के बीचों बीच उन्हें केन्द्रित करके उनकी रचनाओं तथा प्रतिक्रियाओं के सम्बन्ध में अतिरिक्त जिज्ञासा इसलिए प्रकट की जाती है, इसलिए सवाल किये जाते हैं, इसलिए सन्देह प्रकट किये जाते हैं क्योंकि सामान्य जनता एवं सामान्य पाठक की तुलना में रचनाकार तीव्र नागरिकबोध से युक्त जागरूक व्यक्ति हैं। यही नहीं कि बातचीत की प्रासंगिकता सिर्फ़ बातचीत तक सीमित नहीं है। उदाहरण के लिए जब एक साहित्यिक मुद्दे पर कोई रचनाकार किसी बातचीत के दौरान यदि कोई तीव्र प्रतिक्रिया व्यक्त करता है तो उसका एक समाजशास्त्रीय परिप्रेक्ष्य भी होता है। कुल मिलाकर उसका सांस्कृतिक प्रभाव गहरा होता है। अतः गम्भीर संवाद अपने आप में एक सृजनात्मक कार्य है।

बातचीत के दौरान एक रचनाकार के दो पक्ष सामने आते हैं। पहला है, उनकी सृजनात्मकता का पक्ष। उनकी सभी विधाओं पर विस्तृत चर्चा बातचीत के मुद्दे हो सकते हैं। आलोचकों के मतों से अलग रचनाकार की अपनी रचनाओं के सन्दर्भ में जो अभिप्राय होते हैं वे कम महत्त्वपूर्ण नहीं हैं। टी.एस. इलियट ने सही कहा था कि आधुनिक युग में रचनाकार को स्वयं 'पब्लिक रिलेशंन्स' के कार्य में भी लग जाना पडता है। इसमें दरअसल अपने प्रचार की बात नहीं है। इसमें आत्ममन्थन और आत्मविश्लेषण की बात ही मुख्य है। यह रचनाकार केन्द्रित बात (व्यक्ति केन्द्रित) होने पर भी संस्कृति केन्द्रित व समाज केन्द्रित है। इन तीनों के बीच बेहतर आवाजाही महसूस की जा सकती है। एक सामान्य बातचीत का इतना महत्त्व नहीं होता है। गम्भीर संवाद की सम्भावनाएँ बहुआयामी हुआ करती हैं।

दूसरी बात है, सृजनात्मकता के बाहर के जगत को रचनाकार प्रस्तुत करता है। इसमें रचनाकार की सामाजिक सक्रियता एवं उसके तमाम प्रतिरोधों के पक्ष स्पष्ट हो जाते हैं। रचना अन्ततः अनंतिम प्रतिरोध है। इसलिए यह सूचित करना भी ज़रूरी है कि गम्भीर संवाद तमाम सरलीकरणों के विरुद्ध प्रकटित प्रतिरोध होता है। सही प्रतिरोध अपनी बृहद् मानवीय संलग्नता के कारण स्वयं सौन्दर्यात्मक भी होता है। अतः एक प्रश्न का एक सीधा जवाब वाला समीकरण बातचीत में भले ही मिल जाये फिर भी उस सीधे-से जवाब के अंतरंग तक हमें जाना होगा। उसमें बातचीत की निरन्तरता का अनुभव हमें मिलता है। पूरे साहित्य की तब तक हुई बातचीत की निरन्तरता ही रचनाकार की अपनी बातों में प्रस्तुत होती है। बातचीत दरअसल एक अनुस्यूति है। उसकी निरन्तरता को साहित्य के बहुमूल्य प्रतिमानों के सन्दर्भ में ही परखा जा सकता है। उस अर्थ में बातचीत एक गम्भीर साहित्यिक कर्म साबित होता है।

विश्वनाथप्रसाद तिवारी के साथ बहुत सारे लेखकों ने बातचीत की है। भारत के विभिन्न प्रदेशों के लेखक इस बातचीत में शामिल हैं। इन पंक्तियों के लेखक को भी उनसे बातचीत करने का मौक़ा मिला था। उनके तीन ग्रन्थ बातचीत केन्द्रित हैं, यथा 'मेरे साक्षात्कार' (2002), 'साक्षात्कार और स्वीकृतियाँ' (2016) तथा 'बातचीत' (2014) साहित्य और संस्कृति के तक़रीबन सभी मुद्दों पर उनकी बातचीत हुई है। 'मेरे साक्षात्कार' के पूर्व कथन में उन्होंने लिखा है : "प्रस्तुत पुस्तक एक वैचारिक कृति है जो अपने समय के प्रश्नों का साक्षात्कार करती है, उनके साथ मुठभेड़ करती है, उनकी चुनौतियों के उत्तर देती है। इसमें मेरा कुछ नहीं है। सारा श्रेय प्रश्नकर्ताओं का है जिन्होंने विचारोत्तेजक प्रश्न करके मेरे साथ उपकार किये हैं। उन्हीं के प्रश्नों के आलोक में मुझे अपने भीतर झाँकने का, अपने को ढूँढ़ने, पहचानने और परखने का अवसर मिला।" (पृ. 5) यह सही है कि यह पूर्व कथन पुस्तक सम्बन्धी एक स्पष्टीकरण है। लेकिन इसमें दो-तीन बातें अतीव मुख्य हैं। उन्होंने यह माना कि यह एक वैचारिक कृति है। इसमें विचारों का आदान-प्रदान सम्भव हो पाया है। यह भी वे मानते हैं कि अपने समय के प्रश्नों के साथ मुठभेड़ करने का उद्यम भी इसमें हुआ है। प्रश्नकर्ताओं को श्रेय देते हुए वे यह मान रहे हैं कि उनके प्रश्नों के आलोक में अपने भीतर झाँकने और अपने को ढूँढ़ने का अवसर उन्हें प्राप्त हुआ है। इसी को हम बातचीत की निरन्तरता कहते हैं। यह हमें मात्र विश्वनाथप्रसाद तिवारी से प्राप्त नहीं हुई थी। यह निरन्तरता प्लेटो एवं अरस्तू की बातचीत में मिली थी। यह हमारे भारतीय आचार्यों में मिली थी। जहाँ-जहाँ जितने गम्भीर साहित्यकार हैं उनकी बातचीत चलती है। आधुनिकता के

आरम्भिक दौर में मलयालम के प्रसिद्ध उपन्यासकार आनन्द और कवि सच्चिदानन्दन के बीच एक लम्बी बातचीत चली थी जो पुस्तकाकार रूप में उपलब्ध है। वस्तुतः वह रचना आधुनिकता के यूरोपीय सन्दर्भ, आधुनिकता के भारतीय सन्दर्भ तथा एक रचनाकार के तमाम तनावों पर केन्द्रित है। उसी तरह मुक्तिबोध की पुस्तक 'एक साहित्यिक की डायरी' मूलतः बातचीत है। कविता के भिन्न-भिन्न पक्षों पर मुक्तिबोध बात कर रहे हैं। उनको समझने के लिए यह पुस्तक अत्यन्त उपयोगी है। यह उनका आत्मविश्लेषण (अपने को ढूँढ़ने का उपक्रम) और अपने समय का विश्लेषण है। लेकिन इन दोनों को मुक्तिबोध ने एक अनुस्यूति के रूप में ही पहचाना है। इसलिए 'एक साहित्यिक की डायरी' में बातचीत की निरन्तरता उद्भासित होती है। विश्वनाथप्रसाद तिवारी की बातचीत की निरन्तरता में भी हमें यहीं बात मिलती है।

जैसे बातचीत में अक्सर होता है कि रचनाकार की सृजनात्मकता केन्द्र में रहती है। साहित्यिक बातचीत का यह पहला पायदान है। रश्मि रेखा से हुए साक्षात्कार में वे अपनी अभिव्यक्ति की स्वतन्त्रता पर बल देते दीखते हैं। अभिव्यक्ति की स्वतन्त्रता, जिसे व्यक्ति की स्वतन्त्रता से जोड़कर रश्मि रेखा उनमें अज्ञेय के प्रभाव का मसला उठाती हैं जिसके जवाब में विश्वनाथप्रसाद तिवारी कहते हैं : "अँधेरे की सत्ता जो हो, पर प्रकाश की सत्ता 'सत्य' ही है। इस पर मेरी आस्था है और यही वह आन्तरिक प्रेरणा जो मुझे अपनी रीढ़ पर क़ायम रखती है। अभिव्यक्ति और व्यक्ति की स्वतन्त्रता का समर्थक मैं हूँ तो अज्ञेय के प्रभाव के कारण नहीं, बल्कि इसलिए कि मनुष्यता और नैतिकता के रास्ते उसी से होकर गुज़रते हैं। वह मनुष्यत्व के चरम मूल्यों में एक है। अज्ञेय जो मेरे लिए आदरणीय हैं, पर मैं उनकी हर स्थापना का समर्थक नहीं हूँ।" (पृ. 10-11) इस वार्तालाप में कविता के शाश्वत सत्य की तरफ़ वे इशारा कर रहे हैं, सत्ता चाहे जिस किसी की हो 'प्रकाश की सत्ता सत्य' ही है। इसी पर उनकी आस्था है। इसी बिन्दु पर लम्बी बहस सम्भव है। यहाँ पर शाश्वत सत्य कोई जड़ सत्य नहीं है। यह एक गतिशील सत्य है जिसका अन्वेषण रचनाकार को करना पड़ता है। सम्भवतः विश्वनाथप्रसाद तिवारी ने इसी का अन्वेषण किया है जो कविता का वांछित श्रेय है। उनकी पूरी सृजनात्मकता की समेटने वाली इस आन्तरिक शक्ति को सदैव उन्होंने सुरक्षित रखा है। इस कारण से उनकी कविता में वह बहुआयामी विवृति के रूप में लक्षित होती है।

'बेहतर दुनिया के लिए' शीर्षक संकलन की कविताओं की निजता पर हुए संवाद के सन्दर्भ में वे बताते हैं कि रचनाकार की रचना-यात्रा के किसी एक

ख़ास पडाव में वह अपनी निजता ढूँढ़ ही लेता है। 'बेहतर दुनिया के लिए' के साथ वे अपनी गद्य रचना 'रचना के सरोकार' का भी उल्लेख करते हैं। अपनी एक विशिष्ट कविता 'आरा मशीन' का ज़िक्र भी वे करते हैं उनका मन्तव्य इस प्रकार है– "'आरा मशीन' कविता एक संश्लिष्ट संरचना की कविता है जो कई दिशाओं में अपनी अर्थछाया फैलाती है। उसमें आधुनिक यान्त्रिक सभ्यता का आतंक भी है, राजतन्त्र और तानाशाही का दर्प भी, पर्यावरण की चिन्ता भी है, भावी पीढ़ी की प्रश्नाकुलता भी, सत्ता के समक्ष घुटने टेकने वाले सुविधाजीवियों पर व्यंग्य भी है और इस सम्पूर्ण दुष्चक्र में जीवन रस के सूखते जाने तथा अन्ततः सृजनात्मक क्षमता के बाँझ होते जाने का दुखद संकेत भी। यह सब कुछ पूरी कविता में इतना घुला-मिला है कि कविता आधुनिक जीवन के विराट संकट को एक लघु कलेवर में दीप्त करने की कोशिश करती है।" (पृ. 11) यहाँ 'आरा मशीन' शीर्षक कविता पूरी तरह से विश्लेषित होती है। लेकिन ऐसे संकेत भी विश्लेषण के दौरान उन्होंने दिये हैं जिन पर विस्तृत विश्लेषण पुनः सम्भव है। उदाहरणस्वरूप कवि ने पर्यावरण की चिन्ता, तथा तानाशाही के दर्प का जो उल्लेख किया है वह कविता की आन्तरिक विस्तृति से सम्बन्धित है। कवि की बातचीत में सृजनात्मकता से सम्बन्धित सांकेतिक तत्त्व ख़ूब मिलते हैं जिनको नज़रअन्दाज़ नहीं किया जा सकता। आगे की चर्चाओं के लिए ये संकेत पर्याप्त उपयोगी हैं।

इसी बातचीत में दूसरे पायदान के रूप में कविता के बाहर का विषय भी विश्लेषित हो गया है। सन्दर्भवश प्रगतिशील आलोचकों की कमज़ोरियों पर वे विस्तार से विचार करते हैं। प्रगतिशील विचारकों की सबसे बड़ी कमज़ोरी यही है कि वे साहित्य को तथा सभी साहित्यकारों को उनकी श्रेष्ठता और साहित्यिक गहराई के आधार पर विश्लेषित करने के पक्ष में नहीं हैं। गुटबन्दी का यही स्वभाव है। जो उनके गुट के हैं वे श्रेष्ठ हैं जो नहीं है वे बहिष्कार के योग्य हैं। विश्वनाथप्रसाद तिवारी ने इस प्रसंग में प्रगतिशीलों की गुटबन्दी का पोल खोल दिया है। वे लिखते हैं : "1936 में प्रगतिशील लेखक संघ के अधिवेशन में प्रेमचन्द ने सौन्दर्य का मानदण्ड बदलने की वकालत की थी।" उनसे दस वर्ष पहले आचार्य शुक्ल ने 'कविता क्या है' शीर्षक प्रसिद्ध निबन्ध में लिखा था : "सच्चे कवि राजाओं की सवारी, ऐश्वर्य की सामग्री में ही सौन्दर्य नहीं ढूढ़ा करते। वे फूस के झोंपड़ों, धूल-मिट्टी में सने किसानों, बच्चों के मुँह में चारा डालते हुए पक्षियों, दौड़ते हुए कुत्तों और चोरी करती बिल्लियों में कभी-कभी ऐसे सौन्दर्य का दर्शन करते हैं, जिसकी छाया भी महलों और दरबारों तक नहीं पहुँच सकती। लेकिन इस तथ्य की ओर पाठक का ध्यान ये प्रगतिशील आलोचक नहीं आकृष्ट करते, क्योंकि ऐसा करके यह बात

कैसे प्रमाणित होगी कि सौन्दर्य के मानदण्ड बदलने की बात प्रगतिशील लेखक संघ के प्रथम अधिवेशन में ही हुई थी। महादेवी वर्मा के संस्मरणों के लगभग सभी चरित्र दलित हैं–रामा, घीसू, जंगिया, सबिया, बिबिया, गुंगिया आदि। दलितों के बारे में जितनी आत्मीयता के साथ महादेवी ने लिखा है, हिन्दी में किसी ने नहीं लिखा। लेकिन इस प्रसंग में किसी प्रगतिशील आलोचक ने महादेवी का नाम तक नहीं लिया। वे केवल प्रेमचन्द और निराला का नाम लेंगे। यह क्या साहित्य के इतिहास को विकृत करने की कोशिश नहीं है? ऐसे प्रगतिशीलों के चलते कम-से-कम आधुनिक हिन्दी साहित्य का इतिहास पुनः लेखन की ज़रूरत पड़ेगी।" (पृ. 14) प्रगतिशील आलोचना या मार्क्सवादी आलोचना का जो कठमुल्लापन है उसके बारे में विश्वनाथप्रसाद तिवारी ने अन्यत्र भी कहा है। यह सख़्त विरोध के कारण नहीं है और न अपने को वामपन्थी खेमे के विपक्ष में समझने के कारण है। यहाँ विरोध एकायामी दृष्टिकोण का है, साहित्य की वास्तविकता को जानबूझकर अनदेखा करने को लेकर है। साहित्य का महत्त्व खेमेबाज़ी निर्धारित नहीं कर सकती। गुटबन्दी में उतनी क्षमता नहीं है कि वह एक रचनाकार, जो विचारधारा के स्तर पर मार्क्सवादी नहीं है, को ऐसे ही ख़ारिज कर दे। उन्होंने दो ऐसे विशिष्ट साहित्यकारों को इसके लिए लिया है - रामचन्द्र शुक्ल और महादेवी वर्मा। यह सही है कि दोनों तथाकथित प्रगतिशील खेमे के नहीं हैं। पर हमें यह भी देखना चाहिए कि इन दोनों ने प्रगतिशीलता का विरोध भी नहीं किया है। प्रगति तत्त्व साहित्य का मूल तत्त्व है। उसके अभाव में साहित्य टिक नहीं सकता। क्योंकि वह मानवीय पक्षधरता का तत्त्व है। उसमें मानवाधिकार के तत्त्व भी शामिल हैं। लेकिन वैचारिक स्तर पर मार्क्सवाद पर कुछ लिखा नहीं है। दोनों ने अपने साहित्य में मानवीय चिन्ता को केन्द्र में रखा। उनकी इस गहन चिन्ता के कारण ही वे आज भी विचारणीय होते हैं।

विश्वनाथप्रसाद तिवारी के 'मेरे साक्षात्कार' के विभिन्न साक्षात्कारों में हिन्दी साहित्य के बहुत सारे मसले विचाराधीन होते हैं। उनके अधिकतर विचार समावेशी हैं। वे साहित्य में मनुष्यता के पक्षधर हैं। वे यह भी मानते हैं कि उसके अभाव में श्रेष्ठ साहित्य का सृजन सम्भव नहीं है। उनकी दूसरी विशेषता गाँधी दर्शन में उनकी गहरी आस्था है। यह अन्धी आस्था नहीं है। गाँधी के महत्त्व को जितना पश्चिमी विद्वानों ने रेखांकित किया है उतना भारतीय विचारकों ने नहीं। गाँधीजी मानवता के आदर्श को सामने रखते हैं। अधिकार से वे अपने को अलग रखते हैं। समाज के अन्तिम जन से वे अपना विचार शुरू करते हैं। आज़ादी को जन्मसिद्ध अधिकार मानते हैं। इन सबके कारण वे गाँधीजी को आदर्श पुरुष मानते हैं। उनकी कविताओं में तथा आलोचना में गाँधी दर्शन का प्रभाव अनुभव किया जा सकता है।

'बातचीत' विश्वनाथप्रसाद तिवारी की बातचीत की दूसरी पुस्तक है। इसमें भी पहली पुस्तक की तरह साहित्य, संस्कृति और समाज चर्चा के केन्द्र में हैं। बीच में उनकी आस्थावादी दृष्टि पर भी बहस है। महान साहित्य के प्रतिमानों पर भी वे विचार करते हैं। कई रचनाकारों ने उनसे कई प्रकार के प्रश्न पूछे हैं। उनकी बातचीत की सबसे बड़ी विशेषता है उनकी अकृत्रिमता। सवाल किये गये हैं तो जवाब देना है, इस अन्दाज़ में वे अपनी बात नहीं रखते हैं। हर सवाल का जवाब वे पूरी गम्भीरता के साथ देते हैं। पर वे कृत्रिम गम्भीरता से मुक्त भी हैं। इसलिए उनकी बातचीत के साथ की हमारी यात्रा एक सार्थक सहयात्रा बन जाती है।

ओम निश्चल के प्रश्न पर, कविता का सबसे बड़ा उद्देश्य क्या है, विश्वनाथप्रसाद तिवारी अपनी बात यों रखते हैं : "मुझे लगता है कि जो आज का जीवन है, संकटग्रस्त है, ख़ासतौर से मूल्यों की दृष्टि से। एक ऐसे माहौल में हम हैं जिसमें मनुष्य के जीवन का उद्देश्य ग़ायब हो गया है। मनुष्य क्यों इस धरती पर आया और इस धरती के अन्य जीवों में किस मानी में श्रेष्ठ है यह सब सवाल जो पुराने लोग करते थे जिसको कि 'ओल्ड वैल्यूज़' कहकर आज नकारा जा रहा है, बिना उनके प्रतिष्ठित हुए मनुष्य का जीवन हमेशा चिन्तात्मक स्थिति में ही रहेगा। मनुष्य के जीवन का सबसे बड़ा उद्देश्य शान्तिपूर्ण सहअस्तित्व है–यही तो मनुष्य के जीवन का उद्देश्य है। यह सब शायद कुछ ऊँचे मूल्यों से बँधकर ही सम्भव हो सकता है। मेरा ख़याल है कि कविता का उद्देश्य भी यही होना चाहिए।" (पृ. 31) साहित्य की शाश्वतता पर सम्भवतः उनका ज़ोर है। जो माहौल मनुष्य को ख़ारिज करता है वह मूल्यों की चर्चा कैसे कर सकता है। भारतीय दृष्टि ने विश्व दृष्टि को कुटुम्ब से जोड़कर देखा। जबकि आज का वैश्वीकरण कुटुंब को गायब करके जीवन को देख रहा है। हर व्यक्ति बिखरा-बिखरा-सा लगता है। सबसे बड़ा मूल्य मुनाफ़ा है। उसके अभाव में जीवन आगे बढ़ नहीं सकता है। मनुष्य का, जीवन का, मूल्य का और आस्था का वस्तु में तब्दील करने का दृष्टिकोण आज की सबसे बड़ी त्रासदी है। ऐसे माहौल में कविता का कोई महत्त्व नहीं हो सकता। कविता का क्या जीवन का भी कोई महत्त्व नहीं हो सकता। मूल्यवान चिन्तन क्रम को रिड्यूज़ करने की यह दृष्टि यों ही विकसित नहीं हुई थी। मुनाफ़े पर आधारित दृष्टि को यदि टिकना है तो बड़े-बड़े मूल्यों का ह्रास ज़रूरी है। मूल्यपरक जीवन और उसकी अनेकानेक आस्थाओं को 'ओल्ड वेल्यूज़' में दर्ज करने से ही यह सम्भव होता है। आज मूल्य या आस्था मूल्यवान नहीं है। मुनाफ़ा सबसे बड़ा मूल्य है जिसके लिए युद्ध ही सही, सर्वनाश ही सही, मानवीयता का ध्वंस ही सही आवश्यक समझा जाता है। यही आज का घोर मूल्य विघटन है।

कविता में जीवन के प्रति आस्था का जितना महत्त्व है उतना ही हमारा धर्म के प्रति भी होता है। लेकिन धार्मिक आस्था का रूढ़ियों में परिवर्तित होना आसान है। कविता के प्रति आस्था उत्तरोत्तर विकसित होकर जीवन के प्रति समर्पित होने के भाव में परिणत होती है। धर्म के प्रति आस्था उत्तरोत्तर विकसित होकर असहिष्णुता का भाव मनुष्य को वलयित करता है। इस कविता के बाह्य विषय पर विश्वनाथप्रसाद तिवारी अपने विचार यों प्रकट करते हैं : "जिन मूल्यों के लिए दुनिया भर में भारत की प्रतिष्ठा है वे वास्तव में हिन्दू चिन्तन के ही मूल्य हैं। वेद, उपनिषद, रामायण महाभारत ने भारतीय सन्तों-भक्तों और आधुनिक युग में गाँधी को दृष्टि दी थी। मगर मैं कट्टरवाद का विरोधी हूँ। जो लोग हिन्दुत्व को आक्रामक असहिष्णु और हिंसक बना रहे हैं वे उस महान उदारतावादी, मूल्यवादी, सार्वभौम दर्शन को संकीर्ण बना रहे हैं।" (पृ. 38) स्पष्ट है कि धार्मिक आस्था की सम और विषम स्थितियों से परिचित होना अत्यन्त आवश्यक है। अन्यथा ख़तरा उत्पन्न हो सकता है। वही वास्तविक धार्मिक आस्था है जो अन्य धर्मों की आस्थाओं को बिना किसी कठिनाई के साथ स्वीकार करती है।

संकीर्णता से उबरते समय मनुष्य वास्तव में मनुष्य बन जाता है। जानवर ऐसा नहीं कर सकता। मनुष्य में चिन्तन करने की क्षमता है। इसके बावजूद यदि वह मनुष्यता को भूल रहा है तो वह जानवर से कैसे अलग समझा जायेगा। ईसा मसीह का कहना कितना सारवान है। उन्होंने अपने पड़ोसी से प्रेम करने की बात कही थी। आसपास के लोगों के प्रति प्रेम दिखाना संस्कारवान होने का पहला पायदान। तभी हम समाज प्रेम और देशप्रेम की बात कर सकते हैं। विश्वप्रेम कोई यूटोपिया नहीं है। वह एक सच है। इस कारण से ही विश्वनाथप्रसाद तिवारी ने कहा है : "मैं समझता हूँ, 'परहित' ही सबसे बड़ी कसौटी है। जो इसे स्वीकार करते हैं, वह जाति, धर्म और अपने देश का नागरिक हो सकता है। बाक़ी मेरे लिए विजातीय, विधर्मी और विदेशी हैं" (पृ. 38) इस कथन में मानवीय अस्मिता की स्पष्ट पहचान लक्षित की जा सकता है। सभी प्रकार की संकीर्णताओं से उबरना अपने आप में बड़ी साधना है। एक रूढ़िवादी तपस्वी शायद यह नहीं कर सकता है। लेकिन एक मनुष्य, जो निरन्तर अपने को परिमार्जित करता है, संकीर्णताओं से मुक्त होने से यह कर सकता है। आत्मदान और आत्मसंयम पर प्रश्न किये जाने पर विश्वनाथप्रसाद तिवारी उन तत्त्वों को दूसरों का देय मानते हैं और उन्हीं को उसका श्रेय भी देना चाहते हैं। इस कारण से पहले भी सूचित किया था कि उनकी बातचीत की निरन्तरता में मात्र उन्हीं की भूमिका नहीं है; उसमें कइयों की भूमिका है। एक समय की नहीं विभिन्न समयों की भूमिका है। सिर्फ़ अपने परिजनों

की नहीं बल्कि उसमें कई-कई लोगों की भूमिका है। इन सबकी भूमिकाओं के कारण ही हमारे व्यक्तित्व में वह चारुता आती है जिससे आत्मदान की प्रवृत्ति हम में विकसित होती है। आत्मसंयम भी मानवीयता केन्द्रित लक्षण है। इसलिए वे कहते हैं : "अपने संस्कारों का, पूर्वजों का, अपने इष्ट मित्रों का, अपने जो महान रचनाकार हैं उनका योगदान है।" इसी को व्यक्तित्व-विकास कहते हैं। इस कारण से उनकी कविता में आत्मविश्लेषण के अंश भरपूर मात्रा में मिलते हैं। वे अपने बारे में तथा कविता के बारे में कहते हैं : "...ख़ासतौर पर मेरे परवर्ती दो संग्रहों 'आखर अनन्त' और 'फिर भी कुछ रह जायेगा' में मैं केवल दूसरों को ज़िम्मेदार नहीं ठहराता बल्कि स्वयं को भी कठघरे में खड़ा करता हूँ। अपने पर भी व्यंग्य करता हूँ।" (पृ. 72) आत्म विश्लेषण के मार्ग पर चलकर ही कोई भी रचनाकार श्रेष्ठता की कसौटी पर खरा उतरता है। उसमें तभी पारदर्शिता आती है। समावेशी स्वभाव तभी उनमें विकसित होने लगता है। ऐसे में आत्मदान एक सहज वृत्ति के रूप में दृष्टिगोचर होता है। यह एक अकृत्रिम प्रक्रिया है। स्वयं को कठघरे में खड़ा करने की प्रवृत्ति साधारण-सी बात नहीं है। अपने पर व्यंग्य करने की मनोवृत्ति भी मामूली नहीं है।

वन्दना मिश्र भगवत रावत को उद्धृत करके सवाल करती हैं, 'जो क्रूर मनुष्य है वह अच्छा कवि नहीं हो सकता'। विश्वनाथप्रसाद तिवारी इस सवाल पर अपनी प्रतिक्रिया यों व्यक्त करते हैं : "भगवत रावत ने सही लिखा है। मैं भी इस बात को दर्जनों बार लिख चुका हूँ। मैं रचना को रचनाकार से अभिन्न मानता हूँ। रचना वही होती है जोकि रचनाकार स्वयं होता है। इस सन्दर्भ में मैं 1985 में प्रकाशित अपने तीसरे संग्रह 'बेहतर दुनिया के लिए' की अन्तिम कविता उद्धृत कर रहा हूँ जिसका शीर्षक है 'कविता और दुनिया' :

बेहतर कविता लिखेगा वही
जो बेहतर कवि होगा
जिस समय वह लिख रहा होगा
सबसे अच्छी कविता
ज़रूर होगा उस समय वह
सबसे अच्छा आदमी
जिस दुनिया में लिखी जायेंगी
बेहतर कविताएँ
वही होगी बेहतर दुनिया
शब्द और अर्थ नहीं है कविता

सबसे सुन्दर सपना है
सबसे अच्छे आदमी का

जिस आत्म संस्कार और आत्मदान की चर्चा ऊपर हुई है उसको इस कविता से जोड़कर देखा जा सकता है। उन्होंने लिखा कि 'शब्द और अर्थ नहीं है कविता' सबसे सुन्दर सपना है, सबसे अच्छे आदमी का। इन पंक्तियों में जितने भी विशेषण शब्द हैं वे कवि के आन्तरिक विकास को दर्ज करते ही हैं। यह कवि के अन्तर्मन का विकास है। इसका तात्पर्य यह नहीं है कि कवि सभी समस्याओं का समाधान कर सकता है। वह स्वयं भी अनेक प्रकार के दुखों का सामना करता है। फिर भी उसकी शब्द-शक्ति की विशेषता यही है कि वह एक रास्ता सुझा सकता है। इसी से सम्बन्धित एक प्रश्न के उत्तर के रूप में विश्वनाथप्रसाद तिवारी कहते हैं : "बुद्ध ने संसार को 'दुखमय' इसलिए कहा था कि इसमें रोग, शोक, जरा और मरण नाम के महादुख हैं। साहित्यकार किसी को इन दुखों से मुक्त नहीं कर सकता। वह शब्दों की अपनी जो दुनिया बनाता है उसमें घुसकर सम्भव है किसी को इनसे मुक्ति का कोई रास्ता सूझ जाये। बहुतों को सूझ जाता है और बहुतों को नहीं भी सूझता। आख़िर साहित्यकार भी तो कुछ प्रश्नों और दुखों को समझने के लिए ही लिखता है। यदि वह किसी अन्तिम समाधान तक पहुँच गया होता तो क्यों लिखता?" (पृ. 86) दुख की पहचान, दुख की अभिव्यक्ति, दुख की गहराई और दुख के साथ तादात्म्य आदि पर जब एक रचनाकार विस्तार से विचार करता है तो वह अपने आप में एक प्रकार का समाधान है। समाधान कोई ऐसी जड़ी-बूटी नहीं है जिसका उपयोग सभी आसानी से कर सकें। साहित्य की दृष्टि-सम्पन्नता यानी उसकी समग्र संवेदना पाठकों को मुक्ति दिलाती है। यहाँ पर मुक्ति के कई अर्थ हैं। महान साहित्य पर अपनी राय व्यक्त करते हुए विश्वनाथप्रसाद तिवारी कहते हैं : 'मेरी दृष्टि में महान साहित्य वह है जिसकी सम्भावना इतनी विराट् होती है कि हर समय और प्रायः हर व्यक्ति भी अपने प्रश्न और समाधान उसमें ढूँढ़ और पा सके। ऐसा उस कृति में सम्भव है जो धर्म, सम्प्रदाय, रंग, लिंग, देश और विचारधारा की कट्टरताओं और सीमाओं से मुक्त हो तथा जिसमें जीवन के शाश्वत प्रश्नों का गम्भीर मन्थन हुआ हो। जिसका कृतिकार निर्मल चित्त और महान मानवीय मूल्यों तथा नैतिक संवेदनाओं से युक्त हो। बिना कृतिकार के महान हुए महान रचना सम्भव नहीं है।" (पृ. 119-120) दरअसल विश्वनाथप्रसाद तिवारी ने महान रचना के लिए एक सरल तर्क ही दिया है। 'बिना कृतिकार के महान हुए महान रचना सम्भव नहीं है' यह कथन भले ही सरल प्रतीत हो फिर भी वह सरल नहीं है। कृतिकार अपने-आप में कोई द्वीप नहीं है। कृतिकार, कृतिकार का समाज,

उसके व्यक्ति के नैतिक मूल्य, समाज के नैतिक मूल्य, उसके देश के नैतिक मूल्य, सामान्य जीवन व आचरण में उसका, उसके समाज का तथा उसके देश की मानव सापेक्ष मूल्यवान दृष्टि आदि का समावेश उसमें हुआ है। एक महान रचना के पीछे ये सारे तत्त्व निहित हैं।

विश्वनाथप्रसाद तिवारी की बातचीत के इन दो ग्रन्थों में बहुत सारी बातें केन्द्र में आयी हैं। इनकी विशेषता यही है कि वे हलकेपन या सरलीकरण के पक्ष में नहीं रहते। ओढ़ी हुई गम्भीरता भी उनमें नहीं है। वास्तविक गम्भीरता उनकी बातचीत में सर्वत्र मिलती है। उनकी कई बातें गम्भीर चिन्तन की अनुस्यूति है। साहित्य-चिन्तन की, समाज-चिन्तन की, इतिहास-चिन्तन और संस्कृति-चिन्तन की अनुस्यूति उनकी बातों में मिलती है। उनकी कई बातों का विस्तृत विवेचन भी अपेक्षित है। एक परिपक्व रचनाकार, एक समचित्त चिन्तक और एक संवेदनशील कवि का पारदर्शी व्यक्तित्व उनकी बातचीत की निरन्तरता में हमें मिल जाता है। जड़ता का तिरस्कार और गतिशीलता का स्वीकार वे करते हैं। उनकी कर्मठता का परिचय भी इसमें से मिलता है। कहीं भी वे आत्मलीन नहीं हैं। उनकी बातचीत में आकाश की विस्तृति और समुद्र की गहराई दोनों मिलती है। उन्हीं की बातों को पुनः दुहराने की तीव्र इच्छा होती है–'बिना कृतिकार के महान हुए महान रचना सम्भव नहीं है।'

❑❑